泰緬鉄道

―機密文書が明かすアジア太平洋戦争―

吉川利治　著

雄山閣

まえがき

泰緬《たいめん》鉄道とは、アジア太平洋戦争のさなかに日本軍鉄道隊が一九四二年秋から一年を要して建設した、タイ（泰《たい》）とビルマ（緬甸《めんでん》、現ミャンマー）の国境地帯を結ぶ四一五キロの鉄道である。その名が示すように、線路はタイとビルマの国境を越えて両国の鉄道を結んでいた。日本軍鉄道隊は、日本軍の捕虜となったイギリス、オーストラリア、ニュージーランド、オランダ、アメリカ軍の兵士を建設作業に従事させ、さらに工事労働者としてタイ人、ビルマ人、マラヤ人、マラヤ在住インド人、ジャワ人、タイとマラヤの華僑、ベトナム人を集めて建設工事に投入した。捕虜の監視兵には徴用された朝鮮人が含まれ、日本と地元タイ・ビルマとの関係だけにとどまらない、多くの欧米人やアジアの人々をまきこんだ泰緬鉄道は、世界的な広がりをもつ、きわめて国際的な関わりをもつ建設工事であった。

泰緬鉄道は、建設工事に徴用された連合国捕虜のなかから多数の死者を出したため、枕木の数ほどの人命を費やして建設したとか〝死の鉄道〟などと呼ばれて非難された。かつて捕虜として労働を強いられ、多くの死者を出した連合国側のイギリス、オーストラリア、オランダ各国は、戦後に日本軍の関係者を告発し、戦争裁判にかけて処断した。泰緬鉄道の存在が国際的に知られるようになるきっかけであった。そして、一九五七年にイギリスの映画監督デビット・リーンが、泰緬鉄道の橋梁建設を連合国捕虜の立場から描いた映画『戦場にかける橋』（*The Bridge on the River Kwai*）を製作した。この映画はアメリカのアカデミー賞をはじめ、数々の賞を受けた。『戦場にかける橋』は映画史上に残る戦争映画の名作として名を残し、おかげで「泰緬鉄道」の存在も世界中に知れわたったが、その名は悪名として世界に馳せることになった。

現在、泰緬鉄道はタイ側の起点から一三〇キロの線路が残され、いまもタイ国鉄のナムトク線として運行されている。風光明媚なナムトク線の沿線や「戦場にかける橋」は、いまや内外の観光客を迎えるタイの一大観光地となっている。

ところで、私が本書を書くにいたったのは、一九九〇年三月より約半年間、タイ国立公文書館で第二次世界大戦中のタイ国内に駐屯していた日本軍関係の公文書を調査したときにはじまる。その際、予期せず泰緬鉄道に関するタイ国軍最高司令部による当時の機密文書を発見して、夢中で閲覧し、主要な文書を筆写した。それまでは『戦場にかける橋』という映画を見たとか、一、二の関係書を読んだとかという程度にとどまり、格別の関心を抱いていたわけではなかった。

タイから帰国して、さっそく、日本側の文献や英語の文献を集めて読んでみた。タイとビルマを結ぶこの泰緬鉄道に関して、いつ、だれが、どのような建設計画を立案したのか、どれほどの期間にどれだけの労働力と資材を用いて建設したのか、徴用された捕虜やアジア人労働者はどこからどのようにして、どれだけの人数が集められたのか、戦後の戦争裁判で問われた捕虜と労働者に対する残虐行為とか非人道的行為とは何をいうのか、日本軍はどんな取扱い方をしたのか、そしてどれほどの人々が死亡したのか、また建設した泰緬鉄道がどれだけ活動していたのか、地元タイとビルマにとっての影響等々、読めば読むほど疑問がわいてきた。いままでの文献ではそれぞれが断片的に語られていても、全容を理解できる内容のものはなかった。結局、関係者が語る異常な体験談と回想録がほとんどであった。それだけに、タイ側で日本軍の動静を客観的かつ子細に観察し、克明に記録していた文書の存在には、あらためて驚嘆し、空白を埋める貴重な歴史資料として価値の高さを知った。

アジア太平洋戦争後に、泰緬鉄道を幅広くとらえ、客観的に全体像を描こうとした書としては、つぎの著書をあげることができる。

広池俊雄氏の著書は、日本側で個人的に保存されていたわずかなメモを資料に、ヒットした映画『戦場にかける橋』に対して、日本軍鉄道隊の立場から建設工事の苦心と苦労を説いている。とはいえ、氏自身が建設途中で帰国しているため、その後に生じた連合国捕虜やアジア人労働者をめぐるさまざまな出来事については多くを語っていない。一九九二年に出版されたクリフォード・キンヴィグ氏の著書は、かつて捕虜となったイギリス軍将兵の回想録・手記の類とイギリス軍の戦記を集め、さらに元捕虜の人々からの聞き書きなどをもとに、イギリスの側から泰緬鉄道の全体像を描こうとしたすぐれた書である。とりわけビルマ戦線に関連したイギリス軍の戦略や軍事行動について詳しい。この二つの著書は、泰緬鉄道の全体像を描くにあたって、それぞれすぐれた特長をもっているが、それでもまだ両著書でとりあげられていない基本的な部分、重要な箇所がある。なにかが抜けているというもどかしさを感じるのは、敗戦直後、日本軍が後難を恐れて当時の関係文書を日本でも現地でもすべて焼却してしまい、保存されていないからである。二著書のいずれも、日本側の鉄道建設関係者や工事に従事した元捕虜の連合国側の軍人が、戦後に語る記憶を頼りにしている。

私がタイ国立公文書館で閲覧できた泰緬鉄道関係を含むタイ国軍最高司令部の公文書は、現存する唯一の一次資料である。その公文書の内容は、日本軍駐屯によって生じた事態の報告文書や命令文書、会議録、日本軍との交渉で作成され、やりとりされた文書であって、日本側から提出された日本語の文書もそのまま含まれて保存されている。泰緬鉄道関係文書はその一部になっており、泰緬鉄道建設にあたってタイ側と交わした日本語の協定文は、この文書にしか残されていない。いままで公開されることがなかったのは、内容が現在も存命中の人々につながる生々しさを伝えていることと、国防に関する最高機密文書だったという理由からであろう。半世紀という時間を経過し、ようやく徐々に公開されるようになって、私がその最初に閲覧できるという幸運なチャンスにめぐりあうことができたのだった。

だが、タイ側の文書だけで、泰緬鉄道の全貌や実態を解明するのは困難であった。結局、戦後の混乱期に連合軍が行なった簡単な調査記録、戦後の日本側の資料や回想録、元連合軍将兵の手記や回想録、アジア人労務者の回想録からの証言を拾いだし、元関係者のインタビューなどもまじえ整理して、私なりに実態に迫ってみたのが本書である。ただ、建設工事の技術的な問題や土木工学上の困難さは、私にはよくわからない分野である。そこで本書では、日本側とタイ側に残されている文書資料を頼りに、日本軍の泰緬鉄道建設をめぐる国家間の交渉、日本軍鉄道隊と連合国捕虜およびアジア人労務者との関係などの国際関係と、くわえて泰緬鉄道がどれほど機能していたのかなど、私の関心の領域で明らかにしてみた。

いまもタイ国鉄のナムトク線として一三〇キロが残っている泰緬鉄道は、運行している現実の姿から往時を彷彿させる面が大いにあるのか、かつての日本軍の鉄道隊関係者や連合国の元捕虜の人々が頻繁に訪れている。そして当時の泰緬鉄道建設に従事した人々、建設当事者であった日本人関係者の間ではもちろんのこと、捕虜として建設作業に従事した連合国側の人々の間でも、半世紀をへたいまも強烈な思い出がそれぞれの立場でより先鋭に語られ、自分の体験を後世に伝えようとして回想録が出版されつづけている。

日本軍関係者の回想録は、人跡未踏の千古の密林を切り開き、往く道をさえぎる岩山を削り、急流や渓谷に橋を架けて、わずか一年で四一五キロの鉄路を敷き、汽車を走らせた苦労が語られている。深山幽谷のなかを驀進する機関車の躍動する姿に、誇りと懐かしさと愛着をこめて綴られている。いっぽう、捕虜となり労務者となった人々の回顧録では、非情で苛酷な労働、わずかな食糧、残忍な日本軍の暴虐・拷問、雨季の到来とともに流行する疫病、戦友の死、美しくも厳しい自然、そしてまさに地獄からの生還という、日本軍に対する憎しみを抑えて、忌まわしくも恐ろしい体験を語り継ごうとしている。当然のことながら、双方の感懐はまったく異なる。泰緬鉄道をめぐって、思いはまさに雲泥の差ほどもある。

そしていま、過去の残虐な行為を恨み、体の傷・心の痛手を癒しながら老齢を生きる人々、建設工事労務者として連れてこられ、終戦とともに現場にとり残されて年月をへてしまった異国の人々、当時の労賃の未払いを請求する人々、誰ともわからぬかつての労務者の発掘された何百もの遺骨等々が、ヨーロッパに、アジアに、現地に残されている。半世紀が経過したいまも、過去の事柄としてすませられない、泰緬鉄道は問題を積み残したままでいる。

私が最初に取り組もうとしたテーマは、泰緬鉄道建設をめぐるいきさつではなかった。たまたま、タイ国立公文書館で出会った泰緬鉄道建設のタイ側の機密文書が強烈な印象と関心を呼び、泰緬鉄道のある局面にテーマを絞って学界で研究報告をしてきた。すると学界の内外からきわめて強い関心が寄せられ、むしろ私のほうが驚いたしだいである。今後さらに資料文献の公開を待って研究を深めることも不可能ではなく、考察すべきこともあるが、それにはもっと経費と時間がかかりそうである。いまはまず、数年つづけてきた研究調査の成果として、ここに出版していただくことにした。

年来の研究調査において、まず研究助成金(助成番号88-Ⅲ-027)をいただいてきたトヨタ財団に御礼を申し述べねばならない。また、この研究の契機となる一九八七年のバンコク長期滞在の機会を与えて下さった京都大学東南アジア研究センター、そして閲覧を許可していただいたタイ国立公文書館とNational Research Council of Thailand、ならびに防衛庁防衛研究所図書館にあつく感謝しなければならない。このような研究助成金と滞在調査の機会、そして閲覧の機会がなければ、本書の執筆はとても不可能であった。さらに、貴重な資料・文献をお貸し下さった二松慶彦氏、「十泰会」の回想録をお貸し下さった加治木敏夫氏、『四特橋梁隊誌』を贈って下さった鴨志田芳保氏、著書をお贈りいただいた兵藤俊郎氏にも感謝したい。日本軍慰霊塔を囲む壁面碑文の翻訳にあたっては、桃木至朗、黒田景子、家本太郎の諸氏にお世話になった。また深見純生氏には校正の段階で本文に目を通していただき、貴重なコメントをいただいた。お世話になった方々にお礼申しあげたい。

すでに一九九三年一〇月二五日には、泰緬鉄道が完工して五〇周年を迎えている。鉄道建設自身は本来建設的な事業であり、交易交通路として地元沿線の産業経済活動に寄与する施設であることは、アジア太平洋戦争中に建設され、戦後も残されて運行しているタイ国鉄のナムトク線が証明している。泰緬鉄道建設で不幸にして死没されたすべての方々の霊に、哀悼の意を表したい。

最後に、本書の出版にあたり、同文舘出版の勝康裕氏には編集上で細かいご配慮とアドバイスをいただいた。こころよく出版をお引き受け下さった同文舘出版にあつく感謝する。

一九九四年五月

吉川　利治

泰緬鉄道——機密文書が明かすアジア太平洋戦争 ◉ 目次

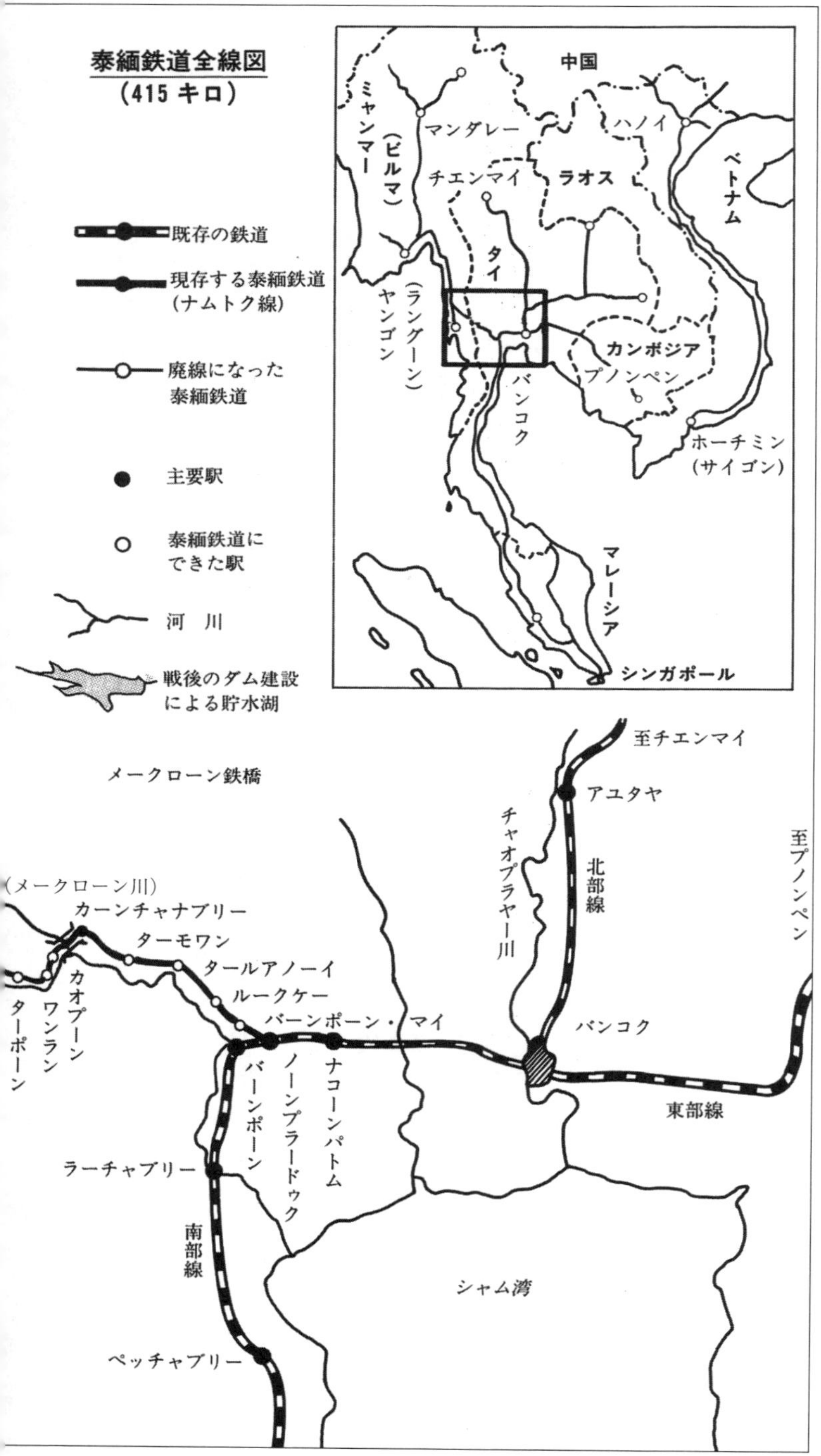
泰緬鉄道全線図
(415キロ)
既存の鉄道
現存する泰緬鉄道
(ナムトク線)
廃線になった
泰緬鉄道
主要駅
泰緬鉄道に
できた駅
河　川
戦後のダム建設
による貯水湖
中国
ミャンマー
(ビルマ)
マンダレー
ハノイ
チエンマイ
ラオス
ベトナム
タイ
(ラングーン)
ヤンゴン
カンボジア
プノンペン
バンコク
ホーチミン
(サイゴン)
マレーシア
シンガポール
メークローン鉄橋
至チエンマイ
アユタヤ
チャオプラヤー川
北部線
至プノンペン
(メークローン川)
カーンチャナブリー
ターモワン
タールアノーイ
ルークケー
バーンポーン・マイ
カオプーン
ワンラン
ターポーン
バンコク
バーンポーン
ノーンプラードゥク
ナコーンパトム
東部線
ラーチャブリー
南部線
シャム湾
ペッチャブリー

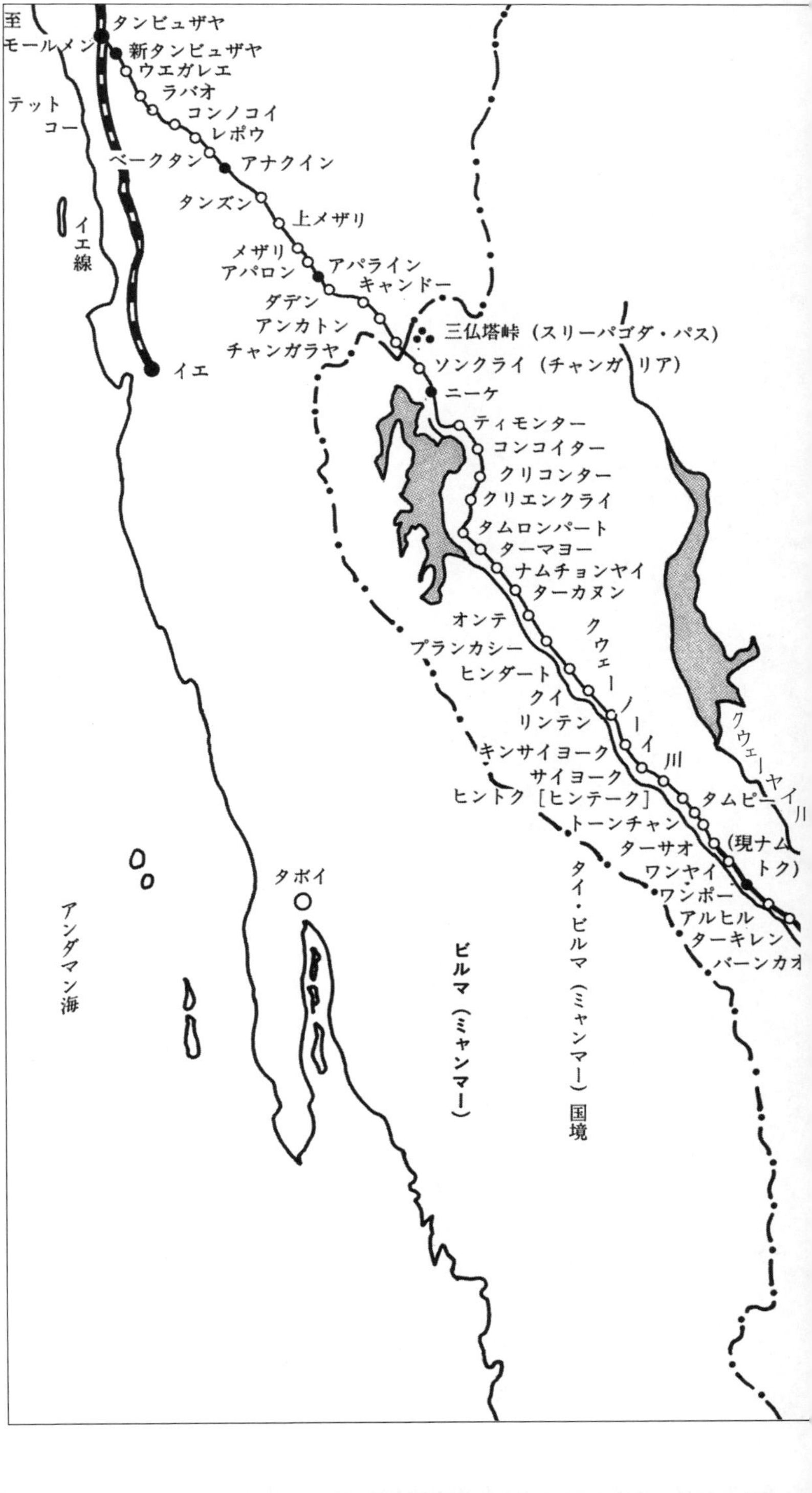
至
モールメン
タンビュザヤ
新タンビュザヤ
ウエガレエ
ラバオ
コンノコイ
レポウ
テット
コー
ベークタン
アナクイン
タンズン
上メザリ
イエ線
メザリ
アパロン
アパライン
キャンドー
ダデン
アンカトン
チャンガラヤ
三仏塔峠（スリーパゴダ・パス）
ソンクライ（チャンガリア）
イエ
ニーケ
ティモンター
コンコイター
クリコンター
クリエンクライ
タムロンパート
ターマヨー
ナムチョンヤイ
ターカヌン
オンテ
プランカシー
ヒンダート
クイ
リンテン
クウェーノーイ川
クウェーヤイ川
キンサイヨーク
サイヨーク
ヒントク［ヒンテーク］
タムピー
トーンチャン
（現ナムトク）
ターサオ
ワンヤイ
タボイ
ワンポー
アルヒル
ターキレン
バーンカオ
アンダマン海
ビルマ（ミャンマー）
タイ・ビルマ（ミャンマー）国境

泰緬鉄道

――機密文書が明かすアジア太平洋戦争

1　南方へ向かう日本軍鉄道隊

鉄道隊の誕生

一九四一（昭和一六）年一〇月一〇日に大阪港を出発し、ベトナムのハイフォンに向かう九九四トンの老朽貨物船「甲南丸」には、同じく南方へ向かう鉄道第九連隊の部隊とともに、第二鉄道監の服部暁太郎《はっとりぎょうたろう》中将、『泰緬鉄道戦場に残る橋』（一九七一年）を著わした鉄道参謀広池俊雄中佐や、『C56南方戦場を行く――ある鉄道隊長の記録』（一九七八年）を著わした岩井健（本名・岩井健児）たちが乗船していた。広池によれば、泰緬鉄道の建設プランはこの船上で生まれたという。おくれて同年一〇月二七日に、やはり大阪港から出帆した七〇〇〇トン級の「富山丸」、「打出丸」、「八重丸」、「白鹿丸」などの徴用船八隻の船団には、国鉄出身の軍属で編成された第四特設鉄道隊と第五特設鉄道隊の合計約六〇〇〇名が、機関車や貨車、鉄道器材といっしょに乗りこんでいた。『泰緬鉄道建設記』を著わした二松慶彦や、『小説　泰緬鉄道』の著者である清水寥人らは、この部隊のなかにいた。船団は約一〇日間の航行ののち、北ベトナムのハイフォンに到着した。

当時、フランス領インドシナ、通称「仏印《ふついん》」と呼ばれていたなかのベトナムには、一九四〇年九月二三日に日本軍が北部に進駐をはじめ、四一年七月二八日からは南部にも進駐を開始していた。そして右のように、泰緬鉄道建設の構想はアジア太平洋戦争勃発直前に、東南アジアに向かう鉄道隊の間で生まれていたというのである。

そもそも日本陸軍の鉄道隊は、日清戦争後に編成された部隊であった。日清戦争において、朝鮮および満州（中国東北地区）では、兵力の集中・移動にまったく輸送手段を欠いていたのを痛感し、戦争終了の翌一八九六（明治二九）年、鉄道大隊（鉄道二個中隊、電信一個中隊、材料廠）が編成されている。一九〇〇（明治三三）年に義和団事件が勃発すると、日本の鉄道大隊は一個中隊を派遣し、北京－天津間線路の一部を修理したのが、作戦に従事した最初であった。そして、この時期以降、鉄道大隊は主としてドイツの野戦鉄道方式を導入していた。作戦地における鉄道の利用では、鉄道のない地域における野戦鉄道方式と、鉄道のある地域における普通鉄道の運用という、二つの方式を確立させていった［原田b、五〇頁］。

この二つの方式は、のちの泰緬鉄道運営の仕方において、戦時においては軍用、平時においては民用にするという考え方に継承され、軍用を主張するタイ側と対立することになる。いずれにせよ、日本の鉄道隊が活躍するのはつねに海外の作戦においてであって、日本国内ではなかった。

一九〇四（明治三七）年に勃発した日露戦争では、韓国のソウルと満州国境の新義州間の鉄道建設のため、臨時鉄道大隊が編成されて、同年三月八日、仁川に上陸して作業を開始している。このとき、臨時軍用鉄道監部は、工兵四個大隊、後備工兵中隊が主力となって、日本から動員した建設請負業者に鉄道建設を実施させる予定であったが、作業の急速を必要とする事情から、臨時鉄道大隊がまず測量にあたることになった。測量作業が同年七月末に終わると、つぎに臨時軍用鉄道監部の工兵大隊に委ねられ、安東（丹東）－奉天（瀋陽）間の軽便鉄道建設が着手された。そして日露戦争後、清国の抗議を排除して同鉄道は日本の権益に組み入れられ、のちに南満州鉄道株式会社（以下、「満鉄」と略）の手で国際標準軌間に改築される。さらに鴨緑江橋梁の完成（一九一一年一一月一日）によって、朝鮮鉄道と接続された。日露戦争中の臨時鉄道隊や野戦鉄道提理部が建設した線路は、戦後に満鉄に引き渡された［原田b、五一頁］。日本国内でも、それまで支配的であった私鉄のうち、その主要路線が国有化され、兵員・武器の迅速な輸送、経済の飛躍的発展に備えようとしていた。

作戦地において鉄道隊が建設した鉄道の権益を、戦後も確保しておいて満鉄に移管するという「満鉄方式」は、このときに生まれている。完成後の泰緬鉄道の帰属・運営においても、日本軍はこの方式を踏襲しようとしていたことが、タイとの交渉でしだいに明らかにされていく。

ナンバーのつく鉄道連隊が誕生したのは日露戦争以降であった。その後の第一次世界大戦中のシベリア出兵、日中戦争をへて、その数は増やされていった。そして、その作戦地域は満州と華北であった。日露戦争後の一九〇七年一〇月、鉄道大隊（三個中隊）は鉄道連隊（一二個中隊）に改編された。基地は東京の中野から千葉県津田沼に移された。第一次大戦で連合国側として参戦した日本軍が、ドイツ租借地であった中国の山東半島を攻撃する際、臨時鉄道第三大隊（のちに臨時鉄道連隊）が編成された。さらに一九一八年五月には、一個連隊を増設して、第一連隊は千葉、第二連隊は津田沼に駐屯した。その直後の一九一八年八月にシベリア出兵が開始されると、第一鉄道連隊と第二鉄道隊（のちに臨時鉄道連隊の第一大隊・第二大隊となる）を先駆けとして、鉄道隊が尖兵列車を前線に送りだし、この尖兵列車のあとから中隊主力を搭載した前兵列車がつづき、さらにその後に前衛本隊列車を続行させる、「鉄道行軍」の戦術が実施された。鉄道隊は最前線に尖兵を送りこむ、直接戦力として位置づけられるようになった。

一九三一（昭和六）年九月一八日に開始された関東軍の軍事行動では、南満州鉄道、中東鉄道（東清鉄道の後身）、東シベリア鉄道が全面的に利用された。対ソ戦に備えて、一九三四年九月には満州のハルピンに鉄道第三連隊がおかれた。その後、一九三七年七月の盧溝橋事件からはじまった日中戦争では、鉄道第四連隊が、満州の遼寧省海城で三八年に編成された。日本が支配する満州と朝鮮の鉄道網は、作戦鉄道としての要請にいつでも対応しうる準備をもっており、日中戦争開始後は作戦鉄道としての役割が優先されるにいたった。そして、日中戦争によって日本が占領した地区では、日本は華北交通と華中鉄道の二社を新たに設立して、その地区の鉄道の運営にあたった。運営にたずさわったのは満鉄や朝鮮鉄道からの出向社員であった。しかし、これらの鉄道はつねに中国側の攻撃にさらされており、全面的な正常運転は困難な状態にあった［原田a、一〇五～〇六頁］。

東南アジアへ出陣する鉄道隊

アジア太平洋戦争に向けた鉄道隊は、鉄道第五連隊が一九三八年四月二〇日に千葉で、鉄道第六連隊が三七年に津田沼で、鉄道第九連隊が四一年九月二三日に同じく津田沼で編成されている。鉄道第五連隊と鉄道第六連隊の編成時期がナンバーとは逆になっているが、その理由は不明である。また、鉄道第七連隊と鉄道第八連隊、および鉄道第一〇連隊から鉄道第一五連隊は一九四四年に、鉄道第一六連隊から鉄道第二〇連隊はアジア太平洋戦争終戦の年の四五年に、矢継ぎ早に編成されている［『日本陸軍機械化部隊総覧』、一六二～六三頁］。このうち、鉄道第七連隊と鉄道第一〇連隊から鉄道第二〇連隊までが、一九四三年から終戦の年までのわずかな時期につぎつぎと編成されていったのは、ガダルカナルの敗退で日本が攻勢から守勢に転じ、輸送船がつぎつぎと撃沈され、海路の輸送がしだいに困難になってきたのが最大の理由であった。つまり、朝鮮、満州、中国、ベトナム、カンボジア、タイ、ビルマ、マラヤの三万キロにわたる鉄道を確保して、陸路をいつでも兵力や資材を自由に動かせるようにしなければならないと考えたからだった［広池、二一六頁］。

以上の鉄道二〇個連隊、独立大隊三〇あまりを合計すると、実員数約二〇万、師団数に換算すると約一〇個師団に相当する大兵力になっていた［長谷川、八頁］。このうち鉄道第五連隊と第九連隊が泰緬鉄道建設に従事し、のちに詳しくとりあげることになる。

ほかの鉄道連隊で、東南アジアに進出していった連隊はつぎのようである。鉄道第七連隊は一九四四年三月に編成され、シンガポールに進出、主力はビルマに前進し、ラングーン付近の鉄道施設の強化や、ミッチーナ線、ラシオ線、マンダレー線の運営と保守にあたった。一九四五年二月からはタイ、フランス領インドシナ（以下、「仏印」と略）に転進し、仏印に駐屯するフランス軍を武装解除する明号作戦に参加した。その後、東部タイ鉄道の保守、南部仏印縦貫鉄道の保守に従事しているときに終戦となっている。

鉄道第八連隊も同じ時期に編成され、そのうち、第一大隊はシンガポールに渡ったあとスマトラに上陸、中部スマトラ横断鉄道建設に従事、第二大隊はシンガポールから仏印に転進し、サイゴンやサントリで鉄道橋修理に従事した。一九四四年八月、フィリピンに転進のため、各部隊はいったんシンガポールに集結し、同年一一月にマニラに上陸した。その後、ルソン島の鉄道輸送と戦闘に参加し、鉄道第六連隊のあとを受けてフィリピンの鉄道の運営・保守にあたる予定が、アメリカ軍の上陸によってゲリラ戦にまきこまれ、部隊の大部分は壊滅した。

鉄道第一〇連隊も同じときに編成され、仏印に前進し、鉄道警備、橋梁の修理、停車場司令業務の援助などの任についた。一九四四年九月末、タイに転進し、泰緬鉄道の補修・運転・輸送に従事した。一二月より仏印に転進し明号作戦に参加、同時に仏印鉄道の占領・運営・復旧作業を行なった。終戦後、北緯一六度線を境に連隊主力は北部、第三大隊主力は南部に、材料廠はバンコクに位置し、終戦処理業務を行なった。連隊主力はハノイで中国第一方面軍司令官の指揮のもと、北部仏印の鉄道の復旧、接収物の輸送を担当していた。復員完結は一九四六年六月三日である。

鉄道第一一連隊も同じときに編成され、ただちにマラヤに渡り、第二大隊をクアラルンプールに残して主力はタイに前進し、第四特設鉄道隊司令官の指揮のもと、泰緬鉄道の補強作業の援助を行なった。第二大隊はマラヤ鉄道の防空施設作業、マラヤ東部線の撤収などを行なったあと、第四中隊の一部を残してタイに向かい、連隊に復した。鉄道第一一連隊主力は泰緬鉄道の防空施設強化や復旧、また、タイ国鉄南部線対空確保や軍事輸送処理などに従事した〔『日本陸軍機械化部隊総覧』、一六三～六四頁〕。鉄道第五連隊から鉄道第一一連隊までの鉄道連隊が、東南アジアでの作戦に従事していたことになる。

一九四四年に編成されて南方へ向かったこれらの鉄道隊は、経験豊かな鉄道第五連隊と第九連隊がさらに最前線の作戦従事に転進していったあとを受けて、東南アジアにおける鉄道の管理・運営、保守修理を担当するための後続部隊であったことがわかる。しかも戦況に即応して、実にめまぐるしく部隊が移動していることがわかる。ほかの鉄道隊では、第一六連隊と第一七連隊が津田沼で終戦を迎えた以外、第六連隊と第一二連隊から第二〇連隊までが、すべて中国および満州で終戦を迎えていた。

略して「鉄九」と呼ばれていた鉄道第九連隊が、第七連隊、第八連隊より以前に編成されたにもかかわらず、鉄道第九連隊と呼称されたいきさつはわからない。「鉄九」は本来「鉄二」の補充部隊と呼称されるべきものであったが、防諜上の理由から一連の通称番号に変えていたという〔岩井、三頁〕。また、略して「鉄五」と呼ばれていた鉄道第五連隊の場合、戦時編成は四個大隊で編成され、一個大隊は二個中隊、一個中隊は四個小隊となり、ほかに材料廠の部隊があって、合計二五一九名であった。連隊が二個以上出征した場合、旅団司令部に相当する定員五〇名の鉄道監部が設置され、さらに鉄道部隊が多い場合は、その上に野戦鉄道司令部が設けられる、という組織になっていた〔長谷川、九頁〕。「鉄五」と「鉄九」に対しては第二鉄道監部が設置されていた。

国鉄職員の軍属鉄道隊

泰緬鉄道建設に従事していた「四特」、「五特」と略称された部隊の正式名称は、第四特設鉄道隊、第五特設鉄道隊であった。「特設鉄道隊」は、旧国鉄（日本国有鉄道）の現職職員を主体として編成された軍属部隊であった。軍属の鉄道隊が編成されたいきさつは、満州事変から日中戦争にかけての戦争で、鉄道隊の後ろ楯として「満鉄」という大きな存在があったからだった。南方総軍鉄道隊参謀長をつとめるまで、満州国の首都であった新京（長春）の関東軍司令部鉄道主任参謀をつとめていた広池俊雄は、つぎのように述懐している［広池、四八頁］。

もし満鉄がなかったら、あんなすばやい満州制圧はできなかったはずだ。鉄道隊が占領するはじから、満鉄がすぐ、それを引き受けてくれた。新線建設でも、労務者集めのベテランだった満鉄が路盤を作ってくれた。戦火が中国に広がると、また満鉄が進出してきて朝鮮・満州の車両を融通して、どんどん中国に入れてくれた。中支［中国中部］となると、国鉄も乗り出してきて、軍の後方鉄道を持ってくれた。ところが、こんどはそうは行かない。南方に満鉄はなかったし、国鉄もあまりに遠い存在だった。

とはいえ、東南アジアでも国鉄職員が起用されることになっていた。

特設鉄道隊は、一九四一年六月六日の大本営陸海軍部決定の「対南方施策要綱」によって、大本営陸軍部第九課長（鉄道隊）の山本清衛《きよえ》大佐の発案により、鉄道省を説得して編成されることになった。一個部隊を二〇〇〇名として五個部隊を編成し、北方地域と南方地域に分け、第一・第二・第三部隊を北方へ、第四・第五部隊を南方地域へ派遣することになった。第一特設鉄道隊は満鉄出身者、第二特設鉄道隊は朝鮮鉄道、第三特設鉄道隊は東京以北の仙台および札幌鉄道局、第四特設鉄道隊は東京以西名古屋および大阪鉄道局、第五特設鉄道隊は大阪以西の広島および門司鉄道局管内の職員を主体として、これに土建業者の斡旋による大工、鳶職などの職員を臨時雇人として加えていた［清水a、一九頁］。これら特設鉄道隊の隊長には、鉄道隊の将校があたった。

鉄道隊と満鉄・国鉄

戦線の拡大に尖兵の役割を果たしたのは鉄道隊であったが、その路盤建設を担当したり、建設された鉄道のアフターケアをしていたのが、満鉄であり国鉄であった。どんどん拡大する戦線と占領地において、鉄道隊と満鉄・国鉄は車の両輪のような役割を果たしながら線路を延ばしつづけ、鉄道は戦時には軍用を優先させ、平時には民用に活かして使用する両用方式がとられていた。だから、作戦が終わると、作戦鉄道を撤収するというような考えはなかった。むしろ、沿線の権益を取得しては占領地を拡大していった。そして太平洋戦争直前まで、中国の華北や華中にまで占領地は及んでいた。

満鉄も国鉄もまだ活動の場をもっていなかった東南アジアで、日本の鉄道隊が活動するには、国鉄の現職職員を組み入れるのがもっとも手っとりばやい手段であった。しかも国鉄は、その後の運営や保守にあたるのが本来の業務である。ところが、鉄道隊のほうは満州事変以来四倍に急速にふくれあがっても、技術者も器材も相当不足していたという［広池、四一頁］、せっぱつまった事情も大きかった。

鉄道第五連隊と鉄道第九連隊

泰緬鉄道建設に従事することになる鉄道第五連隊の場合は、一九三八年四月より第二野戦鉄道司令官の指揮のもと、中国中部で活動していた。だが、その後、中国南部の南支那方面軍司令官の指揮下の作戦に参加し、その後さらに南に移動し、一九四〇年九月二三日の北部仏印国境作戦に参加したあと、広東-九龍間の広九鉄道の運営を行なっていた。

アジア太平洋戦争に突入すると、鉄道第五連隊は、鎌田銓一《せんいち》大佐の指揮のもとにプノンペンから鉄道第九連隊につづいてバンコク経由でマラヤ国境方面に前進し、マレー進攻作戦の際に破壊された鉄橋の復旧と輸送業務を行なっていた。その後、一九四二年二月にシンガポールが陥落すると、三月にビルマのラングーンへ転進して北部ビルマ作戦に参加していた。そして一九四二年七月から、泰緬鉄道のビルマ側のタンビュザヤからタイ国境に向けて建設工事を担当することになる。完成後は南方総軍鉄道隊の戦闘序列に入ったのち、泰緬鉄道の運営・補修や、ビルマのマンダレー本線の撤収に従事した。その後、インパール作戦ではミッチーナ線などの運営にあたった。一九四五年七月にはタイに転進し、タイ南部線の爆撃復旧に従事し、戦後も泰緬鉄道の一部区間の運営にあたっていた。「鉄五」が「鉄九」よりも転進が多いのは、編成に三年の長があり、中国や仏印の作戦に従事して、経験の豊富な老練さが重宝されていたのであろう。

ベトナムのハイフォンに上陸した鉄道第九連隊は、実は一九四一年一一月上旬、連隊結成式を市内の「オテル・ド・コメルス」で行ない、今井周《あまね》大佐が挨拶と訓示を行なっていた［岩井、一三頁］。その後、「鉄九」の主力部隊は海南島の三亜に向かい、残りの部隊は車輌や燃料などとともにハイフォンからサイゴンへ列車輸送され、サイゴンからカンボジアのプノンペンへと、メコン川をさかのぼって輸送されていた［岩井、一二三頁］。三亜に向かった「鉄九」の主力部隊は、第五師団の主力とともに一九四一年一二月八日未明、南タイのソンクラー（シンゴラ）に上陸していた。「鉄九」は、マレー進攻作戦のあとは最後まで泰緬鉄道にかかわる部隊であった。

第四特設鉄道隊と第五特設鉄道隊の場合も、「鉄九」や「鉄五」と同じくサイゴンからプノンペンに向かい、一九四一年一二月八日未明にタイ―カンボジア国境を越えて、九日夕方にはバンコクに進駐していた。特設鉄道隊は、輸送担当の運輸部隊と車輛整備担当の工作隊がバンコクに残っていた。運輸部隊は占領地内の機関車や貨車を集め、さらにバンコク市内のマカサン鉄道工場において、工作隊の軍属たちによって整備された内地直送の機関車や貨車をソンクラー付近に運びこみ、重列車運転開通の日に備えていた［清水a、二九頁］という。ほかの作業部隊はほとんどマラヤの占領地に突入して、占領地の開拓と破壊された橋梁や鉄道施設の復旧にあたっていた。

翌一九四二（昭和一七）年一月四日、つぎのような命令が下った。「第二十五軍は、全軍を挙げてシンガポールに突入せんとす。鉄道第五連隊並に鉄道第九連隊は、クアラルンプール以南ジョホールバルに至る重列車の運行を確保する。第四、第五特設鉄道隊は、速やかにマレー西部線を復旧・整備し、シンゴラ［ソンクラー］、クアラルンプール間の重列車による運行を確保すべし。整備完了の日を二月一日二四時とする」［清水a、二七頁］。特設鉄道隊は鉄道隊ほど最前線に出動していないが、鉄道隊より少し後方でほぼ同じ任務に従事していた。また、特設鉄道隊の軍属たちは、ごぼう剣と悪口をたたかれていた日露戦争のときから変わらぬ銃剣を腰にぶらさげていたが、小銃や機関銃の類は申請しても支給されなかったという。最前線へ出陣するには無謀な装備であった。ようやく軍属全員にいきわたる小銃と各部隊一〇数丁の軽機関銃が支給されたのは、イギリス軍捕虜を武装解除して捕獲した、敵の歩兵銃がまわされたときであった［清水a、三二頁］と、国鉄職員の元軍属は述べている。

2　泰緬鉄道建設計画

バンコクに集う満州の参謀と高官

日本が一九四一（昭和一六）年一二月八日を開戦日として決定したのは、同年一二月二日、参謀総長杉山元《はじめ》、軍令部総長である永野修身《おさみ》の陸海軍両統帥部長が、天皇に上奏したときであった。開戦日時が決定されたとき、南方攻略作戦に使用する陸軍の予定兵力は一一個師団、その兵員は三六万あまりにのぼり、海軍はほとんどその総力をあげてこの作戦にあたることになっていた［防衛庁防衛研修所戦史部『マレー進攻作戦』、四頁］。しかし実際には、進攻のための作戦方面別につぎのように兵力が配分されたという。すなわち、陸軍総兵力二四二万のうち、フィリピン七万四四六、マレー一二万五四〇八、ジャワ四万五〇〇〇であった［土門、二二三頁］。

太平洋と東南アジア地域を範囲にした南方作戦について、杉山参謀総長は一九四一年一一月五日の御前会議で、「この度の攻略目標はグアム、香港、英領マレー、ビルマ、ボルネオ、スマトラ、ジャワ、セレベス、ビスマルク諸島などであるが、作戦の重点はマレーとフィリピンである。そしてマレーとフィリピンに対して同時に作戦を開始し、次に蘭印［オランダ領東インド＝現インドネシア］に移るのである」［『マレー進攻作戦』、三六頁］と説明している。そして、「開戦初期タイ国に進駐し、その後はタイ国及びインドシナを安定確保する。なお、作戦一段落し、状況これを許す限り、ビルマ処理の作戦を実施する」［『マレー進攻作戦』、五頁］としていた。南方作戦の要領は、まずマラヤのイギリス軍を撃破し、とりわけシンガポールを攻略してのち、島嶼部のスマトラ、ジャワ、ボルネオ、セレベスに向かう段取りであった。その際、タイとビルマに対しては、「第十五軍はその後引続きタイ国を安定確保するとともに、一部をもって、機を見てモールメン附近のビルマの一角に進入し、航空基地を占領する」［『マレー進攻作戦』、九頁］ものとして、ビルマは南部ビルマの一部を攻略するにとどめ、ビルマ本土は当初の南方作戦の埒外におかれていた。

「南方軍作戦計画及び東京協定」でも、タイおよびビルマ方面の作戦として「第十五軍（二師団基幹トス）ハ海軍ト協同シ泰ノ安定ヲ確保スルト共ニ馬来方面ノ作戦ヲ容易ナラシメ併セテ『ビルマ』ニ対スル爾後ノ作戦ヲ準備ス」［『マレー進攻作戦』、七六頁］とされ、東京では泰緬鉄道はまだ机上の計画にものぼっていなかった。一九四一年一一月六日には伯爵寺内寿一《ひさいち》陸軍大将が南方総軍総司令官に親補され、一一月一五日以降、南方総軍三六万の将兵を統率することになった［『マレー進攻作戦』、一二二頁］。南方総軍（以下、「南方軍」と略称）には第一四軍（フィリピン）、第一五軍（タイ・ビルマ方面）、第一六軍（蘭印方面）、第二五軍（マラヤ方面）などの主力部隊に、第三鉄道輸送司令部（司令官、石田英熊《ひでくま》少将）が所属していた［石田、六頁］。飯田祥二郎中将を司令官とし、タイ・ビルマ方面で作戦を展開する第一五軍に鉄道部隊はなく、タイ南部から進入し、マレー・シンガポールを攻略する第二五軍の司令官山下奉文《ともゆき》中将の指揮下に、第二鉄道監部（司令官、服部暁太郎少将）が所属し、その下に鉄道第五連隊と第九連隊、第四および第五特設鉄道隊が所属していた［『マレー進攻作戦』、一二〇～一二一頁］。

当時、関東軍司令部鉄道主任参謀の地位にあった広池俊雄中佐は、一九四一年九月一三日に第二鉄道監部の幕僚長に任命され、「大本営から『南方作戦の進め方』（作戦要領といっていた）を示されたが、ビルマに関してはマレー作戦開始後、機を見て兵を進める、とだけあった。したがって泰緬鉄道の夕の字も示されていなかった」［広池、四〇頁〕と記している。そして、広池は、「この鉄道の建設を思い立ったのは、昭和一六〔一九四一〕年一〇月一八日の夜だった。〔中略〕北ベトナム・ハイフォン港上陸の前夜で、ラジオのニュースは東条内閣の成立を伝え、乗船していた甲南丸には鉄道第九連隊が同乗していた」〔広池、四〇〜四一頁〕と述べている。第三次近衛内閣が一〇月一六日に総辞職して、陸軍大臣であった東条英機《ひでき》が首相に就任したことは、いよいよ開戦に向けての準備が整えられ、戦意が高揚してくるころであった。

広池はまた、「〔一九四一年〕一一月中旬のころであった。サイゴンの山下〔奉文〕軍司令官のところに行くと、参謀・辻政信《ママ》中佐が東京に打ち合わせに行くという。渡りに船と、東京へ持っていってもらったのが、本〔泰緬〕鉄道建設意見書の第一号だった。その重点としては、建設の必要性を説いたことと、建設意志の決定は後回しでもよいが、準備、少なくとも調査はタイ南部線がわが勢力圏にはいった直後から始める必要があると、強調しておいた」〔広池、四八頁〕とも述べている。

泰緬鉄道建設のプランが東条首相の登場とともに想起されて、辻参謀によって東京の参謀本部に提出されたという関わりは、一九四一年八月一五日に日本とタイの両国の公使が大使に昇格され、満州国国務院の高官であった坪上貞二がタイ駐在初代大使に任命されたことや、バンコクの日本公使館が大使館に昇格する際、サートーン通りからタイ国鉄唯一の鉄道工場のあるマカサンのすぐ近くに移転して大使館としたことと、あながち無関係ではなさそうである。なぜなら、広池をはじめ、第二鉄道監の服部暁太郎少将（元北支方面野戦鉄道司令官）、後任の下田宣《のぶ》力《お》少将（鉄道第三連隊長・ハルピン）、高崎祐政《よしまさ》少将（関東軍野戦鉄道司令部、鉄道第六連隊隊長）、石田英熊中将（関東軍野戦鉄道司令部）ら、泰緬鉄道建設にかかわる司令官や鉄道参謀は、関東軍出身者か華北で作戦をつづけてきた鉄道隊の高級将校だったからである。坪上大使を加えて、外交交渉にあたる文官も登場した。鉄道を敷設して沿線の権益を獲得し、日本の勢力を扶植して拡大し、傀儡国家を樹立してきたのが満州国であったとするなら、泰緬鉄道を建設し、タイやビルマを南の満州国に仕立てていこうというのが、日本の陸軍中枢の暗黙の思想ではなかったか、と思われるからである。泰緬鉄道建設の構想は、時あたかも好戦的な軍出身の首相が誕生したときに練られ、関東軍出身の鉄道参謀らによって具体化し、実現に向けて着手されていった。

広池が読んだという「南方作戦の進め方」とは、おそらく当時、台湾軍研究部（別名：台湾第八二部隊）に所属していた辻政信中佐が主に編集した、南方に出動する将兵に配られた部厚なパンフレット『これだけ読めば戦は勝てる』をさすのであろう［田々宮、一一六頁］。辻中佐は、関東軍作戦課の主任参謀をつとめていた服部卓四郎《たくしろう》中佐とともに、ノモンハン事件の際に関東軍の派遣参謀をつとめ、「ノモンハン事件の責任者」は服部・辻のコンビであった［田々宮、八七頁］、といわれていた人物である。広池が辻と面識をもっていたのは、関東軍司令部の鉄道参謀時代であったろうし、おそらくは関東軍で服部とも交流があったと推測できる。

辻は一九四一年六月二二日に参謀本部部員に任命され、服部は七月一四日に参謀本部作戦課長に就任している［田々宮、一一七頁］。東京の参謀本部のなかでは積極的な戦線拡大派であり、かつ、軍の南進論をとなえる服部・辻のコンビにとっては、広池の泰緬鉄道建設プランは、おそらく〝得たり賢し〟という性格のものであったろう。だからこそ辻中佐は、このプランを快く東京まで運んだのである。だが泰緬鉄道建設案は、参謀本部内ではまだ少数派の意見としてしりぞけられていた。辻はその後、マレー攻略の第二五軍の作戦主任参謀をつとめ、大本営派遣の参謀として、フィリピンのバターン攻略の際に姿をみせていた。東条首相兼陸相の命によりガダルカナル島作戦に登場し、一九四四年七月にはビルマのインパール戦線に参謀として登場、さらに翌年六月五日には第三九軍作戦参謀としてバンコクに赴任して、敗戦の日に、僧侶に変装してバンコクから姿を消した。

広池の鉄道建設プランは、「測量および自動車道建設着手から起算して一年三か月をもって概成し、一年四か月後から運転可能」であることをはっきりと打ちだし、急造自動車道・測量・通信線建設から路盤・レール敷設・資材整備、さらに防疫衛生・兵站業務まで一五項目にわたる作業について、「総作業量を一三七〇万七七〇三人日と概算したものだった。この数字は作業総要員数を六万人（労務者五万、日本兵一万）と仮定し、実働人員はその半分の三万人と見積もったとき、全作業が完了するまでの所要日数が四百六十日──すなわち一年三か月と考えられたので、三万人の四百六十日分、という意味である。そして昭和一七［一九四二］年四月着手とすれば一八年一〇月末に概成、一二月から運転可能」［広池、七七頁］という内容であった。

実際に鉄道建設の準備がはじまり、建設の発令が延びたり、建設期間の短縮がありまた逆に延長もあったが、総作業量と作業総要員を除けば、建設期間および完工時期については、ほぼ広池の建設プランどおりではあった。しかし、建設期間と完工時期に合わせるためには、見積もった作業総要員数の数倍にもなる大幅な増員を必要とした。多くの死者を出す悲劇を招いたのは、熱帯の山岳と密林、雨季の降雨量、熱帯の伝染病という地域の気候風土を知らず、まっとうな建設器材を準備できないままの突貫工事という、事態を見通せなかった無謀なプランであったことを証明することになる。

参謀本部作戦課長の服部卓四郎大佐は、一九四一年一二月下旬に南方軍総司令部を訪ねている。「なるべくすみやかにビルマ戡定《かんてい》のための作戦を開始する構想を伝えるや、陸地の作戦において、一軍の後方には少なくとも鉄道一条を持たなければ、遠大な距離の作戦はできないという理由で、ほとんど交通路のない泰緬国境山系を越えてビルマに作戦を進める場合に、その背後連絡線をいずれに求めるかが、南方軍において問題になった」［防衛庁防衛研修所戦史部『大本営陸軍部〈4〉』、三一六頁］。服部大佐がサイゴンの南方軍総司令部を訪問したのは、中尾裕次によれば一九四一年一二月二二日であったという。そして、「この寝耳に水の話に、南方軍は大いに驚いた、大本営においても南方軍においてもビルマ戡定作戦は、ジャワの攻略後と考えており、南方作戦がおおむね一段落し兵力に余裕ができれば、なしうる限り『ビルマ処理』の作戦を実施することとされた、『ビルマ攻略』といわず

『ビルマ処理』とされたのは作戦の様相や作戦兵力が予想できなかったから」[中尾、二九頁]と説明している。

経済線としての泰緬鉄道建設構想

「寝耳に水」であったというのは、マレー攻略作戦のまっ最中に、しかもジャワ・スマトラを攻略していないのに、ビルマに進攻する作戦を練るという構想であったのだろう。すると、ビルマとタイをつなぐ鉄道建設の構想は、ビルマ作戦のプランに先んじて、すでに南方軍の鉄道参謀の間にあったことになる。つまりビルマ作戦のためというよりも、日本の勢力圏や、「大東亜共栄圏」に入るタイの鉄道とビルマの鉄道を結んでおこう、という泰緬連接鉄道がはやくも構想されていた。さいわいにもインドシナ半島の鉄道は、仏印のベトナム・カンボジア、タイ、英領のマラヤ・シンガポールおよび英領ビルマのいずれも、軌間は一メートルちょうどの狭軌を採用していた。各地の鉄道を結べば、インドシナ半島とマレー半島は国境を越えて、ただちに自由自在に輸送できる体制に入ることができるのである。

タイ国鉄の場合、北部線と東北線は標準軌の一・四三五メートルで建設されていたが、南部線はマレー鉄道と連絡することを条件に、イギリスで資金を調達した関係上、マレー鉄道と同じ軌間の一メートルが採用された。ところが、タイ国内の同じタイ国鉄で、軌間の異なる二つの鉄道があるのは、列車の輸送や運転のうえできわめて不便であるため、一九三〇年に全線を一メートルの軌間に統一したばかりであった[鐵道省、八頁]。

石田英熊中将は、戦後に書いた手記のなかで、泰緬鉄道はむしろ経済線としての構想から出発したと発言している。開戦のときから南方軍の第三鉄道司令部司令官をつとめ、一九四三年八月からは泰緬鉄道建設の最後の司令官を兼任した石田は、戦後のBC級戦争裁判によって、シンガポールのチャンギー刑務所で受刑し、一年間の刑期を終えて帰国している。石田は獄中でしたためた手記のなかで、「泰緬線は当初経済線として考えられたのであるが、一九四二年末期頃から作戦鉄道の色彩を帯び、特にシンガポール・ラングーン間の海上交通［が］脅威せらるる［にさらされる］やビルマ作戦中の日本軍二〇万に対し生命線たるの位置を生ずるようになった」［石田、一～二頁］と述べ、当時の東条英機首相が主張したことから、ベトナムのハノイとビルマの間を短絡する鉄道計画を、「東條線」とも呼んでいたという。

アジアの鉄道を結ぼうという考えは、泰緬鉄道が構想される以前に、すでに政府の政策として練られていた。一九四一年二月一四日に閣議が交通政策要綱を決定して、いわゆる「日・満・支」、日本・朝鮮、満州（中国東北地区）、中国の結合を核として、東南アジアを含む「大東亜共栄圏」構築のための、新たな交通体系の確立をめざしていた。このような交通体系は、軍事的要請を優先させつつ経済的要請をも充足させる、という目標がそれである［原田a、一二〇頁］。「作戦用」のみならず「民用」も、という考え方は、すでに満鉄に例をみることができる。そして、その後の泰緬鉄道建設計画にも表現されていたといえる。

戦争がはじまってのち一九四二年八月二一日、大東亜建設審議会が大東亜交通基本政策を答申し、「大東亜共栄圏」全体にわたる一貫輸送体制のための交通網の整備が重視された。日本・朝鮮、満州、中国、東南アジア各地域を結ぶ「アジア縦貫鉄道」構想が浮上し、戦局の悪化とともに具体化していった［原田a、一〇六頁］。すなわち、太平洋での海戦で多くの輸送船を失い、戦線への海上輸送路が危険にさらされるようになって、「大東亜共栄圏」と呼んだ日本軍の占領地域へ、陸上の輸送路を確保するための構想であったといえる。

泰緬鉄道建設はその一環であった。実際、一九四四年という時期に、東北タイのウドーンから東へ、メコン川河畔のナコーンパノムまで、タイ国鉄を仏印の国境へ延伸させる案が、日本軍からタイ側に提案されていた。ベトナムからビルマを結ぶ、いわゆる「東條線」としては最短距離の線になるからであった。すでに泰緬鉄道は完成し、残る「東條線」が完成すれば、北の朝鮮・満州から中国をへて、南のベトナム・タイ・ビルマ、さらに南のマラヤ・シンガポールまで、東アジアと東南アジア大陸部を東西南北に結ぶ、まさに壮大な「アジア縦貫鉄道」の完成をみるはずであった。一九四四年に編成され東南アジアに進出していった鉄道連隊、とりわけタイと仏印に駐屯した鉄道第七連隊、第一〇連隊、第一一連隊は、こうした意図のもとに派遣されたのであったのだろうか。

タイからビルマへのルート

開戦当時、サイゴンに司令部をおく南方軍のほうでは、ビルマ作戦繰上げの意向を受けると、後方連絡線をどうするかを検討しだした。第二鉄道監部広池俊雄参謀より「泰緬連接鉄道」建設の意見具申を受けていた南方軍第三課鉄道主任の岩橋一男《かずお》中佐は、「この際『泰緬連接鉄道』を建設して、この問題を根本的に解決しようと提議した。［中略］この建設の意向は長勇《ちょういさむ》少将［南方軍総司令部付］が東京へ南方軍の状況報告に行ったとき、大本営に伝えられており、また中央［大本営］から連絡のため、南方軍を訪問した大本営第三部長加藤鑰平《やくへい》少将ら関係者にもそれぞれ伝えられたが、だれも作業の困難性を理由に即座に賛成しなかった。そこでこれと並行して思い切ってクラ地峡に運河を掘った方がより有利ではないかとの想定の下に、岩橋参謀は情報を収集した。バンコクで得た記録によると、すでに以前英国人が踏査して断面図をつくっており、それによると中央付近に比高大なる山が二つあり、いかに力んでみても急場に間に合いそうもないということで断念した」［中尾、三三頁］。つまり、東京での理解は、泰緬鉄道はどう考えてみても無理だとみなされて、建設する意図はなかったということになる。しかし、だからといって南方軍がそれを断念したわけではなかった。

ビルマ作戦の後方補給路として当時想定されていたのは、つぎの八つのルートであった。

陸　路　ⓐバンコク　⇩チエンマイ　⇩ケントゥン　⇩マンダレー
ⓑバンコク　⇩チエンマイ　⇩メーホーンソーン　⇩タウングー
ⓒバンコク　⇩ピサヌローク　⇩メーソート　⇩モールメイン
ⓓバーンポーン　⇩カーンチャナブリー　⇩三仏塔峠　⇩タンビュザヤ
ⓔバーンポーン　⇩カーンチャナブリー　⇩タボイ
ⓕプラチュワプキリカン　⇩テナセリム　⇩メルギー
ⓖチュンポーン　⇩ラノーン
海上補給路　ⓗサイゴン　⇩シンガポール　⇩ペナン　⇩ラングーン

なかでも、ⓗサイゴンからシンガポールを経由して、マラッカ海峡を通過してラングーンにいたる海上ルートがもっとも長距離になり、のちにイギリス軍の潜水艦による攻撃、上空からの戦闘機による攻撃にさらされる、もっとも危険の多いルートであった。

ⓐのルートは、陸路では最長距離のルートであったが、チエンマイまでが鉄道を利用でき、比較的なだらかなシャン高原を抜けるので、敗戦後まで行軍や撤退に利用されていた。ただし、チエンマイまで行かずに、ランパーンで列車を降り、チエンラーイを経由して行軍する経路をとっていた。ⓑのルートは、チエンマイ－メーホーンソーン間に道がなく、一九四三年一一～一二月に第一五師団（「祭」師団）の一連隊が、翌年一月からは独立歩兵第一五九大隊が道路建設にあたり、道路建設を行なっているときに敗戦を迎えている。ⓒのルートは古くからの通商路があったが、起伏の多い羊腸の小径がつづく。泰緬鉄道が完成するまでの応急打開策としての道路として開拓されたが、多数のトラックを要し、労多くして実り少ない。ⓓは古来からタイとビルマを往来する最短経路として

第１図　太平洋戦争時代のインドシナ半島

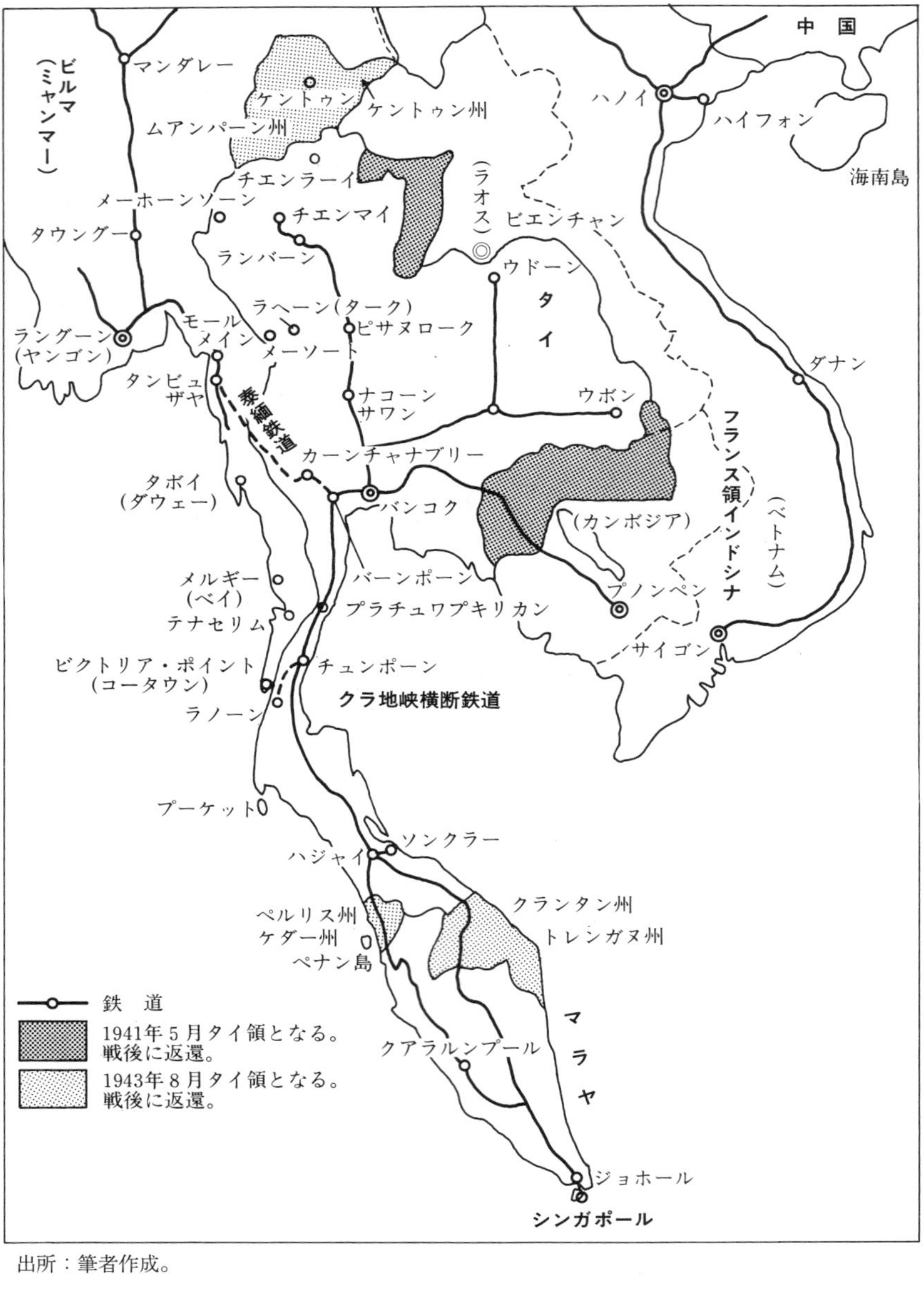

中　国
ビルマ（ミャンマー）
マンダレー
ケントゥン
ケントゥン州
ムアンパーン州
チエンラーイ
メーホーンソーン
タウングー
チエンマイ
ランパーン
ハノイ
ハイフォン
海南島
（ラオス）
ビエンチャン
ウドーン
タイ
ラヘーン（ターク）
ピサヌローク
モールメイン
ラングーン（ヤンゴン）
メーソート
タンビュザヤ
泰緬鉄道
ナコーンサワン
ウボン
ダナン
フランス領インドシナ
カーンチャナブリー
タボイ（ダウェー）
バンコク
（カンボジア）
（ベトナム）
バーンポーン
メルギー（ベイ）
テナセリム
プラチュワプキリカン
プノンペン
サイゴン
ビクトリア・ポイント（コータウン）
チュンポーン
ラノーン
クラ地峡横断鉄道
プーケット
ソンクラー
ハジャイ
ペルリス州
ケダー州
ペナン島
クランタン州
トレンガヌ州
鉄　道
1941年５月タイ領となる。戦後に返還。
1943年８月タイ領となる。戦後に返還。
クアラルンプール
マラヤ
ジョホール
シンガポール

出所：筆者作成。

タイ国鉄を利用してカーンチャナブリーに向かう日本軍（1942年1月11日）。

知られ、過去四四回もあったといわれているタイ・ビルマの紛争で、少なくとも一六回は、この経路が利用されていたという。ⓕのプラチュワプキリカンからビルマのテナセリムに抜ける道路建設を、独立歩兵第一六一大隊が一九四四年一二月ごろからはじめている［第一八方面軍司令部、ページなし］。ビルマへの道というより、ビルマからの撤退のための道路建設である。

結局、ⓓのルートとして泰緬鉄道の建設が起案され、そしてⓖのチュンポーン－ラノーン間が泰緬鉄道の補助線として、クラ地峡横断鉄道が雁行して建設がはじめられている。

しかし、泰緬鉄道とクラ地峡横断鉄道という二条の鉄道を建設しても、空襲が激しくなり線路が破壊されると、予定どおりに列車は運行できず、兵員や物資の輸送に支障をきたしたのであろう。終戦にいたるまで、ⓗの海上ルートを小型船で突破していた。

ビルマ国境へ逃走するイギリス人と進攻する日本軍

日本軍が一九四一年一二月八日にタイに進駐すると、バンコク在留イギリス人のなかで、日本軍の進駐から逃れていちはやく西に向かい、カーンチャナブリーのタイ−ビルマ国境を越えてビルマに逃れようとするグループがあった。一二月九日夜、バンコクから到着したイギリス人の一行七名は、カーンチャナブリー県庁で足止めを受けた。翌朝、県知事は内務省にどのような処置をとればよいのか、電報で問い合わせていた。同日には、さらに男一三名、女三名のイギリス人一行がタイ−ビルマ国境を越えようと、カーンチャナブリーに到着した。タイ内務省はイギリス人を釈放して通過させるよう、カーンチャナブリー県庁に訓電していた。

ところが、追うようにして翌一一日に進駐してきた日本軍二〇〇名の部隊のうち、一一名の日本兵によって、国境を越えてビルマに逃れようとした合計二三名のイギリス人は、あえなくその日のうちに身柄を拘束されてしまった [Bok. Sungsut, 1. 3/21]。タイ政府は当時イギリス人を敵国人とみなしておらず、県庁で足止めを受けなければ、イギリス人たちは泰緬国境を越えられていたかもしれない。バンコクからみたカーンチャナブリーは、ビルマへ抜ける最短距離の地区というイメージが昔も今もある。

一九四一年一二月一五日には、バーンポーン経由で日本軍の部隊さらに二〇〇名が、カーンチャナブリーに到着している。そして翌日には、日本軍の中佐一名、中尉二名、少尉三名とタイ陸軍地図局の将校二名が、カーンチャナブリー県庁でサイヨーク支郡のボーンティーに向かう協議を行なっていた。一二月一九日には三七名の日本兵がボーンティーに向かうことになり、カーンチャナブリー県では、馬七頭と馬丁、食糧、テント、蚊帳、毛布を用意し、県の土木局専門家とカーンチャナブリー郡の役人を派遣して道案内をさせ、日本軍らの偵察隊を送りだしていた［Bok. Sungsut, 1. 3/21］。このときタイ側には、たんにビルマ国境を調査する目的として伝えられていた。

また、同年一二月二七日にはさらに六〇〇名の日本兵が、自動車でバンコクからカーンチャナブリーに到着し、二九日朝八時には約六〇〇名の日本兵が、クウェーノーイ川沿いの奥のサイヨークに向かい、九時には、入れかわるようにして一〇〇〇名の日本兵と通信部隊がカーンチャナブリーに到着していた［Bok. Sungsut, 1. 3/21］。一九四一年末には、すでに二〇〇〇名の日本兵がカーンチャナブリーに滞在していたことになる。参謀本部のビルマ作戦慎重論とは反対に、日本軍は泰緬国境の三仏塔峠を越えて、ビルマへ向かう陸路としてカーンチャナブリーを重視し、また、すでにビルマに向けての作戦がはじまっていた。

一九四二年二月一日、鉄道第五連隊の材料廠の野中小隊は、ビルマ鉄道線占領のため、歩兵連隊の沖支隊とともに挺進隊を組み、カーンチャナブリーを出発して徒歩で国境を越えてビルマのタボイをめざし、一三日に同地に到着していた。タボイでは、二月一四日にビルマ独立義勇軍（ＢＩＡ）の出陣式に参加していた。三月六日にはシッタン川を渡り、三月九日にはラングーンに到着していた［長谷川、五四頁］。シンガポールが陥落するのは一九四二年二月一五日のことであったから、南方軍はジャワ攻略を待つどころか、シンガポール占領さえも待たずにビルマ進攻を開始していたのである。

3　ビルマ占領とタイとの建設交渉

ビルマ作戦

一九四二（昭和一七）年三月八日、ビルマのラングーンが日本軍に占領されると、第二鉄道監服部暁太郎中将はビルマ作戦の合間をぬって、三月一〇日に泰緬鉄道建設について南方軍に説明をした。そして、三月一二日には、独断で泰緬連接鉄道建設準備に関する命令を出し、経路偵察を行なった。偵察を命じられた第二鉄道監部の鉄道参謀入江俊彦中佐は、三月一五日、カーンチャナブリーからクウェーノーイ（ケオノイ）川をさかのぼり、全行程四〇〇余キロを踏査してビルマ側のタンビュザヤに到達した。この入江参謀の報告により、クウェーノーイ川沿いに鉄道建設工事を実施すれば泰緬鉄道は可能であるとの結論を得た第二鉄道監部は、さらに航空隊および測量隊の協力を得て、航空写真により二万分の一の地図を作成した〔広池、九〇～九三頁〕。

そして一九四二年三月中旬、南方軍は第一五軍のラングーン攻略後の本格的なビルマ全域作戦開始にあたり、「勇作戦〔ビルマ作戦〕ニ伴フ鉄道運用計画」を策定した。その計画のなかに、泰緬鉄道の建設についてつぎのように腹案していた〔防衛庁防衛研修室戦史部『大本営陸軍部〈4〉』、三一六頁〕。

第一　方針

一、勇作戦ノ進展ニ伴ヒ南方軍鉄道ヲシテ速カニ「マンダレー」方面ニ至ル緬甸後方鉄道幹線ヲ修復整備シ作戦並爾後ノ資源輸送ニ即応セシム

泰、緬甸ヲ連接スル鉄道ハ成ルヘク速カニ之ヲ新設シ長期戦ニ処スヘキ船舶ノ保全ニ資ス

第二　要領

二〜五、［省略］

六、泰、緬甸間ノ新設鉄道ハ「ケオノーイ」［クウェーノーイ］河谷ヲ通シテ両国鉄道ヲ連接ス

建設期間ハ約一ケ年ヲ目途トシ南方軍鉄道隊司令官ノ担任トスルモ泰国ヲシテ作業ニ協力セシメ我鉄道隊運用ノ自由ヲ保持セシム

この方針ではじめて、「泰、緬甸間ノ新設鉄道」という言葉が公に用いられた。作戦鉄道としてのみならず、資源輸送という意図を考えていたのは、軽便鉄道ではないことを示唆していた。路線建設がクウェーノーイ川沿いに予定されていたのは、水源がタイ－ビルマ国境の三仏塔峠付近にあり、古来より通商ルートとして細々とながら利用されていたので、熱帯の密林を伐開するよりも、資材や器材の運搬に便利な河川を利用しようと考えたからだった。さらに、建設にはタイ側の協力を求めるが、日本軍が自由に運用するという基本的方針を述べている。しかし、南方軍の意見具申に接した陸軍中央部においては、泰緬鉄道建設工事の困難性に対して、南方軍の調査計画はきわめて具体性に欠き、とくに建設所要資材の整備、建設労働力の確保など、あらゆる点に工事完成の見通しを確認することができなかった。さらに調査研究を進めることにし、南方軍に建設の許可は与えなかった［広池、三一七頁］。南方軍においても、その後、詳細に検討を加えるに従い、主として地形の関係からその困難性もしだ

いに明らかとなり、かつ陸軍中央部の建設命令も出ず、なかば建設をあきらめていた〔中尾、三五頁〕。陸軍中央部では資材と労働力の確保に困難性をみてとり、南方軍では予定路線の地形に困難性をみてとっていたのは事実であろう。しかし、「なかば建設をあきらめていた」どころか、同じ時期に、タイに駐留する日本軍は建設の意向をタイ側に伝え、交渉をはじめていた。しかも他方で、マラヤの鉄道修復を終えた部隊の技術者をバンコクに集結させていた。一九四二年四月中旬には、飛行隊から届いた航空写真を、永沢中佐を長とし、土木担当の西島尚義技師、板橋技師の運転工作関係、藤田技師の電気通信関係、それに前田および引地《ひきじ》両少佐が、それぞれ蘊蓄を傾けながら線路中心線の検討をはじめていた〔広池、九三頁〕。四月二〇日過ぎには、加藤清大佐を長とする南方軍測量隊が二万分の一の地形図を作成して〔広池、九三~九四頁〕、図上の研究がはじまっていた。

そのころ、鉄道第九連隊はマラヤのケダー州からジョホールへ向けて、重列車が通過できるように爆撃・砲撃で破壊された線路を修理し、一九四二年二月二二日には、シンガポール駅の開通式に機関車を運転して乗りこんだ。その後、四月には鉄道第五連隊と第九連隊はビルマに転進し、第五連隊が第一線部隊と行動をともにする鉄道占領にもっぱらあたり、第九連隊はそのあとを補修復旧し運転業務につく、という作業を担当していた〔岩井、九五頁〕。

ミッドウエェー海戦の敗北と大本営の指示

ビルマ作戦が終局に向かいつつあった一九四二年四月二九日、南方軍は『南方軍防衛作戦計画』を作成したが、この計画で「泰緬連接鉄道ヲ速ヤカニ完成シ緬甸作戦軍ニ安全ナル後方連絡線ヲ形成ス」とし、その必要性を再確認した。作戦一段落にともない、大東亜共栄圏の一員として加わったビルマには四個師団が配置されることになり

〔中尾、三五〜三六頁〕、そこで強力なタイ―ビルマ交通路の開発が、四個師団への補給というたんに作戦上のみならず、占領地ビルマの維持確保とビルマの天然資源輸送のためという軍事上に加えて、政治的・経済的にも不可欠なものという考えが強まった。

一九四二年六月九日、参謀本部部長会議会報で加藤第三部長は、「泰、ビルマ鉄道関連ハ進捗ス。全長三七〇キロ、竣工期間一年乃至一年半、資材ハ現地調達、鉄道一コ連隊半ノホカ俘虜ソノ他ノ労力ヲ利用スル。経費ハ一、〇〇〇万円」と報告した。従来、建設に反対であった陸軍省も、船舶輸送力の窮迫が戦争指導を左右するほど重大化するに及んで、にわかにこれに期待をもつようになった。ますます補給の必要性が切実さを加えるに及んで、大本営も最後の手段としてこの鉄道建設のやむなきを確認し、一九四二年六月二〇日、建設に関するつぎのような要綱を「大陸指」（「大本営陸軍部指示」の略称）で南方軍に示達した〔中尾、三六頁〕。

「泰緬連接鉄道」建設要綱（要旨）

一、建設目的
本鉄道建設ノ目的ハ緬甸ニ対スル陸上補給路ヲ確保シ泰、緬甸両国間ノ交易交通路ヲ開拓スルニ在リ
二、建設経路
泰国「ノンプラドック」ヨリ「ケオノーイ」河谷ニ沿ヒ「ニーケ」ヲ経テ緬甸「タンビザヤ」ニ至ル約四〇〇キロ
三、輸送能力
一方向ニ対シ日量約三、〇〇〇屯
四、建設期間

昭和十八年末完成ヲ予定ス
五、所要資材
現地資材ヲ主トシ所要ノモノヲ中央ヨリ交付ス
六、所要経費
七〇〇万円
七、建設兵力
鉄道監部一　鉄道連隊二　鉄道材料廠一　ヲ主体トシ所要ノ補助部隊ヲ属ス
八、所要兵力
現地労務者及俘虜ヲ充当ス

この「大陸指」が出される直前の一九四二年六月一一日、大本営はミッドウェーにおいてアメリカの太平洋艦隊とその軍事施設に甚大なる損害を与えた、と発表している。しかし事実は、六月六日、山本五十六司令長官の指揮のもとで出撃した日本の連合艦隊が、ニミッツ司令長官の指揮するアメリカの太平洋艦隊と、ハワイの西、ミッドウェーで激突して、アメリカが航空母艦一隻と駆逐艦一隻を失ったのに対し、南雲忠一司令官指揮下の機動部隊は大型航空母艦四隻と重巡洋艦一隻を失っていたのである。撃沈された四隻の航空母艦のうち「赤城」、「飛竜」、「蒼竜」は、二か月前の四月七日、ビルマ方面に対する海上補給路を側面から援護するため、「瑞鶴」、「翔鶴」らと機動部隊を組んでイギリスの海軍基地スリランカのコロンボを攻撃し、イギリス海軍の航空母艦ハーミス、巡洋艦コーンウォール、ドーゼットシャーなどを撃沈していた。南雲中将ひきいる堂々たる機動部隊は、ふたたびインド洋に姿をあらわすことはなかった。

ミッドウェー海戦は、それまで連戦連勝をつづけてきた日本軍がはじめて味わう大きな敗北であるとともに、ビルマへの海上補給路であるインド洋アンダマン海の制海権を奪われるのは必至と、大本営首脳は感取していた。だからこそ、陸上補給路確保のため、泰緬鉄道建設は無理をしてでも着工せざるをえないと、大本営は判断したのである。

シンガポールを「昭南」と改名して司令部をおいていた南方軍は、「大陸指」の「泰緬連接鉄道建設要綱」より先につぎのような準備命令（電報命令）を、南方軍鉄道隊（一九四二年一月一〇日編成、司令部はバンコクの国立競技場）に下達していた［中尾、三六頁］。

南方軍命令（要旨）　昭和十七年六月七日
昭　南

一、主文
南方軍鉄道隊ハ別紙大陸指ニ基ヅキ泰緬連接鉄道ノ建設ヲ準備スベシ
二、配属部隊
陸上勤務隊　二隊
建設勤務隊　二隊
野戦作井隊　二隊
野戦防疫給水部　一隊
三、俘虜約五万ヲ協力セシムル

捕虜の使役

結局、アジア太平洋戦争開戦後、約半年のあいだのビルマ戦線の拡大、占領地域の拡大とはうらはらに、海上輸送の船舶や護衛艦が太平洋にふりむけられ、防衛が手薄になったインド洋側では、敵の攻撃にさらされるという痛手のなかで占領地域を維持するためには、最後に残された最悪の条件である泰緬鉄道の建設に着手せざるをえなくなってきた。

鉄道建設にあたり、東京の大本営は資材を現地調達させ、建設工事人夫を現地労務者か捕虜としていたが、南方軍は、マラヤやシンガポールのイギリス軍やオーストラリア軍の捕虜五万人を、労働者として使用することを明らかにしている。日本軍のマラヤ・シンガポールの攻略で連合軍側が戦死や捕虜で失った兵力は、イギリス軍将兵三万八四九六名、オーストラリア軍将兵一万八四九〇名、インド兵六万七三四〇名、現地の志願兵一万四三八二名、合計一三万八七〇八名であった。そのうちの一三万以上が日本軍の捕虜となって、そのほとんどがシンガポールで拘束されていた［Davies, p. 68］。このうち、インド兵はインド国民軍としてインドへ進攻するのに起用し、敵軍の将兵としてはイギリス軍将兵とオーストラリア軍将兵の合計五万あまりが、南方軍命令の「俘虜約五万ヲ協力セシムル」の対象として考えられていた。

捕虜の使用に関して、戦後に「俘虜関係中央調査委員会」が極東軍事裁判向けに作成したと推察される、『泰、緬甸連接鐵道建設に伴ふ俘虜使用状況調書』のなかでは、「当時陸軍全般として斯《かく》の如き直接作戦に非《あら》ざる作業に使用するは条約の違反に非ざるの見解を保持しありたるものにして所謂《いわゆる》一般の俘虜虐待事件とは其の本質を全く異にするものなることを主張する」［俘虜関係中央調査委員会、四七頁］と釈明している。また、多数の犠牲者を出したのは、工期の制限、周到な準備の至難さ、未経験と貧弱な科学装備、所命必遂の強行にあったとし、捕虜使用の可否決定は大本営にあったとしている〔同、一二頁〕。

一九二九年七月二七日にジュネーブで、日本も調印したが批准はしていなかった「俘虜ノ待遇ニ関スル条約」において、将校を除いて健康な捕虜を労働者として使役することは可能であった。しかし、それには作戦行動に関係のないこと、不健康かつ危険な労働に従事させないことが条件であった。泰緬鉄道建設は「作戦に非《あら》ざる作業」という解釈に立ち、「大陸指」でも「緬甸ニ対スル陸上補給路ヲ確保シ泰、緬甸両国間ノ交易交通路ヲ開拓スルニ在《ア》リ」という表現で、「作戦」とか「軍用」という言葉はいっさい使わずに、用心深く「陸上補給路」と「交易交通路ヲ開拓」という言葉を使用していた。捕虜の使役がジュネーブ条約に抵触することのないよう、配慮した表現であったと考えられる。

また、『泰、緬甸連接鐵道建設に伴ふ俘虜使用状況調書』のなかでも、作戦行動に使ってはいけないはずの捕虜を使用したという理由に、「大本營に於ては本建設が第一線の戰場より遙か後方地域内の作業なると一面泰と緬甸との交易『ルート』たる使命を有するとに依り右具申を容れ俘虜の使用を認可せるものなり」と弁明し、作戦地域から離れた「後方地域」であることと、「交易ルート」であったという二つの理由をあげている。ここでも、「作戦鉄道」とか「軍用鉄道」であったという言い方は避けている。そして、「強《しい》て其の責を追求するとせば多数の死亡者を出したる責任は建設を命じたる當時の參謀總長（杉山大將）及俘虜の使用を許可したる陸軍大臣（東條大將）並現地に於て建設の責に任じたる南方軍總司令官（寺内大將）に於て負ふべきものなり」〔俘虜関係中央調査委員会、四七頁〕と結んでいる。

日本軍は、泰緬鉄道を「作戦鉄道」とか「軍用鉄道」とは規定せずに、公式には「陸上補給路」および「交易交通路」と規定してきたことになる。大使館付武官であった守屋精爾《せいじ》大佐は、ジュネーブ条約による捕虜の扱いを知っていて、広池参謀に難しい制約のあることを教示していた［広池、一三三頁］というから、陸軍の上層部や現地の幹部将校は捕虜に関するジュネーブ条約を十分知っていた。捕虜を建設工事に使用するためには、「作戦鉄道」とか「軍用鉄道」であってはならなかったのである。

タイ側との建設交渉

泰緬鉄道の建設計画を、南方軍が最初にタイ側に提示したのは、杉山元参謀総長が南方軍総司令部を訪れた同じ日の一九四二年三月二三日であった。タイ側が国軍最高司令部に設けた日本軍との交渉窓口である、「日泰政府連絡所」（Kong amnuaikan phasom）の所長チャイ・プラティーパセーン中佐を、南方軍第三課鉄道主任の岩橋中佐が訪れて、つぎのような要請を行なっていた［Bok. Sungsut, 2. 4. 1. 2/1］。

一、モールメンの南に通ずるバーンポーン⇩カーンチャナブリー⇩クウェーノーイの約七〇キロの軍用鉄道（Thang rotfai thahan）を建設したい。
二、約三三〇キロの直線鉄道線路が必要になる。引込み線を加えると四三〇キロとなる。
三、約六〇キロの線路を調達してほしい。
四、技術者および労務者約三〇〇〇人を集めてほしい。日本側は捕虜と日本人技術者を起用する。
五、一年で完成させる。

この内容はただちに、首相であり国軍最高司令官であるピブーンソンクラーム（以下、「ピブーン」と略称）元

1941年12月21日、バンコクのワット・クラケオ（エメラルド寺院）本堂内で行なわれた「日タイ同盟条約」調印式。右がピブーンソンクラーム首相，左が坪上貞二大使。

帥に伝えられた。ピブーン首相は、〝基本的に受入れ可能であり、日本側が資材を持ちこむならタイ側ですべて建設する、線路は敷設後は撤廃しない、という条件で話し合う〟と語っていた。チャイ中佐は、タイとの交渉窓口に立つ日本側の大使館付陸軍駐在武官守屋精爾大佐に、その旨を伝えた［Bok. Sungsut, 2. 4. 1. 2/1］。

約七〇キロというのは、バーンポーン－カーンチャナブリー間の平野部をさすのか、タイ側に建設工事を負担させる区域をいうのか不明だが、工事区間をとりあえず小刻みに提示しながら相手側の反応をうかがおうとしていた。バーンポーンは東南アジア大陸部からマレー半島につながるつけ根の地点あたり、バンコクからの鉄道はここで南に折れて、マレー半島に向かう。ここはまたメークローン川の沿岸でもあり、シャム湾からさかのぼれば上流のクウェーヤイ（メークローン）、クウェーノーイに連なり、船便にも便利であった。

日本軍のこの提案に対しピブーン首相は、建設するならタイ側のものとして基本的に建設する、という態度を表明していた。日本側の提案は、タイ鉄道局にもさっそく伝達された。タイ鉄道局は、一九四二年四月三日付で見解をタイ国軍最高司令部に回答して、〝とても完成させられそうにない事業なので、回答するのが非常に心苦しい〟という率直な表現をしながら、その理由をつぎのようにあげている［Bok.

Sungsut, 2. 4. 1. 2/1]。

一、約四〇〇キロといえば非常に長い距離である。永久鉄道を平坦な地域で建設しても八年以上の年月がかかる。
二、鉄道路線が走る地域は、地図でみるかぎりバーンポーンから少しの地区を除くと、ほとんどが山岳地帯であり、山岳地帯での鉄道建設は平坦な地域より当然多大の時間がかかる。
三、建設に要する資材やレンチなどの工具、長距離にわたる線路の枕木や砕石は汽車で輸送するほかないが、列車はほとんどがタイ軍や日本軍の輸送に使用されていて、鉄道建設用にまわせてもわずかしかない。
四、森林を切り開く道具、たとえば、スキ、クワ、斧、ノコギリなどはバンコクでは入手が困難である。日本軍が大量に買いあげたからである。
五、鉄道建設用の労働力は、住民を徴用することは可能であるが、はたして効率良く働くかどうか疑問である。まして山岳地帯では、罹病の際の医薬品が不足すればますます効率が悪くなる。
六、［タイ］鉄道局の鉄道線路修理は、現在、通常よりも鉄道の使用が激しいため手いっぱいである。鉄道建設に担当者を派遣できても、少人数である。

タイ鉄道局は正しく四〇〇キロと理解し、経験的に八年以上はかかると判断している。建設期間と地形、資材・労働力に困難があり、タイ国鉄の機能が日本軍による大量の列車使用によって、すでに大幅に減じていることを語っている。たとえば、戦争前の国際急行列車は、バンコク－ペナン間を週二往復し、ペナン島の向かいのプライでシンガポール行き急行列車に接続して、バンコク－シンガポール間を約五〇時間かけて走破していた［鐵道省、二五頁]。ところが、一九四二年五月初めには、マラヤからバンコクまで直通する国際急行列車が運行している、日に三本の日本軍の軍用特別列車が走っていた[二松、七二頁]という、日本軍による頻用があった。

一九四二年四月一三日には、日タイ合同会議が開催された。日本側からは司令部の鉄道参謀広池俊雄中佐が出席し、バーンポーンから一五〇キロにわたる鉄道敷設現地調査を行なうにあたり、技術者と担当官が必要であり、調査期間は一〇日間として、要員の派遣をタイ側に要請した。さらに、バンコク－ナコーンパトム間の道路建設を急ぐこと、バンコク－バーンポーン間の電話線を二本付設してほしいと要請していた。

一九四二年三月末の提案では七〇キロの鉄道建設といい、四月の会合では一五〇キロの建設調査といい、日本側が申し出る建設区間の距離がしだいに伸びていた。四月一三日の日タイ合同の会合で、タイ側が〝鉄道建設の検討をしているのか〟と問いただしている。それに対して日本側は、〝地理調査をすませていないからまだその段階ではない〟と答えていながら、周辺整備を急がせているという、その言行不一致がタイ側をいらだたせていた。

疑念を抱くタイ側

建設への方針がかたまった南方軍は、一九四二年五月末以降、矢継ぎばやにタイ側との会合を開き、建設基地、捕虜収容所の建設などを要請しだした。タイ側の公文書より、日本軍の要請を月日を追ってまとめてみると、つぎのようになる[Bok. Sungsut, 2. 4. 1. 2/1]。

五月三一日：日本軍代表は公式文書でノーンプラードゥクに新駅の建設を申し出、タイ側代表を駅に駐在するよう要請してきた。

六月　一日：日本軍代表は公式文書で鉄道建設に使用する捕虜の収容所を、バーンポーン、カーンチャナブリー、クウェーノーイ川に建設してほしいと要請してきていた。タイ国軍最高司令官はそれに反対しないが、〝司令部で検討会議を開くように〟と答えた。

［六月　七日：南方軍が鉄道隊に建設準備を命令］

六月　八日：日タイ合同会議が開催され、ノーンプラードゥク駅の建設用地、労務者の徴用、ある種の物を購入する際の便宜供与と、鉄道関係者および内務省の担当官の現地派遣を要請してきた。タイ側はそれには応ずる返答をして、さらに鉄道建設の方針についてたずねているが、日本側は〝決まったわけではなく目下東京と打ち合わせをしている〟と答えた。

日タイ合同会議でタイ側は、〝日本軍が現在やっていることは日本軍独自で鉄道を建設しようとしているようにみえるが、タイ側が建設するという約束はどうなったのか〟と詰問していた。日本側は、〝建設するかどうかはまだ公式に決まったわけではなく、もしそうなった場合にただちに着手できるように準備の段階である〟と答えていた［Bok. Sungsut, 2. 4. 1. 2/1］。

一九四二年六月二〇日の「大陸指」は建設準備を指示したもので、ついで建設実施を指示することになっていた［中尾、三七頁］とすれば、日本軍のタイ側に対する説明は正確であった。だが、建設基地としての新駅設置、捕虜収容所の建設などの南方軍の行動は、タイ側には準備というよりも建設工事を着々とはじめていると映じたのであろう。

日タイ合同会議に出席して会議報告を記録していたチャイ中佐は、日本側の回答に非常な疑念を抱いていた。なぜなら、日本軍が準備段階だというのに、建設計画の説明もなく、取決めもないまま、すでに相当の量の投資が行なわれているし、建設は既定の方針のようにみられるからであった。タイ側は早急に公的な原則を取り決めるべきであると、問題点をつぎのように指摘して提案していた[Bok. Sungsut, 2. 4. 1. 2/1]。

一、鉄道建設はその沿線の道路を含めて、どのような方針をとるのか。
二、さきに取り決めたとおり、タイ側に建設させるのかどうか。
三、線路を敷設すれば撤廃しない、線路と付属施設を含め、タイ側に権利を譲渡する。
四、建設後の保全と補修はどちらがするのか。
五、この路線の汽車の運行は、タイの運行規則に従って運行する。
六、この路線に使用される車輛は、いかなる方法によって借料を計算するのか。

この内容からわかるように、タイ側は、泰緬鉄道はどうあろうと自国に所属させたいという固い意志を表明していた。

日本側の動きに対応させる組織として、タイ側は一九四二年六月二九日に「軍用鉄道建設審議委員会」(Khana-kammakan phitcharana lae chatkan sang thang rotfai thahan)を設置した。

一九四二年七月四日、タイ日合同建設委員会が開かれ、日本軍からはタナオカ少佐、引地武雄少佐、萩原少尉が出席して、土地の借用と借用期間、家屋の立ち退き保障、樹木伐採の保障、日本側の協定調印の代表者、損害補償の支払い時期が話し合われ、鉄道建設への計画は具体化していた[Bok. Sungsut, 2. 4. 1. 2/3]。翌七月五日には、坂元支隊がノーンプラードゥク駅に泰緬鉄道の起点を示すゼロ距離標を打ちこんでいるが、日本軍が占領したビルマ側では、タイ側よりも一週間早く、六月二八日にタンビュザヤ駅でゼロ距離標を打ちこんでいた。

建設用宿舎の用地確保

タイ側に「軍用鉄道建設審議委員会」が設置されたその日、一九四二年六月二九日に、日本側はバーンポーン駅のドーントゥーム寺のそばに日本兵宿舎六棟、捕虜収容所四棟を建設し終わり、さらに三棟を増築していた。また、六月三〇日には、白人捕虜の第一陣二五〇〇名が寺側の宿舎に宿泊しており、さらに六七五名がここに到着したという報告が、県庁から内務省に行なわれている［Bok. Sungsut, 2. 4. 1. 2/3］。

七月に入ると、日本軍将校がラーチャブリー県のバーンポーン郡役所やカーンチャナブリーの県庁を訪問して、宿舎建設用地の借上げ斡旋を要請していた［Bok. Sungsut, 2. 4. 1. 2/3］。

七月　九日：沢本少佐の指揮下にある栗林中尉がラーチャブリー県バーンポーン郡の郡長を訪問して、バーンポーン－カーンチャナブリー間の鉄道建設のため、日本兵の駐留部隊が増えるので、宿舎を増設したいと説明し、候補地の借上げ交渉を郡長に依頼していた［Bok. Sungsut, 2. 4. 1. 2/3］。

七月二一日：菅野《かんの》中尉がカーンチャナブリー県知事を訪れて、カーンチャナブリーの飛行場付近に兵一〇〇人をひきいてきて、鉄道建設のための宿舎建設をするので便宜供与を申し出ていた。

七月二六日：タイ駐留日本軍代表守屋大佐名で日泰合同連絡所宛に、「将来に泰緬鉄道建設に従事させるため、つぎの場所に捕虜収容所を建設するつもりである」と通達している。あげた場所は、

バーンポーン　　一か所　　収容人員　五〇〇〇名

カーンチャナブリー　一か所　収容人員　五〇〇〇名
クウェーノーイ川沿岸　数か所　収容人員　一万名
合計　収容人員　二万名
を予定していた。

七月二六日：ワクイ少尉と将校一名、兵四名と通訳がカーンチャナブリー県タームワン郡役所を訪問し、ワンサーラー公立小学校側に日本兵と捕虜の宿舎建設に許可を求める。

同日：小島中尉と下士官および通訳がタームワン郡役所を訪問し、すでにさきの学校に二〇〇名の捕虜を収容し、宿舎建設にとりかかっていると通知。

八月　八日：中原中尉が日本兵五〇〇人収容の宿舎、捕虜二〇〇〇人収容の収容所建設のためにタームワン郡役所を訪問。

二〇日：吉田中尉、川島少尉が県庁を訪問し、警備用詰所用地借上げ斡旋を依頼。

二一日：オホキタ中尉とチウイ中尉がタームワン郡役所を訪問し、住民が工事用杭を抜いて薪にしているが、やめるよう住民の注意喚起を依頼。

二三日：矢部部隊の中原少尉が県庁を訪問、飛行場南側の宿舎用地の検分を申し出た。また、樹木伐採の許可をも求める。

同日：渡辺少尉がタームワン郡役所を訪問し、さきの学校のなかに宿舎を建設したことで、児童の教育を阻害し教員に迷惑をかけるもの、という駐タイ日本大使の非難があるが、運動場を学校の前に新設し、宿舎は囲いをしてあるので教育に支障はないと釈明。

九月　二日：坂元少佐がカーンチャナブリー駅用地を見学。

同日：吉田少佐が船着場建設用地を借上げにきて、県は許可。

八日：吉田少佐が、コサムローン村カオプーンに建設予定の日本兵と捕虜の宿舎用地を調査。一〇日より建設の予定。

九月一六日には「泰緬甸連接鐵道ニ關スル協定」が結ばれることになり、一〇月二一日に細部協定が結ばれている。協定後も鉄道隊の建設工事のための交渉はつづいていた。

一一月　七日：犬山少佐部隊がターマカームの橋梁建設のため土地借用。

九日：吉田少佐はカーンチャナブリー駅建設現場を案内し、周辺地区を日本軍の作業現場にするため確保しておきたいと説明。

このように日本軍将校が現地の県庁や郡役所を訪問して許可を得るよりさきに、日本軍は現地でどんどん作業を進めていたので、あちこちで住民とのトラブルを起こしていた。たとえば、バーンポーン近くのノーンプラードゥク駅では、捕虜収容所三棟建設予定の用地三〇〇メートル×一五〇メートルのなかのバナナの木一万八〇〇〇本のうち、すでに一一二七本を切り倒してしまった。また、同駅の軍需工場予定地のバナナの木二八六三本、マンゴー二七五本、ヤシ一四本を伐採してしまって、一九四二年六月一八日には、郡長から持ち主に対し一ライ（一六〇〇平米）当たり五〇バーツの補償をするよう申し渡されている。

カーンチャナブリー県でも、一九四二年八月一二日にターマカーの郡長が、日本兵宿舎や捕虜収容所の建設監督にあたっているチュオキタ中尉に対し、県の命令を伝えている。それは、住民の果樹を勝手に伐採しない、住民を強制して立ち退かせ家屋を取り壊さない、必要な場合は郡長にあらかじめ連絡する、また住宅地近くの河川で裸で水浴しない、トラブルの原因になるから、みだりに女性の体に触れたり誘いだしたりしないように、と警告している。同じ内容のことを同日、タームワン郡の郡長がカーンチャナブリー飛行場の宿舎を監督している坂元少佐に通達し、協力を求めている［Bok. Sungsut, 2. 4. 1. 2/3］。

こうした宿舎建設上のトラブル、日本兵の宿舎がタイ人の村落と接するようになって生じる摩擦の積み重ねは、公文書で拾われて表現されることは少なかったが、一九四二年末に発生する日本兵と地元タイ人労務者とが衝突した事件、「バーンポーン事件」につながっていったと推察される。

偵察調査行

地元のタイ側郡役所と交渉しながら、兵員用宿舎や捕虜収容所を建設するかたわらで、同時にキャンプ予定地を調査する踏査隊が、奥地のタイ－ビルマ国境へと向かっていた。

一九四二年七月二一日には、川崎少尉と二六名の日本軍将兵が、カーンチャナブリーからビルマ国境に近いサンクラブリーへ地勢調査のための踏査を行なっていた［Bok. Sungsut, 2. 4. 1. 2/3］。

一九四二年八月七日には、カーンチャナブリー飛行場そばに駐屯している菅野部隊の川崎少尉が県庁を訪問して、泰緬鉄道建設のための調査に県側が便宜をはかったことに、謝礼を副知事に述べている。そのチャンスを逃さず、カーンチャナブリー県副知事は川崎少尉からさまざまなことを聞きだしていた。そのいくつかをあげると、たとえばつぎのようなことである。調査は一九四二年七月二〇日から行なわれたこと、順調に終わったこと、カーンチャナブリーから約二〇〇キロ奥地のサンクラブリー（二－ケ）まで踏査したこと、菅野部隊は鉄道建設を担当すること、ビルマ側に駐屯する金谷部隊がビルマ国境からサンクラブリーまでを建設すること、建設に二年間かかること、カーンチャナブリーからサンクラブリーまで峻剣な山と峡谷が多く、建設にはトンネルを掘るか、渓谷に沿って橋脚を四か所設けなければならないこと、トンネルなら五〇〇メートル、橋なら二〇〇メートル、橋脚の高さは三〇メートル以上必要になること、をあげている［Bok. Sungsut, 2. 4. 1. 2/3］。

さらに、鉄道建設で日本軍がもっとも心配しているのは、建設に従事する兵士や労務者の食糧であること、その理由は、カーンチャナブリー県では食糧が不足していて調達できないことと交通不便をあげていた。泰緬鉄道建設では先発部隊と後発部隊に分かれ、先遣部隊が森を切り開き路盤を築く、後発部隊が枕木と線路を敷設していく、線路が敷けると汽車で物資を運べるので、先発部隊ほどの苦労はないこと、などを川崎少尉は説明している。そして、線路や橋脚は広東、ビルマ、ジャワに集結させていること、食糧輸送の不便で完成が半年か一年遅れる恐れがあること、バーンポーン－カーンチャナブリー間は一九四二年の一一月には完成して汽車が走れるようになること、などであった［Bok. Sungsut, 2. 4. 1. 2/1］。県庁で歓待を受けたのか、川崎少尉は、日本軍の機密にあたるような内容をかなり饒舌に語っていた。

一九四二年八月一七日、今井周大佐の偵察調査隊が発動機付舟艇で艀を曳航して、メークローン川畔の船着き場を出発している。チョンカイの岩山では、すでに同年五月にシンガポールから移送されてきた、〝A〟部隊のオーストラリア人捕虜と思われる部隊が使役され、作業をしていた［二松、一〇八～〇九頁］。

一九四二年九月一五日、カーンチャナブリー県庁はトーンパープーム郡長からの無線電信で、下田イデオ少佐を隊長とする日本軍の一行二〇〇人が船でトーンパープーム郡に到着した、という知らせを受けた。九月二四日には、さらに詳しい報告が同郡から届いた。それによれば、下田少佐を隊長とする日本軍の一行は泰緬鉄道建設予定地区を踏査して到着したということだった。そして、さらに奥のサンクラブリーへ向けて翌日、ふたたび船で出発していった。サンクラブリーでは九月一六日に、曹長を隊長とする日本兵五名が、象五頭と案内人を含む象使い八名をひきいて、ビルマのモールメンから到着していた。モールメンからは雨季のため九日かかったという。

そして、同年九月二〇日午前九時に下田少佐の一行がサンクラブリーに到着し、モールメンへ向けて出発するので、象五頭借上げをサンクラブリーの郡長に依頼した。だが、象がいないから無理だった。また、モールメンまでの道路の様子をたずねると、道中で川を三か所渡らなければならないし、雨季で水嵩が多く流れが速い、と郡長は説明していた。下田少佐がまた、鉄道建設工事のための日本兵と捕虜約一万名を駐屯させるつもりであるが、現地で食糧を調達できるかどうかをたずねると、郡長は、現地の者にはなんとかまかなえる程度であるが、兵士や捕虜にはとても無理だと答えた。すると、下田少佐は、乾季には船が使えなくなるから、トーンパープームからサンクラブリーまで自動車道を作らなければならないと語っていた。

サングラブリーの郡長が、モールメンから日本兵を案内してきたチエンマイ生まれの四三歳のタイ人フワムから聞いたところでは、ビルマで鉄道建設をしている日本軍は一日一ルピーでビルマ人を強制的に雇いあげ、成人男子は二〇～五〇人ごとに交代で働かされているという。村に日本軍がやってくると、村人は家から逃げだし、日本軍が村に泊まっているので村人は難儀しているという。ビルマ側の鉄道建設はロンキーまで線路の土盛りができ、砂利を敷くと自動車が通れるようになる、あと三か月で道路はサンクラブリーまで達するだろう、途中には数か所の日本軍キャンプ地がある、とタイ人フワムは、話していた [Bok. Sungsut. 2. 4. 1. 2/1]。

一九四二年九月一六日に、ようやくタイ側と「泰緬甸連接鐵道建設ニ關スル協定」を締結することになるが、タイ側よりもビルマ側のほうで、すでに工事準備の進んでいたことが聞き取りで理解できる。独立国タイとの間では、許可を逐一とりつけながら準備を進め、建設工事を進めなければならない、手続きに手間どっていたのである。

4　泰緬鉄道は軍用か民用か

タイ側の「軍用鉄道建設審議委員会」

東京の大本営やシンガポールの南方軍司令部では、「軍用鉄道」とか「作戦鉄道」という表現を巧妙に避けたものの、泰緬鉄道建設をめぐるタイ側との交渉では、タイの領域内で建設するからには、タイの法的立場上、鉄道の性格を規定しなければならなかった。タイ側では泰緬鉄道を「軍用鉄道」と規定して、さらにその帰属をタイのものとして明らかにしようと、日本軍との交渉に臨んだ。

日本軍の泰緬鉄道建設の提案を協議するため、タイ側の「軍用鉄道建設審議委員会」の第一回委員会が開かれたのは、一九四二年八月八日であった。そして、日タイ合同会議が開かれたのは八月一九日のことであった。このときタイ側は、鉄道を戦後にしかるべき価格で買収することを提案したが、日本側は、戦後についてはその時点で協議したいとして結論を避けた。タイ側は、鉄道建設後にタイに売却するかどうかを、さきに決めておくことを重ねて提案した。

一九四二年八月二七日の日タイ合同会議には、タイ側が交通省大臣クワン・アパイウォン、日泰政府連絡所所長のチャイ・プラティーパセーン中佐、および軍用鉄道建設審議委員会委員四名、鉄道局幹部三名、軍最高司令部のプラスート・チャヤンクーン親王少佐ら政府閣僚と軍要人一一名が出席し、日本側は守屋精爾少将、柘植《つげ》中佐、入江俊彦少佐、シラガイ少佐、中村中尉、萩原少尉、通訳の河原および三谷が出席して開かれた。会議では泰緬鉄道の性格と帰属をめぐり、日本とタイとの激しい議論の応酬があった。議事録には、両国の間でどのような発言の応酬があったか、その発言者と発言内容が細かく記録されており、かなりの量の文書が残されている。泰緬鉄道を双方が公式にどう規定するか、建設前の大きなヤマ場であった。

まずタイ側は、〝泰緬鉄道はタイの法律でわが国に帰属し、軍用鉄道は双方が利用する〟と主張した。日本側は〝その理屈が理解できない、完成後に合意するべきである〟と主張した。タイ側が、泰緬鉄道を「軍用（khong thahan）」とするのか「民営（khong borisat）」にするのかをたずねると、日本側は〝戦時にあっては軍用であり、戦後は日本が権益を有し、民営に移管することも状況しだいである〟と答えている。タイ側は〝日本側が将来のことがわからないというのであれば、現在のタイの法律で規定すればわが国に帰属する〟と主張し、日本側は〝戦後も日本のものにしておくつもりはない〟と回答した。タイ側は〝軍用とするのであれば建設するのに問題はないが、民営にするとなると住民の土地収用とか問題が山積し、法的に土地占有権を取得しなければならない〟と説明した。日本側は結局、〝作戦用の軍用鉄道である〟と答えている［Bok. Sungsut, 2. 4. 1. 2/2］。

タイ側を代表して、もっとも激しく日本側に迫り、〝作戦用の軍用鉄道〟という回答を引きだしたのは、交通大臣クワン・アパイウォンであった。クワンは第一次世界大戦後にフランスに留学し、工学を学んでいる。首相のピブーンや摂政のプリーディーらとは、フランス留学時代の仲間であった。クワンは自伝のなかで、〝泰緬鉄道建設のカーンチャナブリー線選定にあたり、駐在武官の守屋精爾大佐から意見を求められたので、ピサヌロークからメーソートの線のほうが良い〟と答え、その理由として、〝自分はかつてこの地方を調査して電信線を架設していたことがあり、地勢をよく知っているからだ〟と述べている［*Anuson nai ngan phraratchahan phroengsop*

Phantri Khwang Aphaiwong, 1968, p. 58]。このルートは現在、アジア・ハイウェーのルートになっている。クワンはその後、一九四四年八月一日にピブーン政権退陣ののち、終戦まで首相をつとめている。

さらにタイ側は、ノーンプラードゥクからカーンチャナブリーまでの六〇キロの鉄道をタイ側が建設し、それから先の三〇〇キロあまりを日本側が建設すれば、問題はないと強調する。日本側が〝それで一年以内に完成させられるか〟とたずねると、タイ側は〝大丈夫〟と答え、完成しなければいかにしようが結構という。〝六〇キロの建設は日本側の指揮監督のもとにしてはどうか〟と日本側は提案するが、タイ側は〝まず基本原則を認めるかどうかであり、指揮監督はわれわれで十分できる〟と答えている。日本側は、〝線路の出発点がまず完成しないと、それから先の線路がいかに早く完成しても運用できなくなるから、日本側の指揮監督のもとにしたいのだ〟と説いている。〝日本側に指揮官がいれば、タイ側も指揮官をおき、指揮監督は協力してやればよいのであって、六〇キロの建設の原則をまず取り決めよう〟と、タイ側は相互主義を主張する。日本側は〝この鉄道が軍用であり、戦略のためであるから、担当者はまず日本軍の鉄道隊に従い相談しなければならない〟と念を押し、タイ側も〝異存はない〟と返答している [Bok. Sungsut. 2. 4. 1. 2/2]。

タイ側が起点から六〇キロまでの建設を主張した裏には、泰緬鉄道を自国に帰属させ、日本に帰属させないようにするため、すこしでも泰緬鉄道建設に関与しておく、という立場のあらわれである。一方の日本側には、泰緬鉄道建設は日本軍の機密事項であって、独立国タイの許可が必要であっても、タイ側にまかせてはたして日本軍が予定する期間内に完成させることができるのか、という疑心があった。完成を急ぐ日本軍は、タイ側との交渉で六〇キロの鉄道建設をしぶしぶ合意していた。

日本側の、〝戦時にあっては軍用、戦後は権益を確保して民用にする〟という考えは、日本がかつて中国大陸に設立してきた「南満州鉄道（満鉄）」、「華北交通」、「華中鉄道」という国策会社の経営方針に、すでにみることができる。それは、鉄道を軸にしながら交易・農業・鉱業の経営をはかり、鉄道経営を通じて沿線の支配権の獲得、植民地経営の実現をめざすものであった。タイは鉄道経営の権益取得が、帝国主義者の植民地獲得の手段になっていることを知っていた。タイ側の軍用鉄道建設審議委員会でも、それを指摘した発言がみられる。長年独立を維持してきたタイにとって、日本側の鉄道権益取得は絶対に認められない点である。大義名分であれ、タイと日本は、「日泰協同作戦ニ關スル協定」という秘密軍事協定を一九四二（昭和一七）年一月三日に結んでいた。タイ側にとっては、泰緬鉄道は日本の権益が生まれないように軍用鉄道という性格のままにしておくことと、タイに帰属させなければならないことが基本的な立場であった。そして、そのためには「日泰協同作戦」を理由に相互主義を貫き、泰緬鉄道の建設には参加しておく必要があった。

日本とタイの間にはつぎのような秘密協定が結ばれていた［Bok. Sungsut, 1. 12/45，原文は日本語］。

（軍事機密）

日泰協同作戰ニ關スル協定

第一條　日本國泰國同盟条約第二條ノ場合日泰兩軍ハ協同シテ作戰ス

第二條　日本軍ハ協同作戰ノ爲泰國内ヲ通過シ又ハ泰國内ニ於テ作戰ス

第三條　協同作戰ノ爲泰國軍ハ日本軍ノ作戰ニ呼應シテ泰國ノ防衛ニ任シ日本軍ハ所要應シ之ニ協力ス
前項ノ外日泰兩國軍協同シテ泰國外ニ進攻シテ作戰スルコトアリ

第四條　泰國ハ協同作戰ノ爲左記諸項ニ關シ日本軍ニ便宜ヲ供與シ且之ヲ援助ス
一、泰國ノ航空、防空、運輸及交通、通信、氣象等ノ各機関工場施設、倉庫等ノ仕様竝ニ之等ノ新設増強

二、軍用資材、糧秣及勞力ノ蒐集及利用
三、泰國内ニ在ル日本軍ノ宿營給養
第五條　日泰兩國軍ハ相互ニ情報ヲ交換シ且防諜等ニ協力ス
第六條　前諸項ノ細部及作戰實施ニ關スル協同ノ要領ニ關シテハ別ニ之ヲ定ム
第七條　本協定及本協定ニ基ク細部ノ協定ハ秘密トシ将來ニ於テモ公表スルコトナシ

昭和十七年一月三日

第十五軍司令官　飯田祥二郎　陸軍中将
海軍少将　左近允正　海軍少将
泰國軍最高司令官　ピブン、《ママ》ソンクラム元帥

さらに細部協定では、つぎのようにされている。

（軍事機密）

日泰協同作戰ニ關スル細部協定

日泰協同作戰ニ關スル協定第六條ニ基キ日泰兩軍指揮官（代表）ハ必要ト認ムル細部事項及作戰實施ニ關スル協同ノ要領ニ付其都度協定シ又ハ關係主任者間ニ於テ直接協議實行スルモノトス
右ニ基キ差當リ協定スルコト左ノ如シ、
第　一條　昭和十六年十二月十四日締結セラレタル日泰協同作戰要項ハ協同作戰ニ關スル協定第六條ニ基クモノト見倣ス

第二條　泰國ハ沿岸防備ノ爲必要ニ應シ泰半島東西両岸ニ哨戒基地（艦艇泊地、水上飛行基地、廳舍、砲台、方位測定所等ヲ含ム）ヲ新設増強スルモノトシ日本軍ハ所要ニ應シ之ニ協力ス

第三條　泰國ハ日本軍ノ所要ニ應シ沿岸哨戒基地及同施設ヲ日本軍ノ使用ニ供ス

第四條　泰國側ノ水中防御ハ日本海軍ニ協議シ實施ス

第五條　泰國艦船ノ行動ハ予メ日本海軍ニ協議ス

第六條　日本軍ノ泰國鉄《ママ》道ニ依ル軍事輸送ハ仏領印度支那、泰國、馬來鉄《ママ》道相互間列車ヲ直通セシムルモノトス

第七條　日本軍ノ泰國鉄《ママ》道ニ於ケル軍事輸送ハ他輸送ニ優先ス（但シ作戰上必要ノ場合ニハ両軍同時使用ス）

第八條　日本軍ハ其必要ニ應シ泰國鉄道及船舶ノ運營、整備及警備ニ關シ泰國ヲ援助ス

第九條　泰國ハ日本軍ト協同シ泰國ノ無線電波ヲ統制シ又ハ泰國無線通信ヲ禁止スルモノトス

第十條　日泰兩國關係機關ハ日本軍又ハ泰國軍若ハ此兩者ニ対スル安全及利益ノ侵害行爲ノ予防及之カ排除ノ爲相互協力ス

第十一條　泰國ノ郵便電信ハ非敵性國ニ対シテノミ発信ス而シテ日、泰、獨、伊、各國官憲ニ關スル郵便電信ノ外ハ凡テ平文トシ其用語ハ日、泰、支、獨、伊、佛、英語トス

第十二條　日本軍憲兵ハ其取扱ヒタル事件中泰國法権ニ服スルモノ（敵性國人ニ關スルモノヲ除ク）ハ之ヲ泰國警察又ハ検事當局ニ送致シ泰國官憲ハ之ヲ審判シ其処置及判決ヲ日本軍憲兵ニ通報スルモノトス

第十三條　泰國ハ日本軍隊、軍需品及所在日本陸海軍指揮官ノ特ニ定ムル軍人軍属ニ對スル關税入國税及各種港税ヲ免除ス

第十四條　泰國ノ資材施設勞力等ニシテ日本軍ノ使用ニ供シタルモノ又ハ之カ爲生シタル損害ニ對シテハ別ニ
定ムル所ニ依リ日本軍ニ於テ之ヲ補償ス

昭和十七年一月十四日

日本陸軍司令官　飯田祥二郎　陸軍中将
日本陸海軍代表　左近允正　海軍少将
泰國軍最高司令官　ピブン、《ママ》ソンクラム元帥

六条において、「日本軍ノ泰國鉄道ニ依ル軍事輸送ハ仏領印度支那、泰國、馬來鉄道相互間列車ヲ直通セシムルモノトス」とし、第七条においては、「日本軍ノ泰國鉄道ニ於ケル軍事輸送ハ他輸送ニ優先ス（但シ作戰上必要ノ場合ニハ兩軍同時使用ス）」とあり、軍事輸送では、東はカンボジアのプノンペンからバンコクを経由して北のチエンマイあるいはマラヤ、シンガポールまで、日本軍は優先して鉄道を使用できるようになっていた。

日本側はタイ側の建設技術や工期に関して懸念を抱き、タイ側は協同作戦というたてまえから、平野部を結ぶ六〇キロの鉄道建設に固執していた。そこで、鉄道建設用の土地収用ではまず日本軍が地図を作製し、市街を避けること、タイ側の技術者を路線区域の線引きに参加させること、をタイ側は条件にしていた [Bok. Sungsut, 2. 4. 1. 2/2]。結局、一九四二年九月一六日の実務者合同会議で、ノーンプラードゥクからの六〇キロはタイ側が土木工事を担当し、線路敷設、駅、電柱、橋梁などの建設は日本側が担当することになり、タイ側はそれを三か月以内に完成させることで合意した [Bok. Sungsut, 2. 4. 1. 2/2]。

「泰緬甸連接鐵道建設ニ關スル協定」

こうして一九四二年の九月一六日には、原則としての「泰緬甸連接鐵道建設ニ關スル協定」が結ばれた［Bok. Sungsut, 2. 4. 1. 2/1］。この協定文は、日本には残存しない。日本側がタイ側に提出した日本語協定文が、タイ国立公文書館に保存されている。その全文はつぎのとおりである（手書き謄写印刷）。

泰緬甸連接鐵道建設ニ關スル協定

日本軍作戦上ノ必要ニ基ク泰、緬甸連接鐵道ノ建設ニ關シ日泰共同作戦ニ關スル協定第四條及第六條ニ基キ左ノ如ク協定ス

第一條　泰國ハ本鐵道建設ノ爲左ノ如ク協力シ且援助ス

泰國ノ供出スベキ資材ニ係ル經費ハ日本軍ニ於テ支辨スルモノトシ其ノ細部ハ別途協定ス

(1) 鐵道要地及建設ノ爲ノ使用地ノ供出

(2) 泰國ハ勞働者ノ採用ニ協力シ、技術員等所要ノ人員ヲ供出シ日本軍鐵道建設指揮官ノ指揮ヲ受ケ建設作業ニ從事セシム

(3) 左記建設及運搬用資材等供出シ又ハ使用ニ供ス其ノ數量ハ別途協定ス

左　記

(イ) 枕木及電柱

(ロ) 橋梁用木材及驛舎用木材

(ハ) セメント、砂利

(ニ) 泰國ハ日本軍ニ對シ出來得ル限リ貨物自動車(運轉手共)ヲ供出ス

但シ油ハ日本軍ヨリ供給ス

(ホ) 泰國ハ出來得ル限リ日本軍ノ「メークロン」河及「ケオノーイ」河ニ於ケル資材運搬用舟艇(乘組員共)ヲ供出ス

但シ油ハ日本軍ヨリ供給ス

(ヘ) 建設及連絡用輪轉材料及小車

(ト) 局地小運搬具及小運搬用動物

(4) 作業指揮ノ爲盤谷「バンポーン」間泰國鐵道通信線ノ使用

(5) 泰國ハ日本軍所要ノ修理ヲ「マカサン」工場ニ於テ實施ス

第二條 泰國ハ前項ノ日本軍建設部隊ノ建設作業ニ對シ所要ノ援助及便宜ヲ供與ス

第三條 泰國ハ本鐵道建設ニ要スル資金ノ調達ニ協力ス

但シ細部ニツキテハ其都度協議ス

第四條 泰國ハ專任連絡委員ヲ編成シ本協定ニ基ク細部ニ關シ日本軍鐵道建設指揮官ト協定ス

第五條 本鐵道建設後ハ日本軍ニ於テ戰爭終了迄作戰ニ適スル如ク自ラ使用經營ス

右ノ爲必要アラバ細部ノ事項ハ鐵道當事者間ニ於テ協議ス

右協定ス

昭和十七年九月十六日

在泰日本軍代表　守屋　精爾

泰國軍最高指揮官　ピブン　ソンクラーム

ひきつづいて同年九月一九日には、第二鉄道監下田宣力少将の宿舎で協定締結後の第一回日タイ合同会議が開かれた。日本側からは広池俊雄中佐、長沢中佐、引地少尉、今井周大佐、桑原大尉らが出席していた。同月二二日には細部協定案が日本側からタイ側に提示され、二三日に第二回会議、タイ側はタイ語訳にして二五日に訳文が日本軍に提示された。二九日に第三回会議、そして一〇月一七日の第五回会議をへて細部協定案ができあがり、一〇月二一日に調印された。その協定文はつぎのとおりである［Bok. Sungsut, 2. 4. 1. 2/1］。

泰緬甸連接鐵道建設ニ關スル協定第四條ニ依ル第一次細部協定

第一條　協定第一條中ノ泰國ノ供出スベキ資材ニ係ル經費ヲ日本軍ニ於テ支辨スル件ハ次ノ通リ定ム

㈠　資材ノ價格ハ日本軍及泰國側委員相互間ノ協議ニ依ルモノトス

㈡　別紙第二(イ)(ロ)(ハ)ノ資材ニ對シテハ毎月ノ決定供出數量完納ノ都度日本軍鐵道建設部隊長ヨリ代金ヲ支拂フモノトス

別紙第二イロハノ資材ニ對シテハ日本軍鐵道建設部隊長ヨリ代金ヲ支拂フモノトス

㈢　但シ其ノ支拂梯期日ハ日本軍鐵道建設部隊長ト現地ニ於ケル泰國側代表者トノ協議ニ依リ定ムルモノトス

㈣　別紙第二(ヘ)ノ資材ニ對シテハ昭和十七年九月十一日調印ノ「泰國鐵道ニ於ケル日本軍軍事輸送ノ運賃及料金支拂ニ關スル協定」ノ第三條ニ依リ日本軍鐵道建設指揮官ヨリ三ケ月毎ニ支拂フモノトス

第二條　㈠　協定第一條(1)ノ鐵道要地ハ日本軍鐵道建設部隊長ヨリ泰國側ニ提出スル路線圖ニ準據スルモノト

ス

上記鐵道要地内ノ樹木ノ伐採及家屋取拂工事ハ路盤工事施行者之ヲ實施スルモノトス

上記鐵道要地ハ鐵道建設工事完成後必要ナル圖面類ヲ各路盤工事施行者ニ於イテ調製シ日泰兩者ニ於テ夫々保有スルモノトス

(二) 協定第一條(1)ノ建設ノ爲ノ使用地ハ日本軍鐵道建設部隊長ト泰國側現地技師長及現地知事トニ於テ協議ノ上之ヲ定ムルモノトス

但シ上記使用地ノ使用開始日、使用終了日、使用土地ノ地域等ヲ記載セル書類ヲ日本軍及泰國側立會ノ上ニ於テ調製シ日泰兩者ニ於テ夫々保有スルモノトス

(三) 上記鐵道要地及建設ノ爲ノ使用地供出ノ爲メ發生スベキ家屋移轉費及果樹伐採其ノ他ニ對スル損害賠償費ハ總テ泰國側ニ於テ負擔スルモノトス

第三條 (一) 協定第一條(2)ニ依リ泰國ハ勞働者ノ採用ニ關シ別紙第一ニ依リ出來得ル範圍内ニ於テ協力スルモノトス

爾後ニ於ケル採用ニ關シテハ逐次協定スルモノトス

(二) 協定第一條(2)ニ依リ泰國側ニ於テ技術員等所要ノ人員ヲ供出シ日本軍鐵道建設部隊長ノ指揮ヲ受ケ從事スベキ建設作業ハ「ノンプラドック」ヨリ「メクロン」河岸迄ノ範圍ニシテ次ノ如ク實施スルモノトス

1、作業ノ種類ヲ次ノ如ク定ム

(イ) 路盤構築作業

(ロ) 電線路ノ架設作業

(ハ) 驛舍（附屬建物共）機關庫ノ建設作業

(ニ) 驛ヨリ國道ニ通ズル連絡路ノ建設作業

上記ノ中(イ)ノ工事費ハ泰國側ニ於テ負擔シ其ノ他ハ日本軍側ニテ負擔スルモノトス

2、泰國側ハ技師長又ハ技師等ヲ泰國人中ヨリ任命シ日本軍鐵道建設部隊長ヨリトノ連絡ヲ便ナラシムル爲メ適當ナル處ニ其ノ事務所ヲ設置スルモノトス

3、上記1ノ作業實施ニ要スル資材及器具類ハ泰國側ニ於テ手配スルモノトス

但シ泰國側ニ於ケル手配事實上不可能ナル場合ニ於テハ日本軍側ニ援助ヲ依頼シ日本軍側ハ所要ノ電柱、電線、碍子、橋梁金具、屋根用鐵板、燃料、脂油及器具等ノ供給ニ付可及的ニ援助ヲ計ルモノトス

4、作業ノ完了期限ヲ次ノ如ク定ム

路盤構築作業及電線路ノ架設作業ハ昭和十七年十一月二十日迄ニ完了スルモノトス

驛舍（附屬建物共）機關庫及驛ヨリ國道ニ通ズル連絡路ノ建設作業ハ出來得ル限リ速ニ完了スルモノトス

但シ水害等ノ不可抗力ニ依ル場合ノ作業遲延ハ已ムヲ得ザルベキモノトス

此ノ場合ハ泰國側ヨリ日本軍鐵道建設部隊長ニ此ノ旨通達シ其ノ承認ヲ受クルモノトス

第四條　協定第一條(3)ニ依リ建設及運搬用資材ヲ供出シ又ハ使用ニ供スベキ件ハ別紙第二ニ依リ出來得ル限リ之ガ供出ニ努ムルモノトス

細部ハ日本軍及泰國側委員相互間ノ協議ニ依リテ定ムルモノトス

第五條　協定第二條ニ依リ泰國ハ前項ノ外日本軍鐵道建設部隊ノ建設作業ニ對シ援助及便宜ヲ供與スベキ事項

ヲ差當リ次ノ通リ定ム

㈠　泰國側ハ別紙第三ニ示ス資材ヲ日本軍鐵道建設部隊長ニ貸與又ハ賃貸スルコトニ關シ出來得ル範圍ニ於テ援助及便宜供與スルモノトス

㈡　泰國側ハ「カンチャナブリー」「ターカヌン」ニ至ル間ニ於テ乾期中自動貨車ノ連續通過ニ耐ヘ得ル如ク道路ヲ補修スルモノトス

道路ノ補修ヲ行フ場所、完成期限等ノ細部ニ關シテ、如何ナル程度ナスベキヤハ現地ニ於ケル日本軍鐵道建設部隊長ト泰國側トノ協議ニ依ルモノトス

右ニ要スル費用ハ日本軍側ニ於テ負擔スルモノトス

㈢　泰國側ハ「カンチャナブリー」ニ於テ出來得ル限リ所要ノ電力ヲ無料供給ス之ガ爲メ重油發電機ノ運轉ヲ要スル場合ニハ日本軍ヨリ所要ノ潤滑油及重油ヲ泰國側ニ供給スルモノトス

㈣　泰國側ハ日本軍鐵道建設部隊ノ現地ニ於ケル糧秣特ニ生肉、生野菜ノ取得ニ關シ便宜ヲ供與スルモノトス

㈤　泰國側ハ「カンチャナブリー」ト泰緬甸國境トノ間ニ於テ新設スル驛舎（附屬建物共）機關庫ヲ鐵道運轉可能トナリ次第構築ニ着手シ成ルベク速ニ完成スルモノトス

右ニ要スル費用ハ日本軍側ニ於テ負擔スルモノトス

但シ木材以外ノ所要資材中泰國側ニ於テ入手不可能ナルモノハ日本軍側ヨリ供給スルモノトス

㈥　泰國側ハ輪轉材料ヲ日本軍ノ建設スル鐵道内ニ進入セシメ日本軍ノ建設スル作業ニ便宜ヲ供與スルモノトス

本件ニ付テハ其ノ都度協議スルモノトス

附記

此ノ細部協定ハ昭和十七年九月十六日調印セラレタル「泰緬甸連接鐵道建設ニ關スル協定」第四條ニ依リ差當リ必要ナル細部ニ關シテノミ行ヒ其ノ他ニ關シテハ必要ノ都度協定スルモノトス

右　協定ス

昭和十七年十月二十一日

日本軍鐵道建設指揮官　下田　宣力

泰國委員長　チョーイ　パンヅチャルーン

［別紙第一］

勞働者ノ採用ニ關シ日本軍側ヨリ泰國側ニ協力ヲ要求スルモノ左ノ如シ

1、リベット工　二組　（一組五名、計一〇名）昭和十八年三月ヨリ手配ノコト

2、潜水夫　二名　昭和十七年十月末日ヨリ手配ノコト

3、鑿岩夫　二二〇名

4、鑿岩機修理工　一〇名

5・石工　一、六七〇名　第三項ヨリ第八項迄昭和十七年十月ヨリ

6・發動機工　五〇名　仝年十二月末ノ間ニ於テ手配ノコト

7、大工　一〇〇名

8、鍛工　三〇名

尚泰國側ニ於テハ上記人員ヲ出來得ル範圍内ニ於テ手配シ「カンチャナブリー」ニ供出ス　但シ傭入賃金其ノ

他細部ニ付イテハ日本軍鐵道建設部隊長ト泰國側建設委員トノ協議決定ニ依ルモノトス

［別紙第二］

泰國側ヨリ日本軍ニ供出又ハ使用ニ供スベキ資材ノ数量左ノ如シ

(イ) 枕木（〇、一五×〇、二〇×一、九〇）八〇、〇〇〇本ハ昭和十七年十一月ヨリ昭和十八年三月迄ニ毎月一六、〇〇〇本宛「ノンプラドツク」へ供出ス

残リ一〇〇、〇〇〇本ハ昭和十八年四月ヨリ仝年九月迄ニ毎月略々同數宛「カンチャナブリー」以西ノ豫定線路附近ニ供出ス

電柱（末口〇、一五米長サ七米）一、〇〇〇本ハ昭和十八年四月中ニ「ノンプラドック」ニ供出ス

(ロ) 橋梁用木材（寸法属表ニ依ル）一、五〇〇米分ハ明細數量別紙第二属數ニ従ヒ昭和十七年十一月末迄ニ二、一〇〇米分ヲ仝年十二月迄ニ、二〇〇米分ヲ昭和十八年一月ヨリ仝年四月迄ニ於テ毎月三〇〇米分宛「ノンプラドック」又ハ「バンポン」ニ供出ス

(ハ) 砂利及砂コンクリート用砂利六、〇〇〇立方米　道床用砂利一八九、〇〇〇立方米「メクロン」橋梁用砂一、五〇〇立方米及土留壁用砂二、四〇〇立方米ニ對シテ、日本軍鐵道建設部隊長ノ指示ニ従ヒ供出ス

セメント一、〇〇〇屯ハ昭和十七年十月ヨリ昭和十八年一月迄ニ毎月二五〇屯宛「バンスー」ニ於テ供出ス

(ニ) 自動貨車（運轉手共）七〇輛ノ逐次「バンポン」ニ供出ス但シ其ノ數量ハ可及的ニ手配シ得ル範圍トシ供出時期及毎月ノ數量等ニ付テハ追テ日泰両者ニ於テ協議決定ス

(ホ) 舟艇ハ曳船用機船（五－一五馬力船頭付）七〇隻及積船（積載量一〇屯以上船頭付）六〇隻トシ「メクロン」河及「ケオノイ」河ニ於ケル資材運搬用トシテ出來得ル範圍内ニ於テ「カンチャナブリー」ニ於テ供出ス

但シ供出時期及供出數ハ追テ日泰両者ニ於テ協議決定ス尚上記舟艇ハ「カンチャナブリー」縣以外ノ地域ヨリ集ム

(ヘ) 輪轉材料及小車ハ「ノンプラドック」ヘ左記ノ通リ供出ス

機關車五輌中三輌ハ昭和十七年十一月末迄ニ残リ二輌ハ仝年十二月又ハ昭和十八年一月末迄ニ供出ス

無側車二〇輌　有蓋車（八屯積）十五輌　無蓋車（八屯積）六〇輌　緩急車（八屯－一〇屯積）五輌

手押車二台

尚上記輪轉材料ノ供出ニ對スル料金ハ日本軍ト泰國側トノ協定セル料金率ニ従ヒ日本軍側ヨリ泰國側ニ支拂フ

尚前記ノ供出時期ハ日本軍鐵道建設部隊長ト現地駐在泰國側技師長ト協議ノ上決定ス

(ト) 牛車（駁者付）五〇〇輌及象一〇〇頭（駁者付）ハ泰國側ニテ出來得ル範圍内ニ於テ手配スルモ各供出時期場所數量等ハ日本軍鐵道建設部隊長ト「カンチャナブリー」縣知事トノ直接交渉ニヨルモノトス

[別紙第二屬表]

供出木橋材料標準及細部数表

品目	寸法	体積 立方米	一張間数量 本	總数量 本	備考

杭材	中徑〇、二〇米　長一〇、〇〇米	〇、一〇	六	二、一〇〇
桁	〇、三×〇、三×四、三〇米	〇、三八七	八	二、八〇〇
桁受	〇、三×〇、三×一、五〇米	〇、一三五	四	一、四〇〇
冠材	〇、三×〇、三×四、〇〇米	〇、三六〇	一	三五〇
横水平繫材	末口〇、一五米二ツ割長四、〇〇米	〇、〇六五	四	一、四〇〇
縦水平繫材	末口〇、一五米二ツ割長四、五〇米	〇、〇七一	二四	八、四〇〇
斜繫材	末口〇、一五米二ツ割長四、三〇米	〇、〇六七	二	七〇〇
斜繫材	〇、二×〇、二×一、三〇米	〇、〇五二	二	七〇〇

〔別紙第三〕

一、動力付《ママ》ポンプ　七台

但シ右附属《ママ》品トシテ吸水蛇管（一〇米）五本　排水蛇管（一〇米）五本　フートバルブ五個ヲ附スル

モノトス

二、コンクリート攪拌機　四台

三、ウインチ　六台

四、輕便軌條　二、〇〇〇米分

五、トラクター　五台

右各資材、供出時期及供出場所ハ日本軍鐵道建設部隊長ノ指示ニ依ル

「泰緬甸連接鐵道建設ニ關スル協定」の第五条では、泰緬鉄道を戦争終了まで作戦鉄道として日本軍が使用・経営することが明記されている。しかし、戦後に、それがどちらに帰属するかに関しては言及がない。戦時の作戦鉄道であることだけの規定に終わったのは、その帰属をめぐって、日本とタイの相反する思惑が戦後についての合意を困難にしていたのであろう。

また、これらの資材供給にかかわる経費は、戦時中の「特別円」で支払われていた。特別円とは兌換性をもたず、返済期限が明記されていない借入金であった。両国大蔵省は一九四二年五月二日に協定覚書を交換し、日タイ双方のいっさいの支払いは特別円で決済することになった。必要に応じて純金一グラム＝四円八〇銭の割合で金に振り替えられ、イヤーマークつきで日本銀行に保管されることになった。日本は軍費をタイ側に立て替えさせていたが、しだいに金や物資で充当できなくなっていった。特別円は泰緬鉄道のみならず、日本軍がタイ国内で調達した物資の費用や列車の借上げ、労賃の支払いなど、すべての費用の支払いにあてられていた［外務省外交文書、A―7―0―0―9―3―2］。

これら日本軍が消費する軍費に関して、ピブーンは「タイの一年間の国家予算よりも多いバーツを日本に貸さねばならぬ問題である」［村嶋、五四頁］とし、タイの財政が急に二倍以上にふくらんだことを語っている。要するに、日本軍はタイからの物資や労働力をツケで購入していったのである。ところが、ツケを支払うよりもさきに日本軍が敗戦を迎え、戦後に「特別円問題」として残った。タイ国鉄の使用料や泰緬鉄道建設に要した経費に関するタイ側公文書は膨大な数量があり、タイ国立公文書館に保存されている。特別円がなににどれだけ使われていたか、今後の調査研究で解明されるべき分野といえよう。

泰緬鉄道の法的位置づけ

タイ側では「泰緬甸連接鐵道建設ニ關スル協定」を受けて、沿線各地区の行政責任者を委員とする「軍用鉄道建設実行小委員会」を一九四二年一一月二一日に設置した。小委員会は、

一、ラーチャブリー県知事
二、カーンチャナブリー県知事
三、バーンポーン郡長
四、カーンチャナブリー郡長
五、ターマカー郡長
六、タームワン郡長
七、トーンパープーム郡長
八、鉄道局建設技術課長

という、建設路線の地区責任者とタイ鉄道局の責任者で構成されていた。実行小委員会は建設協定に従って軍の建設委員会に協力し、連絡し、事業を成就させることが申し合わされた。さらに、いかなることであれ、実施したことは逐一、上部の委員会に報告することが義務づけられていた [Bok. Sungsut, 2. 4. 1. 2/4]。

タイ側ではまた、この建設協定を実行するため、一九四二年一二月一日の勅令をもって、ラーチャブリー県の

バーンポーン郡、カーンチャナブリー県のカーンチャナブリー郡、ターマカー郡、タームワン郡の鉄道建設予定地の収用を行なった。勅令の期限は五年とし、タイ鉄道局長が土地収用の責任者となっている。

さらに一九四二年一二月八日には、「仏暦二四五七［一九一四］年戒厳令」第一七条にもとづき、国軍最高司令官ピブーンソンクラーム元帥が泰緬鉄道建設に関する「規則（Kho Bangkhap）」を定めた。その内容は、「軍の命令により、軍と交通省鉄道局の担当者が軍用鉄道を建設する、鉄道敷設地区の県知事にそれを通達し、土地不動産所有者にはあらかじめ文書で通達し、不動産所有者は軍用鉄道建設のために不動産を担当官に委譲する、またその補償を行なうことができる、鉄道が廃線になるかあるいは戒厳令が廃止されたときは、不動産は返還される」［Bok. Sungsut, 2. 4. 1. 2/3］というものであった。

泰緬鉄道は、実際には日本軍が建設していようと、タイ国内の法的立場ではタイの軍と鉄道局が建設していることになっていた。もちろん、タイの国土の上を走る泰緬鉄道はタイに帰属するという解釈である。タイ側の公文書には、日本という言葉はひとことも出てこない。このことに、日本側で気づいていた気配はない。

そして一九四三年一二月八日には、国軍最高司令部は交通省所属の鉄道局を軍直属の軍鉄道部として移管した［Bok. Sungsut, 2. 4. 1. 2/3］。ちょうど、一〇月二五日に泰緬鉄道が完成した直後のことであった。日本側にとっては衝撃的であったのだろう。タイ駐在坪上貞二大使は、一二月一六日、青木一男大東亜省大臣宛に、「一八［一九四三］年官報ニヨレバ一二月八日ヨリ國有鉄道ヲ全部軍ニ移管セシメ内相『プロムヨーティー』中将ヲ鉄道司令官ニ任命セル旨ノ最高司令官布告ヲ発セリ」［外務省外交文書、タイの鉄道］という公電を送っていた。タイ国軍が国内全線を軍鉄道部に移管した背景には、泰緬鉄道をタイの国有鉄道に含む意図があったはずである。泰緬鉄道だけを対象外とする表現はなかった。

このようなタイ側における一連の処置は、軍用列車に関する日本軍の要求を、交渉協議にもちこみ対処できるのは、国軍最高司令部をおいてはほかは発言力が弱くて頼りにならないこと、また、今後新たな鉄道敷設計画が要求される際に即対処できる体制にしておくこと、などを考慮してのことであっただろう。

タイ国軍が軍用鉄道は軍と鉄道局が建設するという規則を定めたのが一九四二年一二月八日、そして鉄道局、つまりタイ国鉄を軍の管轄のもとにおいたのが四三年一二月八日のことであった。この一二月八日という日は、日本軍が突如タイに進攻してきた日であり、タイ国軍にとっては忘れがたい屈辱の日なのであろう。この因縁の日を想起するためであろうか、わざわざ一二月八日という日を選んで、タイ国内の鉄道はすべて自国のものだということを確認していたかのようである。

ところで、日本側の関係者は、「大陸指」の冒頭に掲げられた泰緬鉄道の建設目的に「ビルマに対する陸上補給路を確保し、タイ・ビルマ間の交易交通路を開拓する」という経済交流の目的は、一九四三年二月の建設工期短縮による計画変更で実質上吹っ飛んでしまったとみている。すなわち、「泰緬鉄道は作戦目的のために建設されたのだ。なぜならば、この時、輸送日量を三千トンから千トンに格下げした。千トンでは軍の需要すら満足に満たせなかったからである」[広池、一一七頁]という認識をもっていた。

一九四三年二月に大本営から伝えられた、泰緬鉄道建設の工期を四か月短縮し、輸送能力を三分の一に削減するという命令は、南方軍に泰緬鉄道の能力を補うもう一本の鉄道建設計画を急浮上させ、具体化に向けての動きを生みださせることになった。シャム湾とインド洋を最短距離で結ぶ、マレー半島部のクラ地峡を横断させる鉄道である。それは、タイとの泰緬鉄道建設交渉から約半年後のことであった。

大本営の工期四か月短縮命令が、泰緬鉄道建設に多くのアジア人労働者を密林に投入することになり、多数の死者を出す悲劇へとつながっていった。詳しくは第10章でとりあげる。

5　鉄道隊の組織と建設基地

南方軍鉄道隊

アジア太平洋戦争の開戦から敗戦まで、各地の戦線の拡大や縮小に即応して、日本軍の部隊はめまぐるしく転戦していた。そして、部隊組織の補充・再編、転属・帰属が頻繁に行なわれていた。そうした動きのなかでは、鉄道部隊は鉄道建設技術を武器としていたので比較的動きが少なく、再編も多くはなかった。とはいえ、鉄道部隊の機関は平時の編成がないから一般に知られることがなく、とくに南方の軍事鉄道機関は改編が多かったため、関係軍人といえどもその実態は理解しがたかった、と元第三鉄道輸送司令部司令官石田英熊中将は述べている。そして石田は、南方軍の鉄道隊について記憶をたどりながら戦後に記した手記のなかで、その概略を説明している〔石田、六～八頁〕。石田の記述に、国鉄技師で軍属として特設鉄道隊に所属していた二松慶彦《ふたまつよしひこ》による人員の概数〔二松、六五～六六頁〕を加えて整理すると、その概要はつぎのようになる。

まず、開戦当初の南方軍事鉄道機関にはつぎのようなものがあった。

一、第三鉄道輸送司令部（長、石田英熊少将、当時）。鉄道の軍事輸送を計画し、処理する機関。

一九四二年九月、第三鉄道輸送司令部は改編され、第三野戦鉄道司令部（司令官、石田少将、在クアラルプール）となる。野戦鉄道司令部は、鉄道の軍事輸送計画処理にあたるほか、所属の鉄道部隊を指揮、鉄道の建設運営を行なう。一九四三年三月、さらに改編され、南方軍野戦鉄道司令部（司令官、石田少将）となる。一九四三年中ごろには、ふたたびもとの第三野戦鉄道司令部（在クアラルンプール）と改称され、仏印、タイ、マラヤの輸送を担当。

二、鉄道部隊として第二鉄道監（長は任期順に、服部暁太郎少将、下田宣力少将、高崎祐政少将、石田英熊少将、山本清衛《きよえ》少将、浜田平《たいら》少将）の下につぎの組織があった。

鉄道第五連隊・鉄道第九連隊　計　約五〇〇〇

第一鉄道材料廠　約一〇〇〇

第四特設鉄道隊（長、岩倉少将、鎌田詮一少将、石田少将兼任、高崎少将兼任、渡辺大佐、安達克巳《あだちかつみ》少将）

第五特設鉄道隊（長、千葉少将、〇〇少将［不明］、山本少将兼任、浜田平少将兼任）

特設隊は鉄道省出身の軍属を主とし、鉄道の建設運営の能力を有し、専門技術に長じていた。

第四特設鉄道隊・第五特設鉄道隊　約二〇〇〇

作業隊　通信隊・作井隊・陸上勤務隊　約一五〇〇

計　約九五〇〇

協力隊　防疫給水隊・兵站部隊・野戦病院　約一〇〇〇

俘虜収容所」
総計約一万〇五〇〇

三、遅れて、ジャワに第四鉄道輸送司令部（長、宇野少将、桑折《くわおり》少将）が設置された。

四、二十数個の停車場司令部があり、必要に応じ鉄道輸送司令官または鉄道員に配属され、軍隊の乗下車の区処および輸送間の給食を担当。

一九四四年三月、第三野戦鉄道司令部はさらに改編され、南方軍野戦鉄道司令部（司令官、石田少将）となり、南方の鉄道軍事機関をその指揮下においていた。

南方軍野戦鉄道司令部　シンガポール
南方軍野戦鉄道司令部　仏印支部　ハノイ
南方軍野戦鉄道司令部　盤谷支部　バンコク
南方軍野戦鉄道司令部　馬来支部　クアラルンプール
南方軍野戦鉄道司令部　北部スマトラ支部　メダン
南方軍野戦鉄道司令部　中部スマトラ支部　パダン
南方軍野戦鉄道司令部　南部スマトラ支部　パレンバン
南方軍野戦鉄道司令部　ボルネオ出張所　ミリ
南方軍第四輸鉄道送司令部（宇野少将）　ジャワ
南方軍第二鉄道監（山本少将）　ビルマ
南方軍鉄道第五連隊（佐々木万乃助大佐）　ビルマ（泰緬鉄道）（「鉄五」と略称されていた）
南方軍第五特設鉄道隊（山本少将兼任）　ビルマ（泰緬鉄道）

南方軍鉄道材料廠	ビルマ
南方軍鉄道第九連隊（今井周大佐）	泰緬鉄道（「鉄九」と略称されていた）
南方軍第四特設鉄道隊（安達少将）	泰緬鉄道
南方軍鉄道第八連隊（フィリピン方面軍配属）	マニラ
南方軍鉄道第一〇連隊	仏印
南方軍鉄道第一一連隊	タイ南部線
南方軍鉄道第七連隊	タイ東部線および北部線
南方軍停車場司令部　二十数個	全線に配置

右のなかの泰緬鉄道に関する部隊についての推移をみると、つぎのようになる。

一九四二年一月一〇日：第二鉄道監服部暁太郎少将ひきいる部隊が、南方軍鉄道隊または南方軍野戦鉄道隊として編成される。司令部はバンコクのラーマ六世通りの国立競技場の事務棟を使用し、日本軍はタイ語の俗称「サナーム・キラー」と呼んでいた。

一九四二年一一月：泰緬鉄道建設隊編成。司令官、下田宣力少将。「鉄五」はビルマ側建設隊。「鉄九」はタイ側建設隊。泰緬鉄道隊司令官は安達克巳少将。

一九四三年一〇月二五日：泰緬鉄道建設が完了し、南方軍（野戦）鉄道隊は解隊、旧体制に戻り泰緬鉄道の運営にあたる。

一九四四年一月：「鉄五」はビルマ鉄道に転用され、ニーケ以西は「鉄九」、以東は「四特」が泰緬鉄道の運営にあたる。

右の記述を泰緬鉄道に関してさらにわかりやすく図示すると、第2図のようになる。

第２図　泰緬鉄道建設部隊の構成図

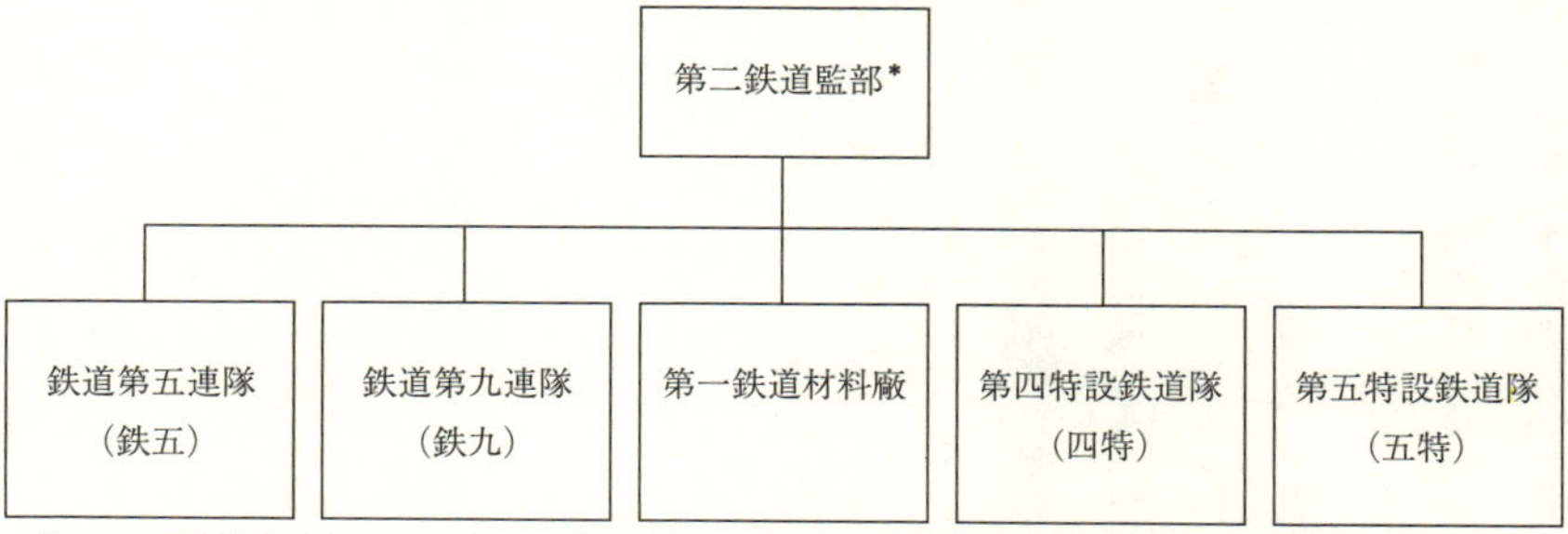

注：*「鉄道監部」は２つ以上の鉄道連隊と、いくつかの部隊を指揮する指揮機関。
出所：筆者作成。

第2図以外に、補助部隊としての陸上勤務隊を合わせて六六〇〇余名であった［広池、四六頁］とすると、作業隊約一五〇〇名、協力隊約一〇〇〇名を加えて、約九一〇〇名となる。ところが、第四特設鉄道隊は、『第四特設鉄道橋梁隊誌』によれば約二〇〇〇名の隊員を擁し、第一〇特設鉄道運輸隊（運輸運転・約四〇〇名）、第七特設鉄道工務隊（施設保守・約五〇〇名）、第四特設鉄道橋梁隊（復旧工事・七一三名）、第四特設鉄道工作隊（車輛修理・約三〇〇名）に分かれていた。一九四四年一月に日本内地よりの補充が一八三名あったとしても、「四特」はさきにあげた数字よりも倍は多い。「五特」もほぼ同規模とすると、第2図の組織の人員だけでゆうに一万名は超え、さらに作業隊約一五〇〇名と協力隊約一〇〇〇名を加えると、約一万二五〇〇名にもなる。

当時の鉄道隊を指揮していた司令官や鉄道参謀の記憶においてさえ、人員の数にはかなり大きな差がある。中隊および小隊の改編・転属はもっと頻繁に行なわれていた模様で、あまりの改編・転属・補充の多さに、当事者でさえわからなくなってしまうのであろう。

タイ国内の鉄道隊と捕虜（俘虜）収容所

戦後すぐの一九四五年一二月に俘虜関係中央調査委員会によって作成され

た『泰、緬甸連接鐵道建設に伴ふ俘虜使用状況調書』をもとに、鉄道建設に関する業務指令系統、とりわけ捕虜管理に関して、第3図のような系統図を描くことができる。

この組織図で明瞭になるのは、鉄道部隊と捕虜（俘虜）収容所が別の組織、別の命令系統に所属していた点である。ところが、末端の建設作業では、捕虜は鉄道部隊のもとで作業に従事することになる。タイに捕虜収容所ができるのは一九四二年八月一五日であった〔広池、一三二頁〕。また、中村明人中将を司令官とするタイ駐屯軍は、鉄道建設部隊とは関係のない別組織になっていた。

建設工事開始

泰緬鉄道の起点となるタイのノーンプラードゥク、ビルマのタンビュザヤでは、鉄道建設用の機材が集積されていった。鉄道の軌条は、東南アジアのあちこちから集められてきた。建設に使用したレールは、タイ側では八幡製鉄所のマークの入った日本からの追送品を最初使用し、さらに、仏印のハイフォンにあったノース・アメリカン・シンジケート倉庫で押収したレールを使用した。これは重慶の蔣介石政権を支援する、援蔣物資として保管されていたフランス製のものであった。つづいて、マラヤ鉄道東部線のゲマス以北を撤収して、泰緬鉄道に転用する工事が進められた。ビルマ側から行なう作業には、マンダレー本線のチュンゴンからペグーまでの複線区間の片側二〇〇キロ分を撤収し、さらに一部、ラングーンからイラワジ川沿いのプローム支線の分まで使用することとしていた〔岩井、一一六頁〕。鉄橋用の橋桁も、遠くジャワ鉄道からとりはずされて送りこまれた〔二松、一一二頁〕。そして、枕木、路盤の砂利は、建設現場のカーンチャナブリーから切りだしていた。山間を牽引して走る機関車以外、資材から労働力にいたるまで、ほとんどが現地調達であった。

第 3 図　鉄道建設に関する業務系統図

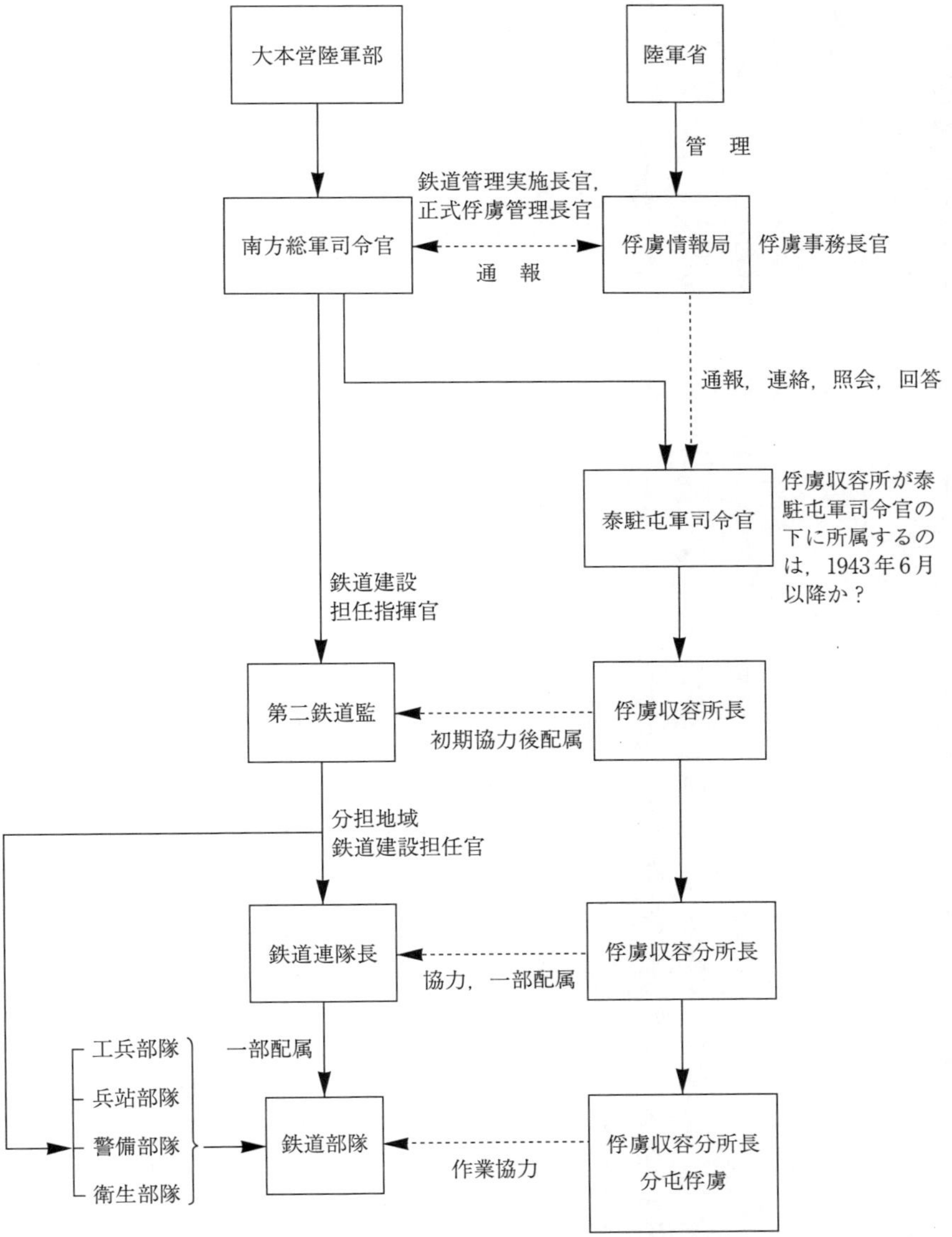

出所：『泰、緬甸連接鐵道建設に伴ふ俘虜使用状況調書』中の別紙第 2「鐵道建設ニ関スル業務系統圖」、別紙第 3「鐵道建設ノ為俘虜系統及任務概要圖」をもとに作成。

機関車は、作戦地の機関車不足を予測して、すでにラングーン郊外のインセイン鉄道工場では、第五特設鉄道工作隊の機関車組立作業がはじまっていた。すぐ横を流れるイラワジ川支流の艀《はしけ》から陸揚げされた日本からの機関車は、C56型である。C56は、炭水車をもつテンダー型蒸気機関車としては最小型のものであった。全長一四・三二メートル、動輪直径一・四メートル三軸、重量三七・六トン、炭水車二七・九トン、内地の小海線などで使われたように貨客両用で、南方地域の狭軌鉄道に最適だった。さらに利点なのは、バック運転の視界を保つために、炭水車上部の両端が切りとられた形をしており、転車台（機関車の向きを変える設備）の必要がとくにないことだった［岩井、九七頁］。「南方地域向けに改造した点は、まず日本の一・〇六七メートル軌間を、現地の一メートル軌間に合わせたことである。そのために、三センチあまり幅の広いタイヤを焼きばめした第三軸目の動輪が、ボイラー火室の両裾に接触しないように、火室の下部を絞りこんだ新しいボイラーをフレームにのせた。もう一つの改造点は連結器である。日本の自動連結器が現地車両にまったく合わないため、『引っ掛け式』の現地T型連結器（金具がバッタの形に似ていることから、私は〝バッタ式〟と呼んだ）にしたことである」［岩井、九七頁］。

日本から追送され、連結器を現地T型のものに取り替えたC56型機関車二〇輛と、貨車一〇〇輛は、現地機関車や貨車とともに大活躍することになる。ところが、連結器の構造と取付けの高さが、日本の車輛と現地車輛とでは異なっていたため、空襲を受けて廃車となっていた貨車から連結器を回収してとりつけた［岩井、一六三頁］。日本から運んできただけでは使いものにならないため、いくつもの工夫がこらされていた。

建設地の区分

泰緬鉄道建設がはじまる直前の一九四二年七月、鉄道隊の各部隊がどのような配置にあったか、広池が図示しているのをさらにデフォルメして図示すると、第4図のようになる［広池、一三八〜三九頁］。

このとき、鉄道第九連隊本部はまだマンダレーの先のメイミョーに駐屯していて、「二鉄」材料廠はラングーンのインセイン鉄道工場から移動してきていた［広池、一三五頁］。鉄道建設が遅れた理由として、大本営の指令がなかなか出なかった以外に、ビルマでの作戦展開があった。

「鉄五」と「鉄九」の工事分担区域を、タイ―ビルマ国境の三仏塔峠ではなく、タイ側のニーケ（サンクラブリー）とし、「鉄五」の分担区域が一五二・四キロ、「鉄九」のほうが二六二・五キロとした。「鉄五」を「鉄九」の六割ほどにしたのは、「鉄九」が四個大隊なのに対し「鉄五」が三個大隊であったからだった。くわえて、タイ側は南タイ線から問題なく連絡できるのに対し、ビルマ側は、イギリス軍が撤退に際し鉄道線をずたずたに破壊していたから、その修復に手間がかかった。とくに、橋はほとんど全部破壊されていた。モールメンとマルタバンの間にある、シッタン川の架橋という大仕事があった［広池、一三八〜四一頁］。

一九四二年六月二八日には、ビルマ側タンビュザヤ駅にゼロ距離標の打込みが行なわれ、七月五日には、タイ側の新駅ノーンプラードゥクにもゼロ距離標の打込みが行なわれた。七月下旬には「鉄九」もビルマからタイに移動し、バーンポーンに集結を終えた。そして、八月一五日には泰《タイ》俘虜収容所がバーンポーンに設置され、下田宣力建設隊司令官の管理下におかれた。

建設工事がはじまった一九四二年年八月末の「鉄九」の配置図を、広池は第5図のように描いている［広池、一四三頁］。また、一九四三年一月中旬当時、建設工事の進捗状況は第6図のようであった［広池、一九八頁］。「鉄五」の捕虜ベースキャンプは、一九四三年四月二一日までビルマのタンビュザヤにあったが、その後はタンビュザヤから奥へ八〇キロ地点、八三キロ地点に移されていった。それまでに、ワークキャンプはつぎのように設置されていった［SEATIC, p. 5］。

直前の各部隊位置（1942年7月初頭現在）

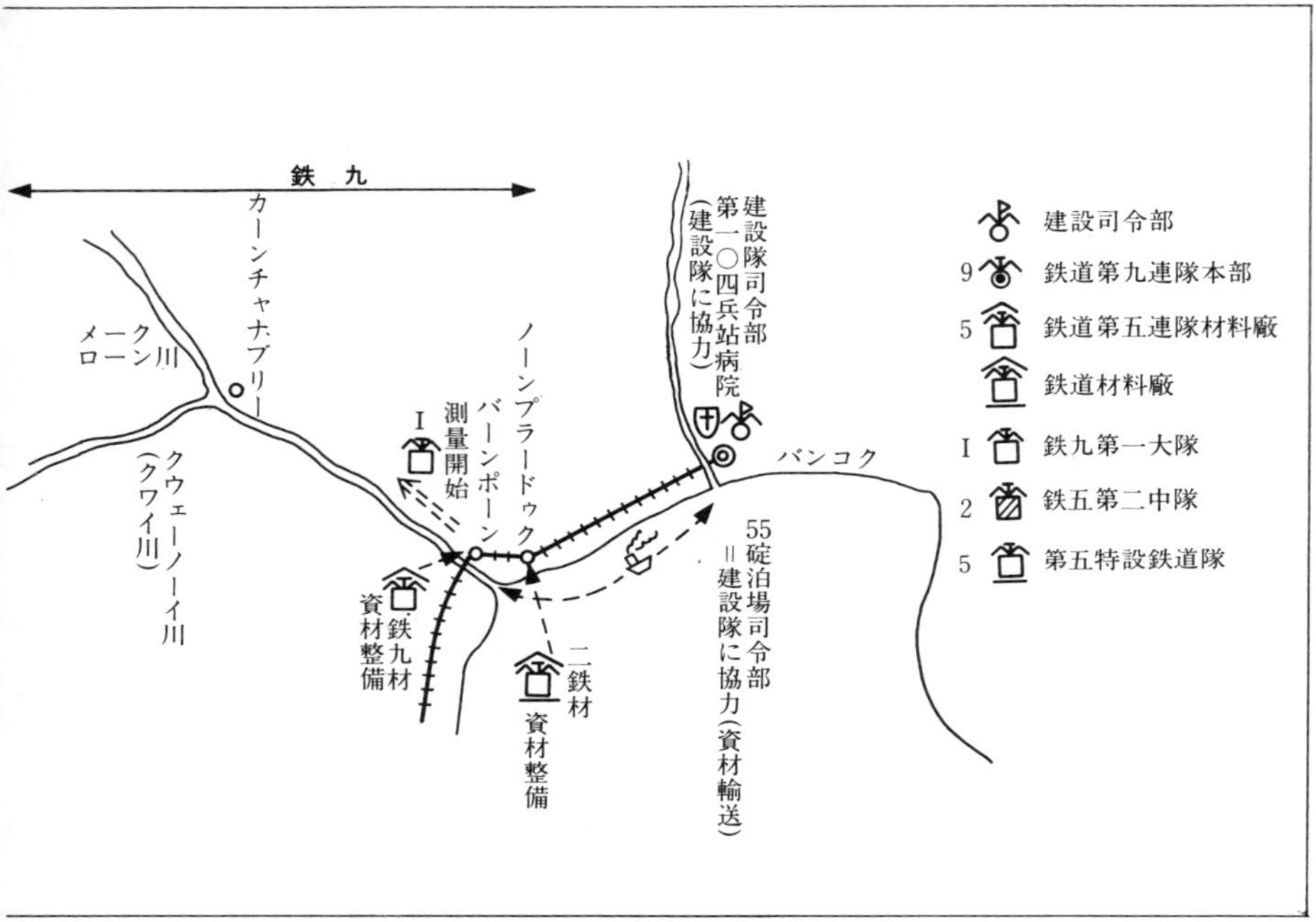

一八キロ地点（一月二五日～三月一九日）
八五キロ地点（三月一九日～四月六日）
八〇キロ地点（四月六日～五月二九日）
一〇〇キロ地点（五月二九日～一二月二七日）
八三キロ地点（七月～八月）
三〇キロ地点　四月　診療所を設置
八〇キロ地点　六月一六日～八月二八日　病院

第6図にあるアナクインはタンビュザヤから約五〇キロ地点だから、三月には、さらに奥地にワークキャンプが設けられていたことになる。そして、八〇キロ地点のワークキャンプが、さらに奥の一〇〇キロ地点のキャンプに移されたあとに、野戦病院が設けられた。一〇〇キロ地点は、工事がもっとも忙しい時期に約半年のあいだおかれていたことに

第４図　泰緬鉄道建設開始

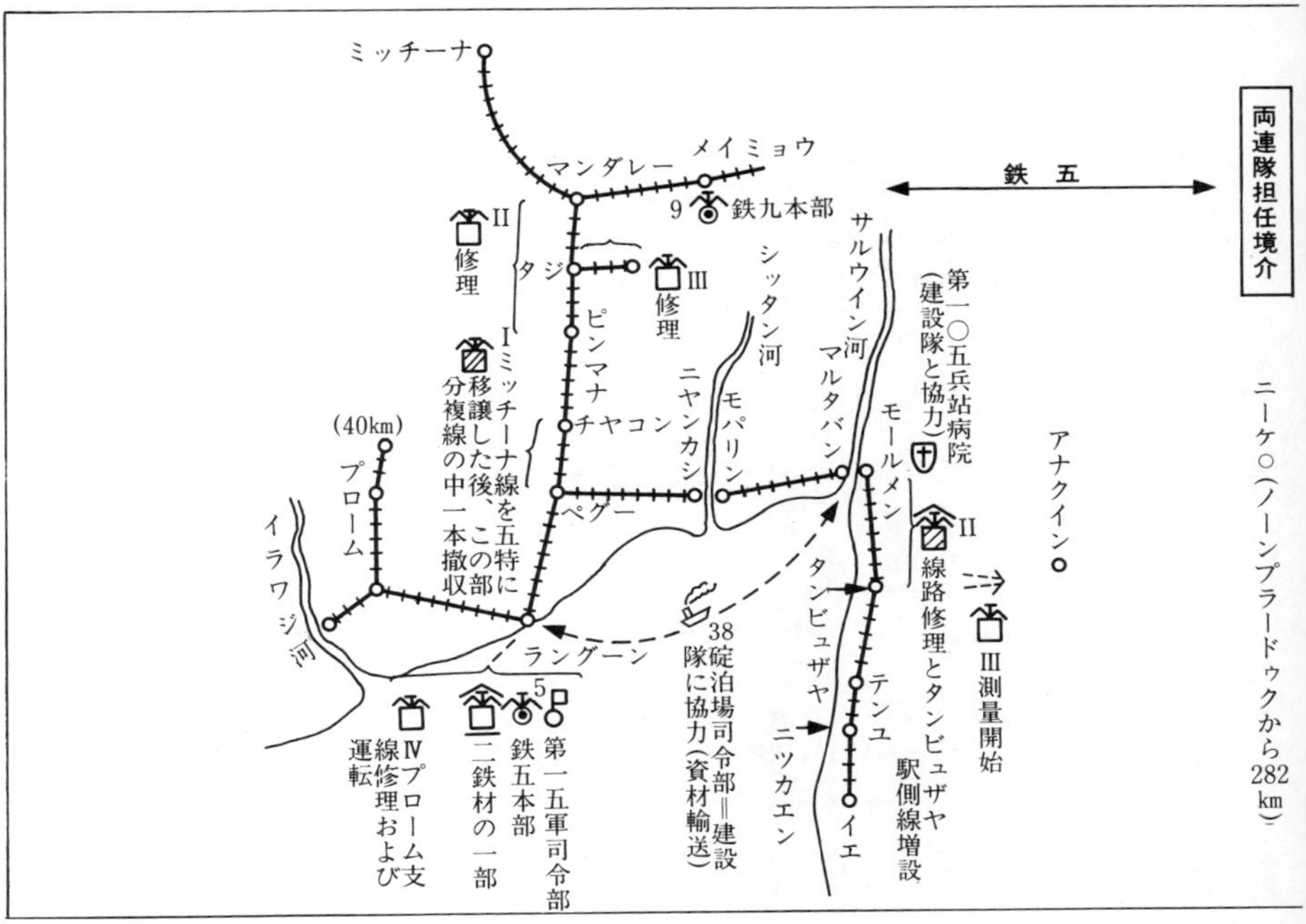

出所：広池，138～39ページの図を表記など一部修正。

なる。

建設中継基地バーンポーン

泰緬鉄道建設労働者として使役される、イギリス軍兵士と思われる白人捕虜の存在を、タイの官憲が国内で確認したのは、一九四二年六月二三日のことであった。この日、夜中の一時にマレー半島からバーンポーン駅に到着した列車には、七〇〇名の白人捕虜が日本兵一二五名に監視されて下車していた。また、六月二三日に六〇〇名、二六日に六〇〇名、二八日にはさらに六〇〇名が運ばれてきたという報告があり [Bok. Sungsut, 1.13/20]、六月三〇日付の文書では、三一七五名の白人捕虜がタイ側で確認されている [Bok. Sungsut, 2.4.1.2/3]。

タイ国鉄の南タイ線は、まずバンコクを起点に西に走り、ちょうどマレー半島のつけ根

第 5 図　建設初期の鉄道第九連隊配備図（1942 年 8 月ごろ）

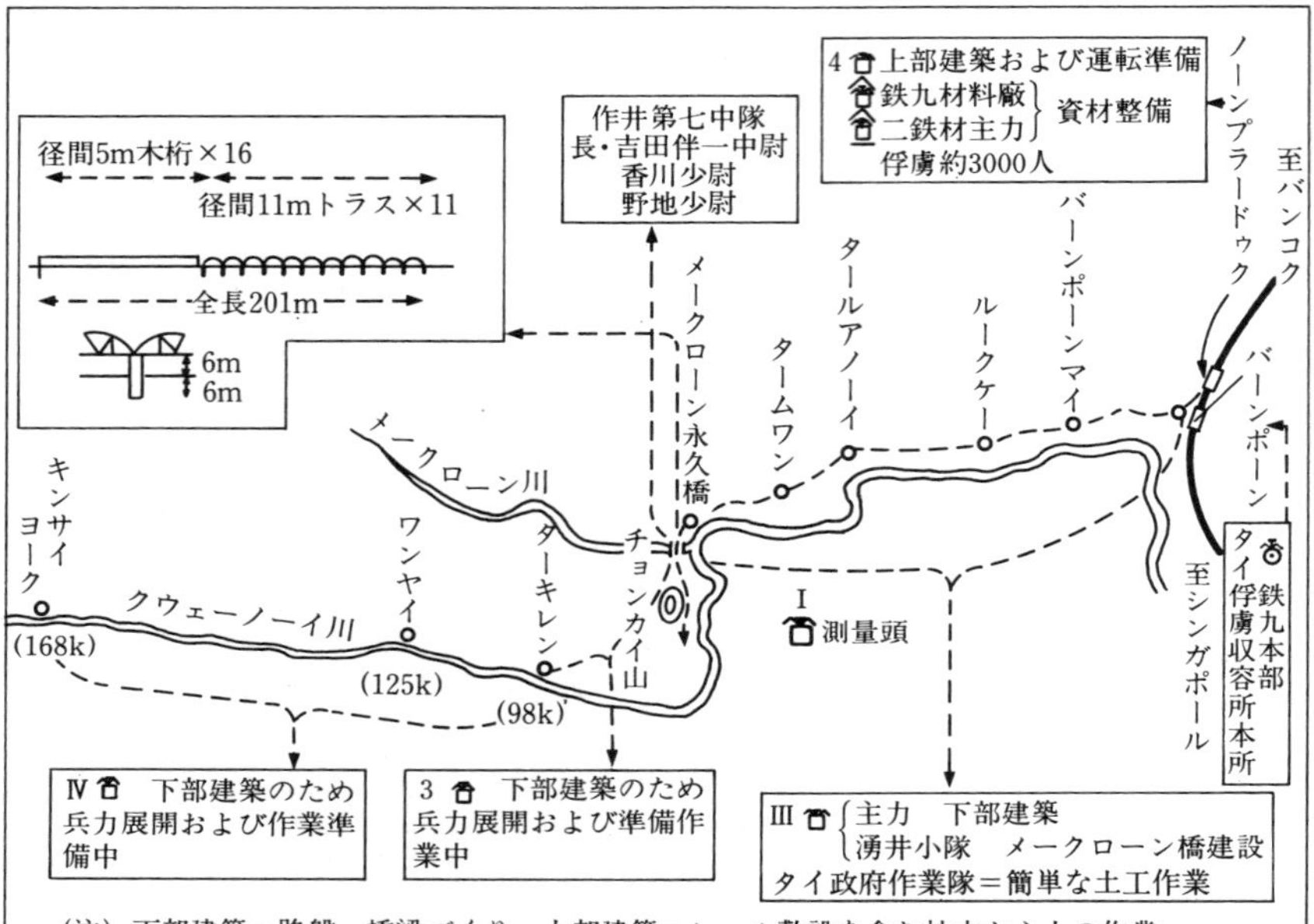

（注）下部建築＝路盤，橋梁づくり。上部建築＝レール敷設を含む枕木から上の作業。

出所：広池，143 ページの図を表記など一部修正。

第 6 図　1943 年 1 月中旬の建設進捗状況図

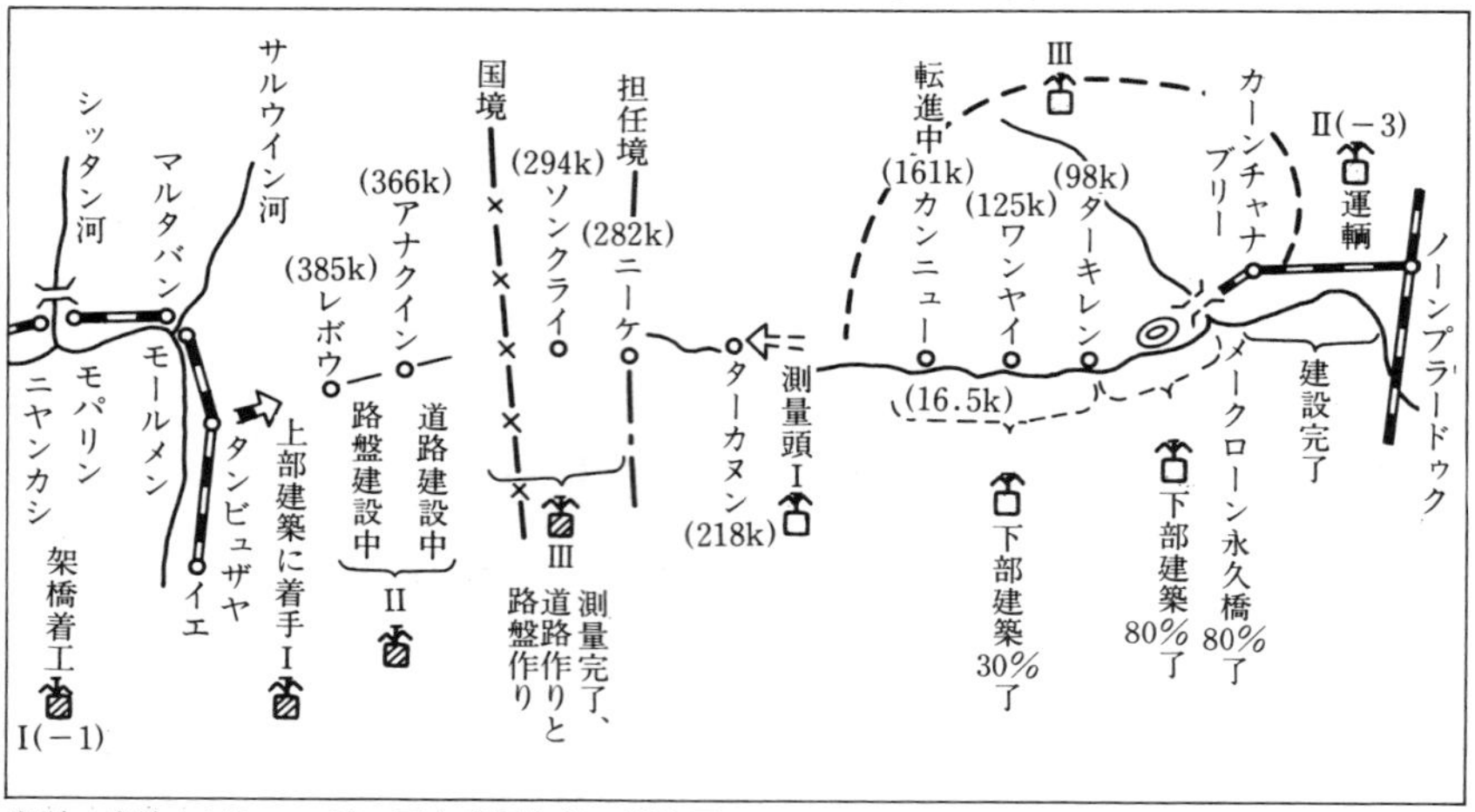

出所：広池，198 ページの図を表記など一部修正。

にあたるバーンポーン駅で南に向かう。日本軍は、同駅から東へ四キロの地点にノーンプラードゥクという新しい駅を設け、ここを建設用資材の集積場とし、ここからカーンチャナブリーに線路を伸ばし、泰緬鉄道を建設しようというのであった。ノーンプラードゥク駅に泰緬鉄道の起点を示すゼロ指標が打ちこまれたのは、右の白人捕虜の一行が到着した直後、一九四二年七月五日のことであった。

バーンポーン駅付近は泰緬鉄道の最初の建設基地とされ、バーンポーン村にある寺院ワット・ドーントゥーム付近は、基地建設や鉄道建設に送りこまれた捕虜の収容所となっていた。そして、バーンポーンを管轄しているラーチャブリー県庁は、日本軍の動静を細かく観察しては、つぎのようなスタイルの公文書で、直属する内務省に逐一報告していた [Bok. Sungsut, 1. 13/20]。

ラーチャブリー県庁

仏暦二四八五［一九四二］年六月三〇日

日本軍の動静に関する件

内務省事務次官殿

ラーチャブリー県委員会

さきの六七一三/二四八五号仏暦二四八五［一九四二］年六月三〇日付県文書で、日本軍がバーンポーン郡バーンポーン村ワット・ドーントゥーム付近の収容所に収容した白人捕虜の数を全部で二五〇〇名と報告しましたが、今回バーンポーン郡長よりの仏暦二四八五年六月三〇日付二四六三号電話によれば、今日〇八時五〇分、日本兵一五名が白人捕虜約六七五名を監視してマレー半島からの列車でバーンポーン駅に到着し、バーンポーン郡バーンポーン村ワット・ドーントゥームの収容所に引率しました。バーンポーン郡における白人捕虜の現在数は合計三一七五名となります。
よってここに報告いたします。

敬具
チョーン　サーリカーノン

一九四二年六月二三日から三〇日までにタイ側が確認した、マラヤ・シンガポールから送られてきた最初の三一七五名の白人捕虜は、戦後に連合軍が調査した捕虜に関する報告にある、同年六月一八日から二六日までにシンガポールからタイに送られたイギリス軍捕虜三〇〇〇名［SEATIC, p. 22］と同じグループをさしている。広池が「タイ俘虜収容所がその機能を発揮できるようになった一〇月中旬までの約四か月間、鉄道隊が管理した俘虜は、タイ側三、〇〇〇名、ビルマ側一、二四〇名で、六月末から七月初めにかけて送られてきた」［広池、一三六頁］と述べている三〇〇〇名であろう。ビルマ側の一二四〇名はオランダ軍捕虜であった。

連合軍資料にある一九四二年六月一八日から二六日にかけてシンガポールからタイに向かった連合国捕虜と、タイ側文書にある六月二三日から三〇日までにバーンポーンに到着した捕虜との間に、日付がほぼ五日間ずれるのは、列車でシンガポール出発からバーンポーン到着まで五日間かかっていたので、出発して四〜五日後にタイ側で確認していたということで間違いない。ただし、タイ側はいちいち点呼して調べたわけではない。おそらく、到着した列車の貨車の台数や日本軍の点呼を聞きながら、タイ側が割りだした概数だったろうと思われる。捕虜の輸送は日本軍の作戦機密であるから、鉄道隊がタイ側にこうした捕虜や労務者の数を通知することはありえないし、かといってタイ側が調べていたとはとても信じられないというのが、当時の鉄道隊に所属していた技師の感想である［著者による聞き取り、一九九一年一月］。その後に送られてくるイギリス軍捕虜は、タイ側の報告と連合軍側の報

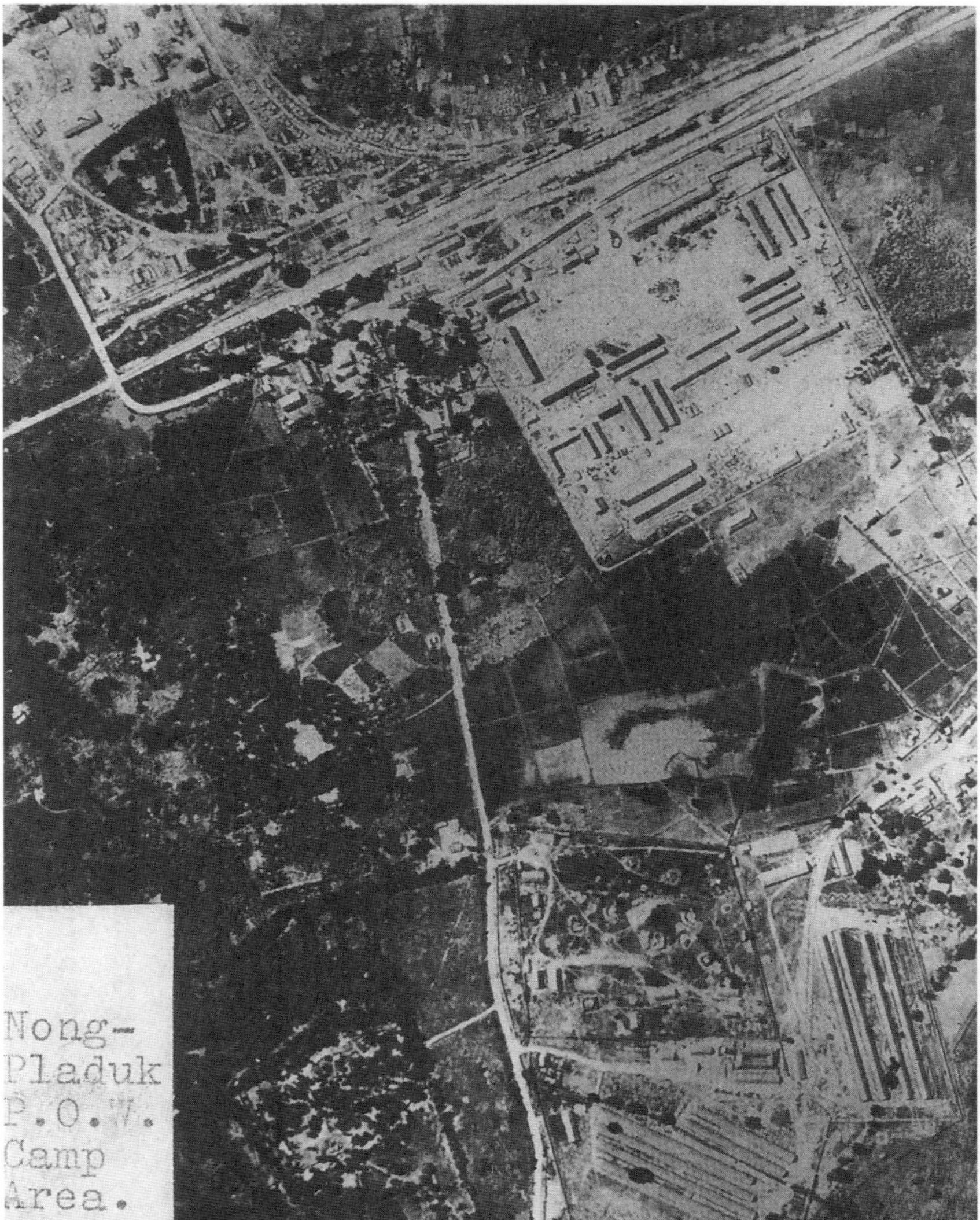

1944年のノーンプラードゥク駅。写真の上方に本線から分岐して西北に向かう泰緬鉄道の鉄道線が見える。駅の南には捕虜のキャンプや日本軍の兵舎が並んでいる。

告とも一九四二年一〇月一三日以降になる。

一九四二年六月二七日には、日本兵宿舎六棟と捕虜収容所四棟がノーンプラードゥク駅の近くのドーントゥーム寺そばに建設され、さらに三棟が同じところに増築されていた［Bok. Sungsut, 2. 4. 1. 2/3］。だから六月末に到着した捕虜の一行は、収容所に宿泊してそれから奥地に送られるものと思っていたに違いない。貨車に揺られた長旅の疲れを癒すためにも、当然そのほうがよかったはずである。

しかし、この一行はただちに行軍させられて、雨季のジャングルの泥んこのなかを歩き、奥地に向かっていた。奥地での作業は、鉄道のレール敷設という重労働にはまだ従事していないものの、作業隊は毎日出発し、一日一二時間から一六時間、礫石を割り、樹木を伐採し、路盤作りに多忙をきわめていた［広池、一〇八頁］。タイの雨季は五～六月ごろにはじまり、一〇月ごろまでつづく。

建設基地カーンチャナブリー

一九四二年七月下旬になると、日本軍はバーンポーンを中継基地として、バンコクから日本兵をバーンポーン経由でカーンチャナブリーに送りこんでいたことを、タイ側は確認している。たとえば、つぎのようである［Bok. Sungsut, 2. 4. 1. 2/3］。

七月二六日〇八時〇〇分：兵三〇〇名がトラック一〇台で、バンコクからバーンポーン経由でカーンチャナブリーに向かう。

七月二七日〇一時〇〇分：兵三〇〇名がトラック一〇台で、バンコクからバーンポーン経由でカーンチャナブリーに向かう。

七月二九日一〇時三〇分：下田宣力少将と将校ら四〇名がバーンポーンを視察してバンコクに戻っている。

七月三〇日〇六時三〇分：矢田部少佐と兵四〇〇名がバーンポーンに到着。

一七時〇〇分：将校三名、兵二二名が汽船で来て、一泊したのちにカーンチャナブリーに向かう。

八月　二日〇七時三〇分：沢元少佐と兵三〇名がトラック八台でカーンチャナブリーに向かう。

八月　四日一二時四〇分：吉田部隊の佐久間少佐および将校五名、兵四五〇名が、トラック五台と自動車一台とともに、バンコクから汽車で到着。

八月　六日〇六時〇〇分：入江少佐がカーンチャナブリーからバンコクに戻る。

八月一七日二四時〇〇分：ナリサキ少佐とその部隊一〇〇名がバンコクから到着。

八月一九日一九時〇〇分：兵一〇〇名、トロッコ二台、トラック二台、自動車三台がノーンプラードゥク駅に到着。

日本軍は、七月末からぞくぞくと、トラックでカーンチャナブリーに向かっている。この報告に漏れた日本兵の動きもあっただろうと推測されるが、タイ側は指揮している将校の名前を確認し、将校と下士官・兵をかなりの程度識別している。

一九四二年八月一四日には、今井周大佐と技術将校が汽車でバーンポーン駅に到着し、バーンポーンとカーンチャナブリーに集結する泰緬鉄道建設部隊の指揮にあたろうとしていた。翌一五日には捕虜収容所が開設された、と広池が記しているから［広池、一三二頁］、現地ではこの日以降に本格的な活動がはじまったとすべきだろう。

今井大佐のもとには矢田部少佐、犬山少佐、吉田少佐、成沢少佐、坂元少佐の部隊が所属し、このうち坂元部隊はカーンチャナブリーに駐屯していた［Bok. Sungsut, 2. 5. 2/4］。そして、「泰緬甸連接鐵道建設ニ關スル協定」が結ばれた同年九月一六日には、すでにカーンチャナブリー県内の一一か所にキャンプが建設されていたが、それはつぎのとおりである［Bok.Sungsut,2.5.2/4］。

［カーンチャナブリー郡］

一、ターマカーム村：日本兵二〇〇名駐屯。完成後には日本兵と捕虜合わせて一万名収容予定。
二、カオプーン村：日本兵二〇名駐屯。完成後には日本兵七〇〇名収容予定。
三、ワット・ヤーンコ村：日本兵一二〇名駐屯。
四、ワット・タキエン村：日本兵一二〇名駐屯。
五、ワット・バーンカオ村：日本兵一二〇名駐屯

［サイヨーク郡］

一、ワット・パークキレーン：日本兵約八〇名駐屯。
二、サイヨーク郡役所前：日本兵一二〇名駐屯。
三、カチュー洞窟：日本兵約二〇名駐屯。
四、ターサオ村：日本兵約一二〇名駐屯。
五、トーンチャーン村：日本兵約一二〇名駐屯。
六、タムチャニー村：日本兵約二五名駐屯。
（サイヨーク郡役所前以外の五か所は、いずれも着工はじめたばかり）

これらを合計すれば、カーンチャナブリー県内だけでも一〇〇〇名あまりの日本兵が分屯していた。その後一九四二年九月二三日から一〇月一日までの間に、一二六九名の部隊がカーンチャナブリーに到着している。

カーンチャナブリー警察が調べた一九四二年一二月一五日付の極秘報告によれば、日本兵と白人捕虜の数はつぎのとおりであった [Bok. Sungsut, 2. 7. 6/13]。

[カーンチャナブリー郡]

一、バーン・ナーヌア	日本兵	二五〇名		
二、バーン・タイ	日本兵	五〇名		
三、ターマカーム	日本兵	二〇〇〇名	白人捕虜	四〇〇〇名
四、コ・サムローン	日本兵	四〇〇名	白人捕虜	六〇〇〇名
五、クローンドー	日本兵	一〇〇名		
六、チョーラケープワク	日本兵	一〇〇名	白人捕虜	五〇〇名

[サイヨーク支郡（当時はカーンチャナブリー郡に帰属）]

一、ルムスム	日本兵	六〇〇名	白人捕虜	四七〇名
二、サイヨーク	日本兵	九〇〇名	白人捕虜	七〇〇名

[トーンパープーム郡]

一、リンティン	日本兵	七〇名
二、ターカヌン	日本兵	一四〇名

［サンクラブリー支郡（当時はトーンパープーム郡に帰属）］

マラヤからの（Khaek）労務者　　五〇〇名

［ノーンルー郡］

日本兵　　一五〇名

合　計

日本兵　四七六〇名　白人捕虜　一万二一七〇名

ほかにマラヤからの労務者　五〇〇名

右のうち、サンクラブリーはビルマ国境に接する村である。日本兵とともにマラヤからの労務者がすでに奥地で働いていた。

6　タイ人労務者とバーンポーン事件

「労務者」という言葉は、現代日本においては「労働者」という言葉におきかえられ、ほとんど使用されていない。ところが、アジア太平洋戦争中に日本軍に徴用されて肉体労働を強いられた経験をもつインドネシア人は、肉体労働を強いられた者を「ロームシャ」と呼んで、日本語の「労務者」という言葉が使用されてきたという。しかし、当時のタイでは、日本軍に雇用された「労務者」はいたものの、徴用されて肉体労働を強いられた人々は存在せず、日本語の「労務者」という言葉も残っていない。むしろ、肉体労働者を意味する中国語の「苦力《クーリー》」という言葉がタイ語に借用されている。

本書では、戦時中の日本語文書をしばしば引用しているため、当時「捕虜」のことを「俘虜収容所」などで「俘虜」と呼んだように、当時の「労務者」という言葉を「労働者」という意味で使用している。インドネシア語の「ロームシャ」という言葉とは類義的ではあっても、同義的ではない。

タイの労務者

さて、鉄道隊が最初に労務者を雇ったのは、泰緬鉄道の起点であるノーンプラードゥク新駅の建設と、鉄道基地建設のためであった。タイ鉄道局が、建設基地周辺から住民を斡旋したのであろう。一九四二年七月二二日のタイ

第1表　地元の県からバーンポーンに来たタイ労務者の数（1942年秋）

（単位：人）

出身県	員数	受入月日
ラーチャブリー県	353	9月29日
ペッチャブリー県	837	9月30日
ナコーンパトム県	990	9月30日
スパンブリー県	2,987	10月11日
計	5,167	

出所：Bok. Sungsut, 2. 4. 1. 2/6 をもとに作成。

鉄道局の書簡によれば、タイ人労務者について「時間にルーズ、仕事に怠惰、規則を守らず、好き勝手なことをする不真面目な者がなかにいて、ほおっておけばタイ人の恥さらしになりかねない。外国人に対して恥ずかしい。もっと効率良く働くように、タイ人労務者についてなんらかの改善策を検討すべきである」[Bok. Sungsut, 2. 4. 1. 2/6]、という内容のことを述べている。

そして、ラーチャブリー県知事はバーンポーン郡長に改善策を提示し、タイ人労務者に作業を励行させるよう命じている。ノーンプラードゥク駅での労働時間は朝八時から夕方五時半まで、昼一時間の休憩を入れて八時間半であった。それから日給を受けとり各自の家庭へ、家路につくころには日が暮れかけていた、だから労務者にも同情の余地がある、という表現も公文書のなかにはある。このときに何名のタイ人労務者が従事していたかは不明だが、少なくとも日帰りのできる地元の農民だったのだろう。

「泰緬甸連接鐵道建設ニ關スル協定」が一九四二年九月一六日に結ばれたのち、九月二七日からタイ鉄道局のバーンポーン–カーンチャナブリー間の路盤を構築する土木工事がはじまり、バーンポーン郡長は九月二九日に労務者の雇用をはじめている。近在の県からも受け入れ、第1表に掲げた数の労務者がバーンポーンにやってきた。

日本軍がタイ側の斡旋で一九四二年一〇月七日に雇い入れたタイ人労務者の日給は、カーンチャナブリー県のターマカー郡で働く二三一名の場合、一般労務者は日給八〇サターン（一バーツ＝一〇〇サターン＝一円）、一般労務者二〇名に一名の労務者頭がつき、労務者頭の場合は一バーツ二五サターンを支払っていた。カーンチャナブリー県で日本軍が郡長の斡旋で雇ったタイ人労務者は、つぎのような数字が公文書から拾える［Bok. Sungsut, 2. 4. 1. 2/6］。

一〇月　七日　二三一名（日給八〇サターンと記載）
一〇月　七日　　六〇名　ただし、橋梁建設用（日給八〇サターンと記載）
一〇月一六日　一五〇名　ただし、橋梁建設用
一一月　五日　二五〇名
　合　　計　六九一名

ところが、一九四二年一二月一八日に発生した「バーンポーン事件」以来、タイ人労務者は日本兵を恐れて志願してくる者がいなくなり、バーンポーン郡長は軍用鉄道建設実行小委員会に支援を求めてきた。同委員会は、今次の戦争遂行に日本との協力は不可欠であるという観点から、タイ側で働く労務者を日に七〇名ふりわけることにしている。ただし、宿舎に泊まらず、日本軍がトラックで送り迎えをする通いの労務者であった。労務者を日・タイ双方で融通しあっていたことから、日本軍のもとで働くタイ人労務者もタイ側で働くタイ人労務者も、日給は同額であったと考えられる。

技能者の募集

日本軍は一九四二年一一月三〇日に「石工、木工などの技能者一六五〇名の募集をタイに依頼して、タイ側は技能者を送りこんだ。募集にあたっての条件は、日給三バーツ以上、旅費として一日に一バーツ、食費・食器・炊飯道具援助、宿舎完備、治療援助、死亡した場合は遺族に葬儀料・慰謝料二三〇バーツ支給、仕事は捕虜ほど過酷でない、仕事には通訳をつける、というものであった。ところが、日本軍がこの条件を履行しないという理由で、技

能者たちはサボったり逃げだしているので、日本軍側に履行するように伝達してほしいと、タイ福利厚生局からの依頼があった［Bok. Sungsut, 2. 4. 1. 2/9］。翌一九四三年三月六日には、日本軍は熟練技能者を左記の文書のように再度募集を依頼していた［Bok. Sungsut, 2. 4. 1. 2/9］。

なお、つぎの文書の「泰陸武」とは、「泰國駐在帝國大使館附陸軍武官」の略号である。日本とタイとは互いに独立国としての外交関係を保っている以上、日本軍といえども、大使館の駐在武官を通じてタイ側と交渉するという外交交渉の形式がとられていた。タイ側は、国軍最高司令部のもとに設けられた「日泰政府連絡所」を交渉の窓口にまとめていた。旧字、カタカナ表記は原文のままである。

泰陸武第四二號（極秘）

昭和十八年三月六日　　泰國駐在帝國大使館附武官　　山田國太郎（印）

日泰政府連絡所長殿

人員器材追加整備ノ件照會

曩ニ泰陸武第三七號ヲ以テ鉄道建設作業ノ爲人員器材ノ徵収ニ関シ便宜供與方依頼シ置キタレドモ今般更ニ左記ノ通リ追加致度ニ付然ルベク便宜供與相成度

左　記

岩石爆破適任者及鑿岩機、空氣圧縮機及之ガ取扱者成ルベク多数

以上

日本兵がタイの僧侶を殴打

日本軍がタイに進駐して、ちょうどまる一年を迎えた一九四二年一二月一八日の晩のことであった。泰緬鉄道の建設基地として、バーンポーンには鉄道第九連隊の本部があり、泰《タイ》俘虜収容所もあった。その近くのバーンポーンの寺院ワット・ドーントゥームで、事件は発生した。

事件の発端は、その日の夕方五時ごろ、ナコーンパトムからやってきた沙弥（Samanen）の身分の僧プーム・シリピブーン（三七歳）が、ワット・ドーントゥームの住職を訪ねてきたところ、道路で白人捕虜に出会い、捕虜はタバコを恵んでほしいと頼んだ。僧プームはタバコをひとりの捕虜に与えたところ、日本兵が見咎めて、僧の顔面を三発殴りつけた。僧はその場に倒れ、顔面を道路に打ちつけた。それを見ていたタイ人が僧を助け起こし、寺のそばにある店に連れていき、嗅ぎ薬で気を落ちつかせた。その後、僧は寺院で気付け薬を飲んで、寺院の講堂に宿泊していたタイ人労務者にいきさつを語った。住職も副住職も出張中であったが、僧プームは顔見知りの日本人通訳クレ氏を通じて、〝日本兵がタイの僧侶を殴ったのだ〟と抗議しにきたが、クレ氏は明日に連絡するからといって、僧プームとついてきていたタイ人二〇名にも戻るように要請した。タイ人は戻っていった。

ところが、夜七時すぎ、一人の日本兵が棍棒を持ってタイ人労務者がたむろする寺院の講堂に上がってきた。寝ていたタイ人は驚いたが、誰も相手にしなかった。こんどは日本兵三名が棍棒や銃剣を持って、講堂に上がってきた。労務者たちはワーと驚き、そのなかの一人が日本兵に向けて木を投げたが当たらず、彼らは戻っていった。すると五分後に、ふたたび日本兵が四人、七～八人と銃剣を持って現われ、銃声が聞こえると、堂内は大混乱になった。大慌てで階段のほうへ跳びだす者、その場で床に伏せる者もいた。日本兵は発砲しながら、寺院のまわりでタイ人を一時間ほど追いまわしたが、タイ人のほうは武器を持たず、スキやクワの道具しかなかった。そのうちに、吉田少佐、バーンポーンの警察局長、郡長が駆けつけてきて、ようやく事態は鎮静した。

ところが一二月一八日の夜も更けた一一時四五分ごろ、日本側はカーンチャナブリーからトラックと自動車五台で兵が駆けつけ、二台はワット・ドーントゥームに向かい、一台は川岸に向かい、残りのトラック一台と乗用車一台は警察署の前に停車して、拳銃を撃ちながら侵入しようとした。もう一組は、警察署の反対側の道路わきに散開した。発砲は日本側からはじまり、双方の間で二～三分の銃撃戦があった。大尉クラスの一人と兵七名が撃たれた。翌朝、吉田少佐によれば、日本側は将校一名、軍医少佐一名、兵四名が死亡したという [Bok. Sungsut, 2. 7. 6/7]。

タイ人労務者は男・女・子供ら約三〇名が日本軍に捕らえられ、寺院のまわりには死体が七～八体ほどころがっていた。鉄道隊は、寺院の僧侶全員を捕らえて翌午前三時ごろまで尋問し、僧プームを除いて、翌朝の六時になってやっと僧侶たちを釈放した。逮捕されたタイ人労務者三一名は一二月二四日まで拘束されて、拷問のすえ二〇名が釈放されたが、一一名は日本軍に身柄を拘束されたままであった。僧プームはタイ側に身柄を移された。日本側は、日本兵一名が死亡、二名が重傷で、のちに一名が死亡した [Bok. Sungsut, 2. 7. 6/25]。

一二月二一日には、日本軍のもとで働いていた労務者約五〇〇名が脱走してしまい、労務者はひとりもいなくなってしまった。日本軍に恐れをなして、出身地のナコーンパトム、ノンタブリー、スパンブリーに帰ってしまったのである [Bok. Sungsut, 2. 7. 6/7]。日本側では、タイ側の部隊が近くのナコーンパトムやポーターラームに集結しているという噂が流れ、入江少佐は「タイ国は日本軍と戦いたいのか、それなら日本軍にも用意がある」と、タイ側のピシット親王中佐を威嚇して言った。ピシット親王中佐は、「タイは小国、戦う意志はないし、もし噂を確かめたいのなら、どこへでも案内する」と申し出た。日本軍は吉田少佐と桑原大尉を派遣し、噂が事実でないことを確認していた[Bok. Sungsut, 2. 7. 6/8]。また、一二月二〇日の日タイ合同会議では、日本側は先に発砲したのはタイ側である、と主張していた[Bok. Sungsut, 2. 7. 6/8]。これに対してタイ側は、一二月二二日になってチャルーン・セーリールーンリット中将を団長とした一行が、日本軍鉄道建設隊の司令官に対して公式に陳謝を表明した[Bok. Sungsut, 1. 12/212]。

事件発生後、泰緬鉄道の建設基地であるバーンポーンとカーンチャナブリーでは、タイ人の態度が険悪になっていた。バーンポーンでは、タイ人労務者が集まらなくなり、鉄道線路の犬釘八〇〇個が抜かれたりした。カーンチャナブリーでは、タイの警官が道を歩いている日本兵を拳銃で脅したり、商人が日本軍に物を売らなくなったり、タイ人が「バカヤロー」と日本兵に言ったりするようになった。いっぽう、日本兵は武装して歩くようになり、バンコクでは、日本軍はパトゥムワンの工業学校、パヤータイのチュラーロンコーン大学付近で塹壕を掘り、土嚢を築き、タイ側のレセプションの招待があっても断ってきた[Bok. Sungsut, 1. 12/212]。

「バーンポーン事件」糾明委員会

タイ首相ピブーン元帥は事態を重くみて、一九四二年一二月二八日に事件糾明委員会を発足させ、タイの軍と警察の高官五名をその委員に任命した[Bok. Sungsut, 2. 7. 6/1]。ピブーンは、「今回の衝突は、一方的に日本側によるものである。殴打、抜刀威嚇、酔ってのからみ、等々がなくなれば、何も問題は起こらないだろう」[Bok. Sungsut, 1. 12/212]と、日本兵の暴力、傲慢な態度を非難していた。だが、いちばん言いたかったのは、タイ人がもっとも崇拝する仏教と僧侶への侮辱であり、タイの慣習に対する軽侮についてであったのだろう。この事件糾明委員会は一九四五年一〇月四日に廃止された。

外国人の立入禁止

バーンポーン事件糾明委員会が発足した同日の一二月二八日には、タイ内務省の警察局長が「仏暦二四八四（一九四一）年国家防衛法」にもとづいて、外国人は一〇日以内にラーチャブリー県バーンポーン郡とカーンチャナブリー県全域から、一時的に退去するよう命令を発した［Bok. Sungsut, 2.7.6/19］。この局長令は、当然、日本軍と連合国捕虜を除外せざるをえないのであるが、「当局の命令によって従事しなければならない者、当局の被雇用者」という言葉しか文書にはない。外国のスパイが潜入して諜報活動や破壊活動をしないようにするため、という意図があったと憶測しても、この地域には日本軍と連合国捕虜、それに華僑などアジア人労務者がぞくぞくと投入されている。すでに外国人が数万人も滞在している地区であり、労務者になりすまし、いくらでもまぎれこんで潜入できる状態にあったから、奇妙に矛盾した外国人退去命令であったといえる。

とはいえ、この退去命令によって、泰緬鉄道関係者にはいくつかの影響が生じている。まず、中国国籍の華僑が商売に入ってこれなくなり、日本兵の買い物が不便になった。また、タイ国内で雇われた外国籍の華僑労務者は、いちいち警察に届け出て、建設現場に入らなければならなかった。しかし、イタリア公使館は、バーンポーンで布教活動をしている神父一二名、修道女一一名、およびカーンチャナブリー駐在の聖職者四名の特別滞在許可を当局に願い出て、許可されている。警察局長令の本音は、タイ僧侶殴打に象徴される日本兵の不遜な態度や鉄道隊の強引な建設工事に対する反撥と、日本軍を退去させたいという婉曲な意思表示だったのだろうか。

「バーンポーン事件」の処分

事件の処理は、日本軍が、〝軍医と兵を射殺した、最初に発砲したタイの兵士と労務者の主犯二人を死刑にせよ〟と要求していた。タイ側の取調べでは、日本側とは別の結果を得た。双方の国家の威信と思惑がからんで、事件の処理は長びいていた。

そのうちに、中村明人《あけと》中将が、一九四三年一月二一日にタイ駐屯軍司令官として赴任してきた［中村、三三頁］。中村は、この事件が日タイ関係、とくに泰緬鉄道の建設に悪影響を与えかねないことを憂慮して、東条英機首相が派遣した将軍であった。着任直前の中村に、当時、駐日大使をつとめていたディレーク・チャイヤナームは、「日本兵のビンタ取りは、日・タイ同盟の命取りとなろう。タイ人は、他人に頭や顔面をたたかれることは最大の侮辱であり、そういう行為には死をかけてまで争うものである」［中村、三六頁］と忠告していた。顔面を殴るビンタは、旧陸軍では懲罰と教戒の意味をこめて日常茶飯事で行なわれていたが、東南アジアとりわけ自尊心の強いタイの人々には、恐怖と屈辱を感じる野蛮な行為と映った。

「日泰政府連絡所」が一九四三年三月に改組されて「日泰同盟連絡事務局」となるが、局長チャイ・プラティーパセーン大佐は、一九四三年四月二九日付で、日本側の圧力を痛感しながら、「僧プームやタイ人労務者ら被告人を軍事法廷にもちこみ終身刑にしておけば、あとの処置と刑期はわがほうのものであり、日本との関係でいえば相手国家の命運しだいである」と意味深長な言葉で結んで、ピブーン首相に報告書を提出した。するとピブーンは、「わかった。バンコクの軍事法廷に起訴せよ。死刑にはするな。夜陰に生じた誤解なのである」と書込みを残している［Bok. Sungsut, 2. 7. 6/25］。チャイ大佐は、五月四日に中村司令官と山田国太郎大使館付駐在武官と会見した際、つぎのような九項目にわたる日本側の見解を聞いた［Bok. Sungsut, 2. 7. 6/25］。

一、沙弥と労務者の死刑。軍事法廷など、タイの処罰の仕方によっては、タイの主権に影響を与える。
二、クラ地峡横断鉄道九一キロを建設したい。
三、五月二四日からの日本の新占領地視察には、タイの陸軍高官一人の随行を依頼。
四、トラックとキニーネについては、日本からの一五〇台以外に、昭南［シンガポール］からの中古車一〇〇台とキニーネ九トンをタイに寄贈する。
五、バンコク―パークナム間の一五キロ地点に日本軍の兵舎を建設したい。
六、相互の言語と慣習を知ることは、理解を深め、友好関係を強くする。
七、財政については、貯蓄を高め、国債を発行すべきである。タイの日本軍が月々数百万も使うので、市中流通資金が不足したり不便であろう。
八、軍事面の国際情勢では、日本はソ連とアメリカを警戒している。ドイツは新兵器を開発してソ連より有利な立場にある。
九、日本とタイとの関係はしだいに理解が深まり、落日の仏印にくらべ、タイは朝日の勢いである。

南方軍はこうした要求以外に、日本側の「死者に対して賠償金八万銖《バーツ》を支払うこと」［防衛庁防衛研修所戦史部『シッタン・明号作戦』、五四五頁］を要求していた。

まず、日本軍が断固とした処置を求める意志を示した理由は、泰緬鉄道建設に従事する鉄道隊への配慮と、日本軍の威信をかけて工事を遂行し、タイに干渉させないという威嚇である。そのうえで、タイ側にはキニーネとかトラックとかの物資を供与するという懐柔を行なうかにみえるが、これらはもっぱら鉄道建設に必要な物資である。脅したりすかしたりしながら、駐留するための環境条件を良くしておかなければならない、という日本軍の立場を示し、さらにクラ地峡横断鉄道建設の新たな要求を迫っていた。

他方、バーンポーン事件にかかわったタイ側の人物、すなわち、沙弥プーム、労務者一人、兵士一人が一九四三年六月一〇日に、バンコクの軍事法廷に起訴された。沙弥は捕虜と通じ、労務者を教唆して、労務者と日本兵との衝突を企んだという罪である。労務者は当日、酒に酔い、ほかの労務者を引きこんで、武器を準備して日本兵を襲い、日本兵を殺害、重傷を負わせた。タイ兵士は、バーンポーン警察署に連絡にきた日本兵を銃撃し、タイ警察と日本軍との誤解を起こし、日本軍に五名の死者、三名の重傷者、タイ側に一人の重傷者を出す結果を招いた。三名の被告の行為は、タイと日本との友好関係を一時期阻害した。被告に対して、右のような罪状があげられた。同年一〇月二二日の軍事法廷は、沙弥プームに死刑を求刑したが、被告が抗告しないのと、精神病の後遺症があり文盲である点を考慮して、終身刑を言い渡した。被告の労務者には、仏教の教えを知らない酒乱であったため犯した罪として、終身刑を言い渡した。被告の兵は殺人という過剰防衛の罪を犯したので、一〇年の禁固刑を判決した [Bok. Sungsut, 2. 7. 6/25]。

タイ政府は南方軍の要求に応じて、死亡した日本兵に賠償金八万バーツと、さらに勲章を贈っている。日本側は賠償金を、アジア太平洋戦争開戦当時、抗戦して戦死したタイの軍人遺族に贈るという名目で、贈りかえした。バーンポーン事件は当時の日タイ関係を震憾させたが、一年でようやく決着がついた。日本軍にとっては、尊大で傲慢な態度を改める契機になったかもしれないが、タイにとっては、自国の尊厳を無視し、占領軍のようにふるまう日本軍の強権的な手段と驕慢な態度を経験し、同盟や友好とはうらはらの感情を内在化していった。

バンコクの戦勝記念塔開幕式に列席する日タイの要人。前列中央で敬礼しているのがピブーンソンクラーム主相。写真右へ，坪上大使，ライアト首相夫人，そして，その右がタイ駐屯軍司令官中村明人中将。

タイ駐屯軍の設置

日本軍がタイに進駐してちょうど一年後、南方軍鉄道隊と地元タイ警察が衝突するというバーンポーン事件で両国の関係が緊張すると、南方軍は一九四二年一二月に、永野亀一郎少将の指揮する歩兵第八二連隊第二大隊をバンコクに急派していた〔『シッタン・明号作戦』、五四五頁〕。一九四三年一月四日には、東条英機首相は憲兵隊司令官の任にあった中村明人中将を、新たに設置するタイ駐屯軍司令官に任命した〔中村、二二頁〕。

日本が一九四二年一一月一日に大東亜省を新設し、従来、外務省を窓口にして外交交渉していたタイを、大東亜省を窓口にして外交交渉をするようにしたため、日本駐在タイ大使ディレーク・チャイヤナームは日本の傀儡国家とは違う、と反発していた。まして、日本軍がタイに駐屯軍を設置するのは、タイの態度を硬化させるという恐れがあった。そこで、陸軍参謀部は岸並喜代二《きしなみきよじ》中佐ひとりだけを駐屯軍参謀につけ、中村中将は一九四三年一月二一日にバンコクに着任した。ほかに大使館付駐在武官守屋精爾少将が病気で日本に帰還したため、新たに山田国太郎少将が大使館付駐在武官に任命され、タイ駐屯軍の参謀を兼任した［中村、四五頁］。

そして、タイ駐屯軍は、バンコク市内のサートーン通りにある泰国中華総商会本部の建物を接収し、一九四三年二月一日に発足して「義」部隊と呼ばれた。駐屯軍とはいえ、最初のころに指揮下にあるのは、歩兵第八二連隊第二大隊、南方軍第二憲兵隊、特設自動車一中隊、独立高射砲一中隊、兵站地区隊一隊、南方軍第一六病院、日赤救護第三四〇班俘虜収容所（二月、ふたたび鉄道隊司令官の指揮下に帰る）の部隊であり［中村、三二一～三二三頁］、泰緬鉄道の建設部隊は南方軍の直属として別系統におかれていた。

タイ駐屯軍と捕虜管理の問題

ところで、中村は著書のなかで、「三年越しの懸案であった俘虜の管理が、私の軍に帰属した」［中村、六六頁］と述べている。しかし、一九四四年一月一日に、タイ駐屯軍の改編で、歩兵第八二連隊第二大隊が仏印の原隊に復帰し、独立混成第二九旅団が加わり、同年一二月二〇日には、兵站地区隊本部、陸上勤務中隊、兵站病院が加わって第三九軍と拡充されているものの［『シッタン・明号作戦』、五六五頁］、捕虜収容所についての言及はない。捕虜の管理がタイ駐屯軍の指揮下に入るのは、中村が着任してから四か月後の六月以降であったと思われる。というのは、一九四三年六月五日に、俘虜情報局長兼俘虜管理部長の浜田平少将が泰緬鉄道の捕虜管理問題について、南方軍とどうしても交渉しなければならない事態になったとして、シンガポールに渡る途中にバンコクへ立ち寄り、中村中将につぎのように語っていたからである。それは、現在泰緬鉄道工事に使用している俘虜の死亡率は高く、その管理問題は今や国際場裡の重大問題となりつつある。現況のままでは、戦争の勝敗如何に拘らず、日本軍、否、国家の不利である。この俘虜の管理について、これから昭南に行って総軍と交渉するつもりであるが、鉄道部隊と俘虜管理を必ず閣下の隷下に入れて、合法的に管理していただくことになると思っている。その際は再びバンコックに戻り、貴軍と詳細な打合わせを行い、本問題を改善し、国際的信用を挽回するつもりであるから、よろしくお願いする……［中村、一六三頁］

という内容であったという。この談話から推察しても、鉄道隊と連合国捕虜は南方軍の指揮監督のもとにおかれ、タイ駐屯軍の管轄下にはなかったのである。

そして、一九四三年七月四日、東条首相が来タイした折、大本営参謀加藤鉄道課長が鉄道工事と捕虜の管理問題について中村中将に意見を求めたとき、「私は大本営案のように、俘虜の管理権だけを軍司令官に与え、泰緬鉄道部隊全部を私の権限外に置くのは、反対である。両方を私の隷下に入れて初めて、俘虜の適切なる管理ができると共に、鉄道工事がうまく行われるものと固く信じているからである」［中村、一六四頁］と答えたという。このとき、捕虜の管理はタイ駐屯軍のもとにおかれて、さきにあげた第3図（七五頁）に示されたとおりとなる。しかし、鉄道隊はついにタイ駐屯軍の司令下におかれることはなかった。だから、中村は「死の泰緬鉄道」の名を残したのだと残念がる。

一九四四年一二月六日に大使館付駐在武官山田国太郎少将が第四八師団長としてチモール島に転じ、その後任として、四三年三月九日より四四年一一月一日まで俘虜情報局長兼俘虜管理部長をつとめていた浜田平中将（昇進）が、第三九軍参謀副長兼大使館付駐在武官としてバンコクに着任している。着任後の浜田は中村に、「私が来タイした時、昭南［シンガポール］から再び戻って、閣下にお願いするというお約束をして行ったが、ついに実行で

1944年9月6日，シンガポールを出港した日本軍の輸送船「楽洋丸」は途中アメリカの潜水艦に撃沈された。日本に送られる途中の連合国捕虜はアメリカの潜水艦に救助された。写真は救助直前の波間にただよう連合国捕虜。

きなかったのであります。これは昭南で総軍幕僚と激論したところ、結局、統帥権干犯問題とまできめつけられたのであります。空しくそのまま、私は帰らざるを得なかったのです」と、いかにも残念そうに語り、「ただし、私はその時、総軍幕僚に対して、こう一言だけ言い残しておいたことがあります。それは、『結果を見ていて下さい。きっと悪いことが起こりますから』ということでした」［中村、一六四〜六五頁］と語っている。鉄道隊は「南方総軍の直轄で、全軍の寵児の観があった」［中村、四三頁］と述べているから、あとから出てきたタイ駐屯軍に譲れるものか、という縄張り意識があったのだ。

浜田中将が大使館付駐在武官となる直前、一九四四年一二月四日付で日本のスイス駐在公使は外務省宛に、イギリスおよびオーストラリア政府が泰緬鉄道の捕虜への虐待、非人道的取扱いに対し、抗議していることを伝えていた［俘虜関係中央調査委員会、四四頁］。泰緬鉄道のイギリス・オーストラリア軍捕虜一三〇〇名が、一九四四年九月上旬にいったんシンガポールに送還されたあと、日本船「楽洋丸」によってさらにこんどは日本に送られていく途中、アメリカの潜水艦の攻撃を受け、この船が沈没するという事件があった。そのとき、連合国捕虜一五〇名がアメリカの潜水艦に救助された。救助した捕虜を通じて、連合国側ではじめて泰緬鉄道建設の実態がわかり、イギリス陸軍大臣は下院で声明を発表していた。そして、すでに一九四四年一一月八日、スイス駐在鈴木公使宛に抗議が届いていた。浜田中将のタイ派遣はこうした背景のなかで行なわれていたが、時すでに遅かった。

日本の敗戦後、タイの日本軍のなかでもっとも英語の堪能な浜田が、イギリス軍との連絡主任に任命された。毎日のように、イギリス軍司令官や幕僚の前に呼びだされて接触しているうち、浜田は連合軍の捕虜虐待に対する報復がきわめて峻烈であることを感じたらしい〔中村、一六六頁〕。しかも浜田は、一九四三年三月九日から四四年一一月一日まで、東京で二代目の俘虜情報局長兼俘虜管理部長をつとめていたという経歴がある。一九四五年九月一七日の早暁、浜田はバンコクの宿舎で自害した。辞世の句は、「碁に負けて眺むる狭庭、花もなく」であった。死後も再三再四にわたって、浜田の自殺を知らされていなかった連合軍から、極東軍事裁判への召喚がかかっていたという。

7 連合国捕虜

陸続と送りこまれる捕虜

泰緬鉄道の建設の労働力として日本軍が計画の当初から予定していたのは、敗北して捕虜となりシンガポールに滞在する、イギリス軍およびオーストラリア軍を主とした連合国兵士の存在であった。それでも足りずに、スマトラやジャワのオランダ将兵や、オランダ軍の支援に部隊を派遣していたアメリカ軍将兵の捕虜が、シンガポール経由で送りこまれていた。五万を超える捕虜を建設予定地のカーンチャナブリーに運びだすのは、一九四二年一〇月以降のことであった。シンガポールとタイのバーンポーンのあいだ約二二〇〇キロを、日本軍の軍用貨物列車が捕虜を陸続と運びはじめた。北緯一度のシンガポールから北緯一四度のバーンポーンまで、熱帯の炎天下を五日五晩かける旅から連合国捕虜の苦難ははじまった。

日本軍の占領によって、当時「昭南」と呼ばれていたシンガポールから、イギリス兵をはじめ連合国の捕虜が、列車でつぎつぎと送られてきた。それがタイで確認されるのは、一九四二年一〇月一三日以降のことであった。多いときには一回に約一五〇〇人、毎回ほぼ四〇〇〜六〇〇人の捕虜たちが、日本兵監視のもとに軍用列車の貨車に乗せられて、まずラーチャブリー県のバーンポーン駅に到着する。駅の近くの寺院ワット・ドーントゥームに設け

シンガポールから送りこまれた連合国捕虜。帽子からみるとオーストラリア兵。後方は日本から運んできた機関車C56。

られた捕虜収容所に一時滞在して、その日のうちに、あるいは数日後には軍用トラックに乗せられ、または徒歩行軍によりカーンチャナブリーに向かっていた。

一九四二年一〇月一三日からちょうど一か月間は、ほとんど毎日、早朝五時半ごろと午後三時ごろに到着する列車で送られてきていた。監視にあたってきた日本軍の将兵が折りかえし、ふたたびシンガポールに戻っていくのも報告されている［Bok. Sung-sut, 2. 5. 2/4］。

当時、日本軍は東南アジア大陸部（インドシナ半島）とマレー半島全域の鉄道輸送を掌握して、日本軍用特別列車を仕立てて運行していた。マラヤにあった三五〇〇輛の貨車は戦争ですでに半分が破損し、使用可能な車輛は約一七〇〇輛であったという。ところがよいことに、カンボジア、タイ、マラヤは一メートルの同一軌間で線路がつながっているので、使用可能な貨車をあちこちから運んできて、混用して列車を編成していた。鉄道輸送の計画処理は「南方軍鉄道輸送処理規定」ならびに命令にもとづき、石田英熊少将の指揮する第三野戦鉄道司令部が担当していた。第三野戦鉄道司令部は一九四三年三月に改編されて南方軍野戦鉄道司令部となり、北はベトナムのハノイ、タイのバンコク、マラヤのクアラルンプール・シンガポール、スマトラのメダン・パダン・パレンバン、ボルネオのミリまでを統轄していた。

人員輸送のためのマラヤ－タイ南部－プノンペン（カンボジア）間は、一個列車七〇〇名乗車（二五輌牽引とし、一輌当たり二八名乗車）を標準としていた。連合国捕虜および現地労務者の輸送にも、この標準が採用され計画処理されていた。マラヤとタイとの輸送に採用された車輌は、主としてタイよりマラヤ向けコメ輸送の空の回送列車が利用された。有蓋車（CG）で編成され、ブレーキ用として無蓋車（LS）五輌あまりがつけられた。当時の列車運行状況はつぎのようであった〔俘虜関係中央調査委員会、三九頁〕。

「昭南」〔シンガポール〕↕バンコク	二個列車	一〇日×二五輌×二個列車＝五〇〇輌
プノンペンおよびタイ北部線	一個列車	一五日×二五輌×一個列車＝三七五輌
「昭南」〔シンガポール〕↕クラ地峡駅	八個列車	八日×二五輌×一個列車＝二〇〇輌
「昭南」〔シンガポール〕↕アロールスター間の石炭列車	五個列車	六日×二五輌×一個列車＝二二五輌
局地専用列車	一個列車	六日×二五輌×一個列車＝一五〇輌
軍民混合列車	一個列車	六日×二五輌×一個列車＝一五〇輌
	合　計	一六〇〇輌

ここでいう「日数」は、往復に要する日数をあげていると思われる。このほかにも臨時列車が編成されていた。

プノンペンおよび北タイ線は、中国南部あるいはベトナムのハイフォンやサイゴンで上陸した日本の部隊が、ベトナムからカンボジアのプノンペンにいたり、列車でバンコク経由でタイ北部に向かい、タイ北部からビルマに入境していたことを示している。また、このときすでにクラ地峡横断鉄道を利用して、シンガポールからチュンポーンを経由しインド洋側のラノーン近くまで向かう列車が、頻繁に運行していたことが読みとれる。当時、バンコクの中央駅ホワランポーンと対岸のトンブリー（バンコクノーイ）駅には、日本軍将兵向けの案内所まで設置されていた。バンコクの貨物駅バーンスーや南タイのハジャイ駅には、タイ人職員よりも日本兵の姿が目立っていた。

タイ側で確認している運行列車は、マラヤ国境を三時に通過するとバーンポーンには翌々日の零時一二分に到着するN二列車、八時四〇分に通過して同じく翌々日の二時四二分に到着するN四列車、一四時二〇分に通過して同じく翌々日の五時三九分に到着するN六列車である［Bok. Sungsut, 2. 4. 1. 2/12］。一五時ごろにバーンポーンに到着する列車は、捕虜輸送のための臨時列車であろう。

このような日本軍と捕虜輸送の動きは、地元のバーンポーン郡長からラーチャブリー県の県知事を通じて、つぎのような内容の公文書で、到着するたびに、バンコクの鉄道建設審議委員会委員長宛に報告されていた［Bok. Sungsut, 2. 5. 2/4］。

ラーチャブリー県庁

仏暦二四八五［一九四二］年一〇月一七日

日本軍部隊の移動に関する件

鉄道建設審議委員会委員長　殿

ラーチャブリー県知事　発

バーンポーン郡長よりの仏暦二四八五［一九四二］年一〇月一六日第五一四一号電話によれば、仏暦二四八五年一〇月一六日〇六時〇五分、日本兵一〇名の監視のもと、イギリス人捕虜約七〇〇名が日本軍衛生部隊二五名および医薬品約トラック一台分とともに、「昭南市《ショーナン》」からの列車でバーンポーン駅に到着し、バーンポーン郡バーンポーン村のワット・ドーントゥームの仮収容所に宿泊中。当郡における白人捕虜の現在数は、合計三七五名となります。

よってここに報告いたします。

敬具

チョーン　サーリカーノン

こうして逐一報告されていた、バーンポーンで降り立った捕虜と日本兵、あるいはバーンポーンから直接カーンチャナブリーに向かう捕虜、シンガポールに戻っていく日本兵などに関するタイ側の一〇〇枚以上にもなる公文書を、年月日順に表にまとめてみると、第2表のようになる［Bok. Sungsut, 1. 13/20 ; Bok. Sungsut, 2. 5. 2/4 ; Bok. Sungsut, 2. 7. 6/21］。

一九四二年一〇月一三日から一一月一三日までの一か月間、ほぼ毎日、早朝五時半前後にバーンポーン駅に到着する「昭南」（シンガポール）発の列車（前記N六列車）と一五時ごろに到着する臨時列車で、イギリス人捕虜約六〇〇名が定期的に送られてきていた。その後は不定期になり、一九四三年二月になると白人とアジア人が一緒に送られてきて、ついでオランダ兵とジャワとスマトラの現地兵が送られてきている。三月一八日から二四日までについては、まとめた数字があげられている。四月一九日以降五月一日までの一三日間は数字だけがあげられているが、あとでみるように、最後に送りこまれた連合国のイギリス軍将兵とオランダ軍将兵で編成された〝F〟部隊と、時期および人数が一致する。

「昭南」（シンガポール）からバーンポーンへ送られてきたイギリス人捕虜は、一九四二年一〇月と一一月に集中

第2表　バーンポーン駅へ列車で送られてきた連合国捕虜と現地兵、アジア人労務者およびバーンポーンを出発する人々

（単位：人）

年　月　日	到着時刻	日　本　兵	捕虜の人数		何処から	何処へ
1942年10月 9日	16：30	兵 100	イギリス人	2,000	→	カーンチャナブリー
10月13日	15：30	兵 25	イギリス人	600	昭南	
10月14日		兵 10	イギリス人	650	昭南	
10月15日	05：20	兵 13	イギリス人	650	昭南	
10月16日	06：05	兵10，衛生兵25	イギリス人	700	昭南	
	15：00		イギリス人	600	→	カーンチャナブリー
10月17日	15：35	兵 10	イギリス人	650	昭南	
10月18日	05：25	兵 8	イギリス人	400	昭南	
	05：30	兵 20	イギリス人	1,000	→	カーンチャナブリー
	15：25	兵 8	イギリス人	400	昭南	
			ト舐ック1台と燃料1台分			
		将校3，兵195，	燃料		バンコク	
	23：00	兵 50				南へ向かう
10月19日	05：30	兵 13	イギリス人	600	昭南	
	23：35	将校5，兵250				南へ向かう
10月20日	06：00	兵 30	イギリス人	850	→	カーンチャナブリー
10月21日	05：00	兵 12	イギリス人	675	昭南	
	08：00	兵 24	イギリス人	430	→	カーンチャナブリー
10月22日	05：20	兵 25	線路を運搬			
10月24日	07：45	兵 12	イギリス人	340	→	カーンチャナブリー
	14：00	兵 20	イギリス人	400	→	カーンチャナブリー
10月25日	05：40	兵 14	イギリス人	550	昭南	
	08：00	兵 50			バンコク	
10月26日	05：00	兵 13	イギリス人	650	昭南	
	08：00～14：00	兵 20	イギリス人	800	→	カーンチャナブリー
	23：20	将校3，兵29				南へ向かう
10月27日	05：10	兵 13	イギリス人	630	昭南	
	08：00～14：00	兵 20	イギリス人	800	→	カーンチャナブリー
10月28日	05：20	兵 15	イギリス人	400	昭南	
	08：00，13：00		イギリス人	500	→	カーンチャナブリー
10月29日	05：10	兵 13	イギリス人	650	昭南	
10月30日	05：30	兵 14	イギリス人	650	昭南	
	08：00～17：00	兵 20	イギリス人	700	→	カーンチャナブリー
10月31日	05：30	兵 12	イギリス人	600	昭南	
	14：00		イギリス人	600	→	カーンチャナブリー
	22：00	将校1，兵20				南へ向う
11月 1日	04：30	兵 14	イギリス人	650	昭南	
	14：30		イギリス人	300	→	カーンチャナブリー
11月 2日	05：35	兵 14	イギリス人	675	昭南	
	13：00～16：00		イギリス人	550	→	カーンチャナブリー
11月 3日	05：40	14	イギリス人	650	昭南	
	14：00～17：00		イギリス人	800	→	カーンチャナブリー
11月 4日	05：35	11	イギリス人	650	昭南	
	08：00～16：00		イギリス人	600	→	カーンチャナブリー
11月 5日	05：40	11	イギリス人	650	昭南	
	08：00～15：30		イギリス人	500	→	カーンチャナブリー

年　月　日	到着時刻	日本兵	捕虜の人数	何処から	何処へ
	22：40	兵　14			南へ向かう
11月　6日	09：00	17	イギリス人　650	昭南	
	10：00		イギリス人　440	→	カーンチャナブリー
	23：20	兵　40			南へ向かう
11月　7日	05：20	兵　19	イギリス人　620	昭南	
	07：00～15：00		イギリス人　600	→	カーンチャナブリー
11月　8日	05：30	兵　19	イギリス人　650	昭南	
	06：00～16：00		イギリス人　600	→	カーンチャナブリー
	15：14	将校2，兵31		バンコク	
11月　9日	05：30	兵　19	イギリス人　600	昭南	
	06：00～12：00		イギリス人　600	→	カーンチャナブリー
	22：40	兵　20			南へ向かう
11月10日	04：00	兵　16	イギリス人　700	昭南	
	06：00～14：00		イギリス人　620	→	カーンチャナブリー
11月11日	14：00～17：00		イギリス人　560	→	カーンチャナブリー
11月12日	08：00～14：00		イギリス人　350	→	カーンチャナブリー
11月13日	08：00～12：00		イギリス人　450	→	カーンチャナブリー
11月29日	08：00		イギリス人　200	→	カーンチャナブリー
11月30日	16：30	将校2，兵34		バンコク	
12月　3日	24：30	兵　30	イギリス人　1,500	昭南	
	07：00～16：00		イギリス人　720	→	カーンチャナブリー
12月23日	08：20	将校5，兵300		昭南	
1943年　1月18日	05：20	将校1，兵25	捕虜　628	昭南　⇒	カーンチャナブリー
1月19日	01：00	将校1，兵25			昭南
1月19日	05：25	将校1，兵25	捕虜　650	昭南　⇒	カーンチャナブリー
1月20日	01：00	将校2，兵25			昭南
1月21日	01：00	兵　13			昭南
1月22日	01：00	将校1，兵28			昭南
1月23日	06：35	兵　21	イギリス人　625	昭南　⇒	カーンチャナブリー
1月25日	06：35	兵　25	イギリス人　625	昭南　⇒	カーンチャナブリー
	01：00	兵　21			昭南
1月26日	01：30	兵　25			昭南
	04：20	兵　40	イギリス人　532	昭南	
			マラヤ ジャワ スマトラ　} 100		
1月27日	06：30	兵　28			昭南
	06：35	兵　22	白人　625	昭南	
1月28日	01：35	兵　28			昭南
1月31日	05：45	兵　20	白人・現地人　625	昭南	
2月　1日	05：00	将校1，兵25	白人・現地人　630	昭南	
	01：00	兵　20			昭南
2月　2日	07：00	兵25，トラック26台	白人・現地人　625	昭南	
2月　3日	06：15	兵　25	白人・現地人　625	昭南	
	01：00	兵　50			昭南
2月　4日	01：00	兵　25			昭南
2月　7日	07：00	兵　35	オランダ・現地兵 1,250	昭南	
2月　8日	01：00	兵　35			昭南
	07：45	兵　15	オランダ・現地兵　625	昭南　⇒	カーンチャナブリー

年　月　日	到着時刻	日　本　兵	捕虜の人数	何処から	何　処　へ
2月　9日	01：00	兵　15			昭南
	04：00	兵　20	オランダ・現地兵　625	昭南　⇒	ノーンプラードゥク
	08：00	兵　25	オランダ・現地兵　625	昭南　⇒	ノーンプラードゥク
	10：00		300	→	カーンチャナブリー
	01：00	兵　45			昭南
2月10日	08：00～17：00		325		カーンチャナブリー
3月18日					
3月19日					
3月20日					
3月21日		兵　96	3,920	昭南　⇒	カーンチャナブリー
3月22日					
3月23日					
3月24日					
4月12日			マレー人　750		カーンチャナブリー
4月19日	05：00	兵　30	500		
4月20日	05：00	兵　25	500		
4月21日	05：30	兵　27	500		
4月22日	05：30	兵　30	600		
4月23日	05：30	兵　30	600		
4月24日	05：30	兵　30	600		
4月25日	05：30	兵　25	580　7,180		
4月26日	05：30	兵　30	600		
4月27日	05：30	兵　25	500		
4月28日	05：30	兵　25	600		
4月29日	05：30	兵　25	600		
4月30日	05：30	兵　25	500		
5月　1日	05：35	兵　25	500		

注：1）「昭南」（ショーナン）は現在のシンガポールをさす。
2）→印は，バーンポーンからカーンチャナブリーへ送られていく捕虜たちを示す。
3）⇒印は，「昭南」からすぐにカーンチャナブリーまたはノーンプラードゥクへ送りこまれた捕虜たち。

出所：Bok. Sungsut., 1. 13/20；Bok. Sungsut, 2. 5. 2/4；Bok. Sungsut, 2. 7. 6/21 をもとに作成。

し、一〇月には九四五五名、そして、カーンチャナブリーに送られていった人数を同じく拾いだすと八九二〇名になる。一九四二年一一月にはそれぞれ、六四九五名、七一七〇名となる。この二か月間でシンガポールからのイギリス人捕虜の到着人数一万五九五〇名、そのうちカーンチャナブリーに送られていった人数が一万六〇九〇名であるから、ほぼ全員がカーンチャナブリーに送られていった勘定になる。タイ側は、おそらく観察したところの概数で報告しているから、到着人数と送りだした人数とは完全に一致しない。場所を特定していないのは、マラヤから送られてきた捕虜であろう。

一九四三年一月には、イギリス人捕虜は三回にわたって一七八二名がカーンチャナブリーに送りこまれ、そのうち捕虜という識別で一二七八名がシンガポールから到着している。一月三一日以降に「白人・現地人」という表現がみられるが、シンガポールには英印軍が駐屯していたし、日本軍の侵攻に抵抗したシンガポールの義勇軍は華僑で組織されていた。「オランダ・現地兵」のほうも、スマトラやジャワの捕虜収容所から来た兵士が加わっていたと推測される。「現地人」や「現地兵」という表現から、労務者として連れてこられたアジア人以外に、連合国捕虜として連行されたアジア人もいたことになる。実際、シンガポールから連合国捕虜と一緒に連行されて、捕虜キャンプで従軍牧師のもとで洗礼を受けた華僑が数人いたし、ジェームス・ブラッドレーらのイギリス軍将校と一緒に脱走をはかったインド人もいた。

連合軍が示す統計

一九四六年一〇月八日に連合軍側の調査した機密文書では、連合国捕虜についての統計として、第3表・第4表のような数字をあげている［SEATIC, p. 6］。また、第4表から、送りだされた時期によって、だいたい第5表

第 3 表　泰緬鉄道建設に送りこまれた連合国捕虜総数

（単位：人）

出発地	⇒	到着地	イギリス	オーストラリア	アメリカ	オランダ	計
マラヤ	⇒	タイ	28,931	8,507	494	12,378	50,305
仏領インドシナ	⇒	タイ	700	−	−	−	700
マラヤ	⇒	ビルマ	−	4,497	192	2,512	7,201
スマトラ・ジャワ	⇒	ビルマ	500	−	−	3,100	3,600
			30,141	12,994	686	17,985	61,806

出所：SEATIC, p. 6 より。

第 4 表　マラヤからタイに送られた連合国捕虜

（単位：人）

年　月　日	イギリス	オーストラリア	アメリカ	オランダ	計
1942 年 6 月18日～ 26日	3,000	−	−	−	3,000
10 月 9 日～ 15日	3,250	−	−	−	3,250
10 月14日	390	−	−	−	390
10 月14日	401	−	−	−	401
10 月17日 ～ 22日	2,600	−	−	−	2,600
10 月23日	650	−	−	−	650
10 月24日	650	−	−	−	650
10 月25日 ～11月6日	8,450	−	−	−	8,450
11 月 7日～ 9日	1,260	−	−	−	1,260
1942 年 小計	20,651	−	−	−	20,651
1943 年 1 月 7日	4	383	456	159	1,002
1 月14日～ 30日	−	1,250	−	8,750	10,000
3 月14日	3	−	−	4	7
3 月14日～ 23日	2,780	2,220	−	−	5,000
4 月13日～ 17日	3	155	11	2,831	3,000
4 月18日～ 30日	3,334	3,666	−	−	7,000
5 月 5日～ 17日	1,949	705	26	590	3,270
6 月25日	163	55	1	11	230
8 月24日	42	73	−	−	115
1943 年 小計	8,278	8,507	494	12,345	29,624
1944 年 2 月 8日	2	−	−	28	30
合　計	28,931	8,507	494	12,373	50,305

出所：SEATIC, p. 22 より。

のようなグループにまとめることができる。なお、連合軍がいうマラヤとは、シンガポールを含む地域をさしている。

第5表の数字を第2表のタイ側の数字と比較すると、第一陣は、第2表には登場しないが、すでにタイ側で確認されている。第二陣は、第3表で該当するのは一万五九五〇人で、連合軍側のあげる人数とかなりの開きがある。第三陣は、第2表では一九四三年一月一八日から二月一〇日までに到着した捕虜、すなわちイギリス、オランダ、マラヤ、ジャワ、スマトラの混成部隊で、合わせて九七四〇名となり、連合軍のあげる数字より少ない。第四陣は、第2表の三月一八日から二四日までに到着した三九二〇名に相当するが、連合軍のあげる数字より一〇〇〇名少ない。第五陣は、第2表の四月一九日から五月一日まで、毎日送られてきた七一八〇名を含む数であろう。この七一八〇名は、以下にあげる〝F〟部隊と人数や時期のうえで該当する。五月五日以降の捕虜については、タイ側では記録していない。連合軍があげている一九四二年一〇月九日から一一月九日までに送りだされたイギリス軍捕虜一万七六五一名は、第2表に示されているように、一〇月一三日から一二月三日までにタイ側で確認したイギリス軍捕虜一万七四五〇名と、時期的にも人数のうえでもほぼ該当する。

ジェームス・ボイルによれば、シンガポールのチャンギーにいた連合国捕虜は、日本軍によってさまざまな地域へ使役のために送りだされ、主な部隊は、連合国側によってアルファベットの名称がそれぞれつけられていたという（第6表参照）[Boyle, p. 54]。また、ヒュー・クラークは国籍別にさらに詳しい数字をあげ、オーストラリア人の医療部隊〝K〟部隊と〝L〟部隊が、泰緬鉄道の建設キャンプで病気の捕虜を治療するため送りこまれてい

第5表　時期別送りだされた捕虜人数

（単位：人）

第1陣	1942年 6月18日～	26日	3,000
第2陣	1942年10月 9日～	11月 9日	17,651
第3陣	1943年 1月 7日～	30日	11,002
第4陣	1943年 3月14日～	30日	5,007
第5陣	1943年 4月13日～	30日	10,000
第6陣	1943年 5月 5日～	8月24日	3,615
第7陣	1944年 2月 8日		30
合　計			50,305

出所：第4表をもとに筆者作成

第 6 表　連合国側の部隊別出発年月日と行き先 (1)

（単位：人）

暗号	チャンギーを出発した年月日	人数	行き先
“A” 部隊	1942 年 5 月 14 日	3,000	ビルマ
“B” 部隊	1942 年 7 月 8 日	1,496	ボルネオ
“C” 部隊	1942 年 8 月 16 日	2,200	日本
“D” 部隊	1943 年 3 月 17 日	5,000	タイ
“E” 部隊	1943 年 3 月 28 日	1,000	ボルネオ
“F” 部隊	1943 年 4 月 18/29 日	7,000	タイ
“G” 部隊	1943 年 4 月 26 日	1,000	日本
“H” 部隊	1943 年 5 月 15 日	3,000	タイ
“J《ママ》” 部隊	1943 年 5 月 16 日	900	日本

原注：ボルネオに送られた “B” 部隊と “E” 部隊の 2,496 名は，サンダカン，ルナウから逃走し，6 名が生き残った。

出所：Boyle, p. 54 より。

第 7 表　連合国側の部隊別出発年月日と行き先 (2)

（単位：人）

暗号	チャンギーを出発した年月日	イギリス	オーストラリア	オランダ	行き先
“A” 部隊	1942 年 5 月	3,000			ビルマ
“B” 部隊	1942 年 7 月	1,496			ボルネオ
“C” 部隊	1942 年 11 月	1,637	563		日本
“D” 部隊	1943 年 3 月 14 ～ 18 日	2,780	2,200		タイ
“E” 部隊	1943 年 3 月末	500	500		ボルネオ
“F” 部隊	1943 年 4 月 18/29 日	3,400	3,600		タイ
“G” 部隊	1943 年 4 月	300	200	1,000	日本
“H” 部隊	1943 年 5 月	2,670	600		タイ
“J《ママ》” 部隊	1943 年 5 月 16 日	600	300		日本
“K” 部隊	1943 年 6 月	5 名の医師，30 名の医療将校，200 名の衛生兵			タイ
“L” 部隊	1943 年 8 月	15 名の医療将校，100 名の衛生兵			タイ

出所：Clarke, pp. XV-XVI より。

た、と記している（第7表参照）[Clarke, pp. XV - XVI]。

このなかで〝A〟部隊は、連合軍側の統計の第8表による一九四二年五月一四日にマラヤからビルマに送られた連合国捕虜のうちの、オーストラリア人捕虜三〇〇〇名と一致する。タイに送られた〝D〟部隊、〝F〟部隊および〝H〟部隊は、第5表のうちで、〝D〟部隊が第四陣に、〝F〟部隊が第五陣あるいは一九四二年四月一八～三〇日の七〇〇〇名に該当し、〝H〟部隊は、第六陣あるいは第4表の三二七〇名と時期や数のうえで該当する。

また、タイ側の第2表のうち、一九四三年三月一八日から二四日にわたり、「昭南」（シンガポール）からカーンチャナブリーに送りこまれた三九二〇名が、時期的に〝D〟部隊に該当し、四月一九日から五月一日に送られてくる七一八〇名が、時期と数のうえで〝F〟部隊に該当する。〝H〟部隊については記録がない。

他方、マラヤ（シンガポール）からビルマに送られた連合国捕虜は第8表のようになっている。

第8表　マラヤからビルマへ送られた連合国捕虜

（単位：人）

年　月　日	イギリス	オーストラリア	アメリカ	オランダ	計
1942年5月14日	–	3,000	–	–	3,000
10月16日	–	1,497	192	111	1,800
12月20日	–	–	–	1,000	1,000
12月27日	–	–	–	401	401
合計	–	4,497	192	1,512	7,201

出所：SEATIC, p. 23より。

日本軍によってマラヤからビルマに送られたオーストラリア人捕虜三〇〇〇名は〝A〟部隊と呼ばれ、一九四二年五月一五日に、汚らしい小さな船でシンガポールを出航している。この船は、ビルマの最南端ビクトリア・ポイントで一〇一七名を下ろし、ついでメルギーで一〇〇〇名を、スマトラからのイギリス人捕虜五〇〇名とともに下ろした。残りのオーストラリア人捕虜はタボイで下ろされ、スマトラからのオランダ人捕虜と合流した。数か月間、これら三つのグループはそれぞれの地区で飛行場の建設に従事していたが、タボイにいたオーストラリア人捕虜八人が脱走をはかった。しかし、まもなく全員捕らえられ、四日後には銃殺されてしまった。一九四二年八月になると、メルギーとビクトリア・ポイントの捕虜はタボイに集結させられ、タボイの飛行場建設に従事させられていた。九月一四日に飛行場修復ののち、モールメンまで船で運ばれ、牛車でビルマ側の泰緬鉄道建設基地であるタンビュザヤへ送りこまれた［Clarke, p. 1］。

マラヤからビルマに送られた連合国捕虜のなかにイギリス兵が含まれていないのは、英領ビルマであったことを意識して、彼らがさまざまな事情に通じているとか、後方のイギリス軍に通じる恐れがあるといったことから、故意に送らなかったのであろうか。ただし、スマトラのイギリス人捕虜は、五〇〇名がビルマに送られている（第9表参照）。このイギリス人捕虜は、シンガポール陥落直前に、シンガポールから対岸のスマトラへ脱走したグループと推測される［SEATIC, p. 23］。

第9表　スマトラ・ジャワからビルマに送られた連合国捕虜

（単位：人）

年　月　日	イギリス	オーストラリア	アメリカ	オランダ	計
1942年5月15日（スマトラ）	500	–	–	1,500	2,000
1942年10月20日（ジャワ）	–	–	–	1,600	1,600
合　　計	500	–	–	3,100	3,600

出所：SEATIC, p. 23より。

日本軍が示す統計

いっぽう、敗戦直後に日本側が極東軍事裁判向けに作成した『泰、緬甸連接鐵道建設に伴ふ俘虜使用状況調書』には、連合国捕虜に関する第10表のような統計がつけられている。

連合軍側の統計（前掲第4表）と日本側の第10表の員数は、送られていった員数と受けとった員数の関係になる。全体的にみると、第10表で総員が最大になるのは一九四三年五月の四万七九二二名、第4表および第5

第10表　俘虜労務状況月別統計一覧表（1943・12，泰俘虜収容所）

（単位：人）

年　月		総　員	鉄道建設作業		分所使用作業		事　故　数		総就業率
			労役数	就業率	労役数	就業率	患　者	比	
1942.	8	2.987	1,704	0.60	902	0.27	381	0.13	0.87
	9	2,987	1,304	0.44	1,222	0.40	463	0.16	0.84
	10	9,947	6,407	0.61	1,904	0.17	1,636	0.20	0.80
	11	23,176	10,983	0.48	5,125	0.22	6,021	0.30	0.70
	12	28,167	13,093	0.47	6,406	0.23	8,668	0.30	0.70
1943.	1	29,663	13,604	0.45	7,091	0.17	8,968	0.38	0.62
	2	33.776	19,583	0.49	8,888	0.22	11,400	0.29	0.71
	3	40,554	20,781	0.51	8,793	0.22	11,488	0.27	0.73
	4	45,113	24,103	0.53	7,497	0.16	13,923	0.31	0.69
	5	47,922	24,401	0.51	7,765	0.17	15,683	0.32	0.68
	6	45,858	20,774	0.43	4,492	0.19	21,616	0.38	0.62
	7	47,558	21,152	0.44	4,889	0.12	22,761	0.44	0.56
	8	47,737	14,843	0.27	6,183	0.13	27,053	0.58	0.42
	9	45,873	15,122	0.34	5,219	0.09	26,202	0.57	0.43
	10	45,130	14,915	0.33	5,216	0.12	24,999	0.55	0.45
	11	44,945	12,378	0.27	6,568	0.15	26,548	0.80	0.42

出所：俘虜関係中央調査委員会，附表第1による。

表の統計では四月末までの第五陣にいたる総数が四万六六六〇名になる。四万七九二二名が四万六六〇名と減少しているのは、ここにいたるまでに、すでにかなりの死亡者が出ているものと推測される。そして第4表によれば、日本軍は一九四三年八月二四日までに五万二七五名をマラヤからタイに送りだしているが、のちに掲げる日本側の第19表および第20表では、いずれも使用俘虜総数は四三年四月の四万九七六六名が最大を示している。日本側の統計にも差があり、就業率や患者の比も計算が合致しない箇所がある。

また、連合軍側のあげる一九四二年六月の第一陣三〇〇〇名は、第10表中で日本側があげる八〜九月の捕虜の員数二九八七名に対応する。少なくなった一三名は、途中で病死したのだろうか。ところが、第二陣一万七六五一名と第一陣の三〇〇〇名を合わせた二万六五一名は、日本側では同じ時期に同数か、それ以下でなければならないはずなのに、逆に、一九四二年一一月に

平地の比較的恵まれた俘虜収容所。

俘虜収容所の内部。

二万三一七六名、一二月に二万八一六七名と、七〇〇〇名あるいは八〇〇〇名ほど多くなっている。ビルマ側からの連合国捕虜がタイ側に加わったのであろうか。

さらに、第10表によれば、捕虜総員に対する事故患者の比率は、工事が進むにつれてしだいに高くなり、一九四三年八・九・一〇・一一月にピークに達し、泰緬鉄道工事に携わった捕虜の半分以上が病人というありさまだったことがわかる。また、同年一一月の患者の比率八〇％は患者数の見誤りによるもので、五九％が正しいものと思われる。そうすると、泰緬鉄道が完成した時点で、生存していた捕虜の一〇人に六人は病人であったということになる。

捕虜（俘虜）収容所

泰緬鉄道建設工事のための俘虜収容所が設置されるのは、一九四二年八月一五日のことであった。当時の南方軍鉄道隊参謀長広池俊雄は、泰《タイ》（マレー）俘虜収容所を第11表のようにまとめている［広池、一四八頁］。また、第二鉄道監・建設隊指揮官であった石田英熊中将は、第二分所長であった柳田正一中佐の記憶として第12表のような数字をあげているが、広池のあげた数字よりも総計で二〇〇名多い。

さきにあげた第3表の連合軍側の統計によれば、タイに送られた五万三〇五名の捕虜とビルマに送られた一万八〇〇一名の捕虜を足すと、六万一八〇六名になる。第11表で広池のあげる五万五〇〇〇名という数は、それよりも六八〇六名少ない。また、連合軍が一九四二年一〇月までに送られたとする捕虜約二万名を、広池は三万七〇〇〇名としており、両者の間に大きな数字の開きがある。さらに、連合軍側の統計（第4表）によれば、一九四三年三月末までで三万六六六〇名がマラヤからタイに送られているが、広池の表（第11表）ではその数が

第11表　タイ（マレー）俘〔捕〕虜収容所一覧表

タイ俘虜収容所	所長	佐々　誠　少将	42・8・15～43・7		
		中村　鎮雄大佐	43・7　～44・7		
		菅沢　亥重大佐	44・7　～45・8		
タイ側	第一分所長	知田　外松少佐	俘虜	7,200人	「鉄九」第三大隊に協力
〃	第二分所長	柳田　正一中佐	俘虜	9,600人	「鉄九」第二大隊に，後第三大隊に協力
ビルマ側	第三分所長	長友　吉忠中佐	俘虜	9,000人	「鉄五」に協力後配属
1942年8月16日			俘虜　計	25,800人	
タイ側	第一分所長	石井　民恵大佐			
〃	第四分所長	知田　外松少佐	俘虜	11,200人	
1942年10月1日			俘虜　計	37,000人	
ビルマ側	第五分所長	水谷藤太郎大尉	俘虜	約2,000人	「鉄五」第二大隊に協力タンビザヤ着は1943年2月
1942年11月23日			俘虜　計	39,000人	
タイ側	第六分所長	海老子少佐	俘虜	約6,000人	「鉄九」第六中隊に協力
1943年3月			俘虜　計	45,000人	
タイ側	蜂須賀分所	蜂須賀少佐	俘虜	3,000人	「鉄九」第四大隊に配属（マレー俘虜収容所第四分所）
ビルマ側	板野分所	板野博暉中佐	俘虜	7,000人	「鉄五」第四大隊に協力（マレー俘虜収容所第五分所）
1943年4月			マレー俘虜収容所	10,000人	
			俘虜総数	55,000人	
編成	分所	将校7，下士官17，軍属130（推定，内30人事務，100人監視）			
	本所	（推定）将校，下士官は分所とほとんど同じ。軍属は分所の3分の1程度			

注：捕虜の回想録では板野分所は第四分所、蜂須賀分所は第五分所としている。
出所：広池、148ページより。

第12表　タイ・馬来《マライ》俘虜収容所収容数

（単位：人）

タイ俘虜収容所第1分所	7,200	
第2分所	9,600	
第3分所	9,000	
第4分所	11,400	
第5分所	2,000	
第6分所	6,000	
計	45,200	
馬来《マライ》俘虜収容所板野分所	7,000	
蜂須賀分所	3,000	ジャバ俘虜
計	10,000	
総　計	55,200	

出所：石田，12ページより

四万五〇〇〇名となり、約一万の差がある。こうしたいくつかの矛盾する点をあげると、広池が掲げた表は信憑性に乏しい。ただし、広池があげる馬来《マライ》俘虜収容所の一万名は、連合軍側で呼ぶ〝F〟部隊と〝H〟部隊の人数と時期もほぼ合致しており、間違いないものと思われる。

泰緬鉄道建設工事の最盛期の俘虜収容所は、一九四三年六月の時点では第13表のように設けられていた。この表には、「馬来《マライ》俘虜収容所」の「第四分所」と「第五分所」が含まれていないが、捕虜の総数をみると合計四万八三九六名である。この数に、馬来《マライ》俘虜収容所の第四分所（板野《ばんの》中佐）と第五分所（峰須賀《はちすか》少佐）の捕虜一万名を含めると、俘虜収容所の合計は約五万八三九六名となる。しかしそれでも、連合軍側があげる総数六万一八〇六名より三四一〇名少ない。一九四三年六月現在では、すでに多くの死者を出していたのであろう。

三人に一人は死亡した〝F〟部隊

連合軍側の統計によれば、泰緬鉄道完成後にシンガポールへ送還された連合国捕虜〝F〟部隊と〝H〟部隊は、第14表のような国籍構成になっていて、合計六三四〇名がシンガポールに生還することができた。〝F〟部隊と〝H〟部隊がシンガポールに送還されたのは、泰《タイ》俘虜収容所ではなく馬来《マライ》俘虜収容所に所属していたからである。

第13表　泰俘虜収容所展開要圖（1943年6月ニ於ケル）
〔俘虜関係中央調査委員会〕

至　磐谷〔バンコク〕

第一分所長　陸軍少佐　知田　外松		
分遣所名	粁数	人員
カンチャナブリ分所本部	50	3,180
ノンプラドック第一分遣所	0	1,651
キンサイヨーク第二分遣所	160	2,512
ワンポー第四分遣所	110	1,302
計		8,645

←
△ノンプラドック
○パンペイン
○タールア
○ターモアン
◎★✚カンチャナブリ
○✚ターマカム
○✚チョンカイ
○クロント
○ワンラン
○ソンクボア
○バクラムサイ
○ワンタキエン
○ターキレン
○アルヒル
△ワンポウ

第四分所長　陸軍中佐　石井　民恵		
分遣所名	粁数	人員
ワンヤイ分所本部	120	3,308
トンチャン第二分遣所	130	3,011
カンニュー第三分遣所	140	2,864
キンサイヨーク第四分遣所	160	2,339
ヒントク第五分遣所	153	1,087
計		12,609

←
◎ワンヤイ
△トンチャン
△カンニュー
○サイヨーク
△ヒントク
△キンサイヨーク

第六分所長　陸軍少佐　蛭子　由太郎		
分遣所名	粁数	人員
ヒンダート分所本部	188	3,778
クイキエ第一分遣所	174	1,551
プランカシ第二分遣所	190	804
バンガン第三分遣所	198	936
計		7,069

←
○リンテン
△クイキエ
○ウォンヒン
◎ヒンダート
△プランカシ
△バンガン

第二分所長　陸軍中佐　　柳田　正一		
分遣所名	粁数	人員
ターカヌン分所本部	200	1,580
第一分遣所	202	2,109
第二分遣所	211	5,108
計		8,797
備考：他部隊ニ配属ノ俘虜ハ第二分遣所ニ含ム		

←

◎ターカヌン
△
○ターマキアウ
△
○
○ポンピ

‖

第三分所長　陸軍中佐　　永友　吉忠		
分遣所名	粁数	人員
アンカナン分遣所	108	3,302
バヤトンズ分遣所	105	6,066
計		9,368
備考：他部隊ニ配属ノ俘虜ハ第二分遣所ニ含ム		

←

○ロンカホン
○ニーケ
○クイシアト　**タイ側**
ー－ー－○ー－ー－ー－ー－
○アンサガン　**ビルマ側**
△アンカナン
△バヤトンズ
○ヤクトウ

‖

第五分所長　陸軍大尉　　水谷　藤太郎		
分遣所名	粁数	人員
第一分遣所	100	1,916
備考：患者ノ支部ハ俘虜病院「レポー」？「タンビザヤ」ニ収容シアリ		

←

○フアドウ
◎アパロン
○サリー
○タンズン
○ワンパヤ
○アナガウン
○タンニン
○✚レポー
○コンノコイ
○トラナ
○ラバオ
○デットコウ
○ウエガレー
◎✚タンビザヤ
‖
至　モールメン

備考：他ニ西貢本所第一分遣所ニ 1,093 名収容シアリ
★本所，◎分所，△分遣所，✚俘虜病院，------- 分所境界，ー－ー－ 国境，‖ 鉄道線
【図中では省略】
出所：俘虜関係中央調査委員会，附図第 1 をもとに作成

第14表　シンガポールに帰還した連合国捕虜 "F" 部隊と "H" 部隊の国籍

（単位：人）

年月日　部隊	イギリス	オーストラリア	アメリカ	オランダ	計
1944年4月 "F"	1,305	2,636	－	－	3,941
1944年4月 "H"	1,298	529	23	549	2,399
合　計	2,603	3,165	23	549	6,340

出所：SEATIC, p. 23 より。

いわば〃助っ人〃として泰緬鉄道建設工事に送りだされていたのである。

さきに掲げた第6表に示されているように、〃F〃部隊と〃H〃部隊は合計一万名がタイに送りこまれたから、わずか一年間で三六六〇名が死亡して、その死亡率は約三七%、およそ三人に一人は泰緬鉄道の建設で死亡していたことになる。とくに、最奥地のキャンプ地ニーケとソンクライに送られた〃F〃部隊、つまり第11表の馬来《マライ》俘虜収容所板野分所の七〇〇〇名のうち三〇五九名が死亡、率にして四三・七%が不帰の人となっていた。のちに掲げる日本側の第21表に示された統計によれば、馬来《マライ》俘虜収容所第四分所と第五分所の合計死亡者は三四八六名である。いっぽう、〃F〃部隊と〃H〃部隊の合計一万名から、第14表に示された両部隊の帰還者数を引いた未帰還者数は三六六〇名となり、日本側の統計との差は一七四名になる。

他方、連合軍側の統計では、泰緬鉄道建設による死亡者数は、八四六九名に〃F〃部隊と〃H〃部隊の死亡者数三九三〇名を加えた、合計一万二三三九名をあげている[SEATIC, p. 24]。泰緬鉄道建設に送りこまれた連合国捕虜総数六万一八〇六名に対する死亡者数一万二三三九名は、ほぼ二〇%の死亡率になり、五人に一人はなんらかの原因で死んだことになる。

日本側の統計（後掲第19表）に残る最終的な捕虜総数は、一九四四年七月の四万九六〇名である。この数から、日本と仏印に送られた連合国捕虜一万七七〇名を引くと三万一九〇名となり、後掲第15表の三万七八九名という数字よりは少ないが、ほぼ該当する。日本側の統計による数字が増えている理由は不明であるが、泰緬鉄道以外に、秘密工作のために潜入して逮捕された諜報工作員、撃墜された飛行機のパイロットなどが、その後に捕虜として加えられていたからかもしれない。

終戦後、一九四五年八月一五日より一一月三〇日までに本国に復員できた、泰緬鉄道建設に従事していた連合国捕虜の数は第15表のとおりである。

第15表　連合国捕虜の復員者数
（1945年8月15日～11月30日）

国　籍	人口数
イギリス	13,328
オーストラリア	4,584
インド	754
ニュージーランド	18
アメリカ	294
オランダ	11,672
ヨーロッパ系人	7
アジア系人	132
合　計	30,789

出所：SEATIC, p. 25より。

第16表　タイから日本と仏領インドシナに送られた連合国捕虜

日本へ　年月日	イギリス	オーストラリア	アメリカ	オランダ	計
1944年6月4日	1,000	200	－	1,000	2,200
1944年7月4日	300	913	－	450	1,663
1944年7月4日	750	－	－	1,050	1,800
1944年9月4日	1,550	716	－	－	2,266
1944年12月23日		407	32	86	525
小　計	3,600	2,236	32	2,586	8,454
サイゴンへ　年月日					
1944年12月29日	286	－	－	－	286
1945年2月2日	1,592	200	－	238	2,030
小　計	2,878	200	－	238	2,316
合　計	5,478	2,436	32	2,824	10,770

出所：SEATIC, p. 24より。

日本へふたたび送られていく捕虜

ところで、一九四三年一〇月二五日の泰緬鉄道完成後、残っていた連合国捕虜のうち一万七七〇人は、ふたたび労役のためにタイから日本と仏印へ送られていた（第16表参照）。

シンガポールのチャンギーからまっすぐ日本に送られた〝C〟部隊、〝G〟部隊、〝J〟部隊の合計四一〇〇名と（前掲第6表参照）、第16表によるタイから日本へ送りだされた連合国捕虜八四五四名の合計数は一万二五五四名になる。タイから日本に送られた捕虜は、いったんシンガポールに戻り、シンガポールから日本の輸送船に乗せられて運ばれていたようである。たとえば、一九四四年九月上旬にシンガポールを出港した日本の輸送船「楽洋丸」は、一三〇〇名のイギリス人およびオーストラリア人の捕虜を輸送していたが、その航行中にアメリカの潜水艦に撃沈された。日本人生存者は日本の輸送船によって注意深く救出されたが、連合国捕虜は見捨てられ、そのうちの一五〇名がアメリカの潜水艦に救出された、という事件はすでに述べた。このような事件による死亡者を考慮に入れると、日本に到着した連合国捕虜は、一万二五五四名という数字から相当減少していたはずである。

8　捕虜の行軍と労働

泰緬鉄道の建設工事に従事し、帰還できた連合国の元捕虜たちは、当時の日記を発表したり、一年あまりの体験を書きつづって、つぎつぎと出版してきた。あらたな出版は半世紀たった今もまだつづいている。そのいくつかはすでに日本語に翻訳されて、われわれも手近に読むことができる。

読む人を驚かせるのは、密林のなかの苛酷な労働、気候風土を無視した非人間的な扱い、流行する恐るべき病気、日本軍の非人道的な拷問と虐待など、まさに阿鼻叫喚の地獄を描いたようなその内容である。本書ではそれらの体験記や回想録からごく一部を摘録して、捕虜やアジア人労働者の怨嗟の的となっている、泰緬鉄道建設の影の部分を理解しておくことにする。詳しくは、巻末の文献目録を手がかりに個々の書を参照されたい。

シンガポールからの誘いだし

シンガポールの各地に設けられた捕虜収容所から、連合国捕虜がタイのバーンポーンに送りだされるとき、日本軍は実に奇妙な口実をつくって彼らを導きだしていた。たとえば、一九四三年四月一八日に送りだした、イギリス人将兵三三三四名とオーストラリア人将兵三六六六名の〝F〟部隊に対して、南方軍総司令部はつぎのような移動の理由をあげている［Bradley, p. 50］。

一、シンガポールの食糧事情が悪化している、ほかの地方のほうがはるかに良い。
二、労働部隊ではない。
三、チャンギーには健康な兵士が七〇〇〇人もいない。三〇％は健康を害している。病人は、十分な食糧と健康的な高原地にあるレクリエイション施設によって、健康を回復する機会が得られる。
四、鉄道から近くのキャンプ地まで歩く以外は、行軍はない。病人は荷物とともに輸送するよう準備されている。
五、部隊は維持される。
六、道具、料理用品、エンジン、電灯用の器材は持参する。
七、蓄音機、毛布、衣類、蚊帳は新しいキャンプ地で支給される。
八、各キャンプ地では、三週間内に立派な売店が設けられる。最初の三週間分は、シンガポールであらかじめ購入しておくこと。
九、部隊には三五〇名の医療班が含まれ、四〇〇名分の患者を治療し、三か月間維持できる医薬品を備蓄した設備が用意されている。

日本軍は、最初にタイに送りこまれた捕虜の場合も、それ以降も、つねにほぼ同じ理由をあげてシンガポールから捕虜を送りだしていた。

レオ・ローリングスの場合は、シンガポールが日本軍に占領されたとき、チャンギー俘虜収容所に収容された。収容所内は赤痢、脚気、皮膚病、栄養失調が一般的な流行病になっていて、彼自身も赤痢にかかっていた［ローリングス、八二頁］。一九四二年五月、日本軍は印刷した用紙を配布し、捕虜全員に対して署名するよう要求した。

要するに、逃亡したければ死刑を覚悟のうえでやれ、という主旨だったと彼は解している。そして、その二、三週間後、日本軍将校が連合軍将校に布告していわく、「新しい立派な収容所がタイ国に建設された。これは捕虜の患者用のものである」、「全捕虜がこの収容所に入所できる」、「幸運なる志願者は五日後に出発の予定」〔ローリングス、八四～八五頁〕という内容だった。

ローリングスが「志願」すると、鋼鉄製の貨車に三〇名ないし五〇名が詰めこまれてシンガポールを出発した。赤道直下の熱帯の太陽に照らされ、貨車は焦げつくオーブンとなった。貨車の旅は五日間もつづき、「タイ国にある新しく立派な捕虜の休息用キャンプについての推測、憶測に議論の花が咲いた。立派というのはどのように立派なのか、場所はどこか、なぜそのような収容所が開設されたのか、これはわれわれの想像外の話であった。というのも戦闘はすでにこの地区ではマラヤを含めて終わっているのではないか。しかしともかく、その収容所はどこかかなり大きな町の郊外にあって国際赤十字に運営されているか、いや、すくなくともその監督下にはなっているだろう」〔ローリングス、九〇頁〕と、列車に乗りこんだ捕虜たちが、いかに期待に胸をふくらませていたかを述べている。ところが、到着したタイで労働につくことがわかると、病人であったローリングスは、シンガポールで病人の捕虜を働かせているのがわかれば連合国も黙っていないから、日本軍は悶着が起こるのを避けてわざわざ奥地へ連れだしたのだ、と思っていた。そして、重労働をさせて病人から殺していこうという、日本軍の企みだったと解釈している。

ローリングスは一九四二年五月末か六月ごろにシンガポールを出発しているので、前掲の第4表（一一四ページ）のなかの、同年六月一八日から二六日に送りだされた、第一陣三〇〇〇名のうちの一人であったと考えられる。

ローリングスの場合、夜通し行軍させられて、到着した翌日は、粗末な収容所の敷地を切り開くのに費やしてい

米輸送に使われていた貨物列車で，５日５晩かかってシンガポールからタイのバーンポーンに送りこまれる捕虜。

る。作業隊は毎日出発し、一日一二時間から一六時間、礫石を割り、樹木を伐採し、線路の路盤作りに使役された。

捕虜の収容所での生活は、「一日二食、悪臭のつきまとう古米のそのまた三分の一の飯、ご存じの野菜のシチュウー。水もお茶もなかった。〝リトル・ヒットラー〟とあだ名を奉った一人の日本軍将校は、食事の分配のときよく現れ、重病の友人にわずかの心遣いをしてやろうとするコックや食事当番の捕虜をよく殴打したものである。捕虜たちは食べ物を求めて必死になり、食事時間には多くの者が日本軍の小屋の回りをうろつき回り、残飯を貰えるように願った。日本兵は長い間かれらを待たせておき、わずかな食事の残り物を入れた皿を地面に置き捕虜に輪をつくらせてその回りに立たせ、『GO』の命令を出し、捕虜にそれを取らせるために文字通り格闘させた」〔ローリングス、一一四頁〕。ローリングスが描写する収容所生活は、日本軍による食糧の出し惜しみ、弱い者いじめ、そして捕虜を侮蔑する行為を伝えている。

ローリングスは一九四四年九月、さらに奥地の、鉄道から離れた収容所にいた。そこではアジア人労務者のインド人、マラヤ人、中国人と出会っている。赤痢で死にかけている彼らを助けたり、食事を与えたりしたら、殺害すると日本軍監視兵に脅されたとも述べている。彼はその後まもなく、ようやくシンガポールに帰還しているから、二年間もこのような環境で生きてきたことになる。「泰緬鉄道時代」に体験したことを、シンガポールに残留していたイギリス軍将校たちに語っても、最初はなかなか信じてもらえなかったという。

アーネスト・ゴードン陸軍大尉は、イギリス軍第九三ハイランダーズ部隊中隊長であった。マレー半島を敗走して、マレー半島とシンガポールをつなぐコーズウェイを、一九四二年一月三一日、夜陰につつまれて三万名とともに渡ったが、その後にコーズウェイは爆破された〔ゴードン、一四頁〕。彼は小舟を徴発してマラッカ海峡を横切り、スマトラに逃れた。そこからスリランカへ向けて地元の小舟に乗って船出したが、日本の軍艦に拿捕され、シンガポールに連れもどされ、チャンギー俘虜収容所に収容された。

そしてゴードンは、ある日、英語のできる日本軍将校から言われたことを、つぎのように記している。「[彼は]私たち戦争俘虜のために用意されている収容所がいかにすばらしい場所であるか、その美点をたたえた。彼の文句は、どこかの保養所の宣伝文のようであった。そこには、快適な休憩所と最高の食事が待っている、と彼は言う。レクリエイションのための施設がすばらしい、近代的設備の病院もあり健康管理は最高級のもので、たとえ不幸にして病気にかかる者が出たとしても安心であるそうであった」〔ゴードン、八八頁〕。彼は、日本軍の将校の約束などあてにならないということをそれまでの経験から知っていたが、しかしそれでも、いささかでも楽ができるかもしれないという希望を抱いていた。そして、果物や野菜はシンガポールよりもはるかに豊富であるに違いない、と期待してもいた。

ゴードンらを積んだ車輛は、「狭い息苦しい鋼鉄製の箱貨車だった。うしろから扉が閉められ鉄の閂が差され、私たちは完全に閉じ込められた。ほとんどの者は立ったままであった。坐る余地がない。ましてや横になることなどとうていできなかった」［ゴードン、八九頁］。貨車は炎天下のマレー半島を北上して、五日目にバーンポーンに到着した。彼は、シンガポールのチャンギー俘虜収容所もひどかったが、バーンポーンはそれ以上に劣悪であったと述べ、その理由として、ここでは重労働が強制され、それにもかかわらず食糧はわずかで、食糧としてだされるコメの質がさらに低下していた点をあげている。シンガポールで聞かされた話が、はやくもバーンポーンで裏切られていた。

チャンギーではマラリアにかかり、バーンポーンではアメーバ赤痢にかかったゴードンは、喉の渇きに耐えながら徒歩で行進させられた。「夕暮れになると、トラックに乗ってついてきた監視兵が隊列を離れた落伍者を拾いに出かける。監視兵は落伍者を見つけると怒号を発した。しかし私たちの耳にはどなり声がまったく聞こえなかった。私たちはひどい打擲を受けた。しかしなぐられても張られても何も感じなかった」［ゴードン、九七頁］。行軍のあとの野営地は裸の土の上で、夕食として出されたのは茶碗一杯の水と、冷えきったライスを丸めたものひとつだけだったという。病人に対しても、激しい労働に対しても、なんの配慮もなかったのであった。

イギリス陸軍中尉ゲオフリー・ファラオ・アダムスは、家業が肉屋だったから補給廠に配属されていた。一九四二年二月、彼は日本軍のシンガポール侵攻に先立つわずか五〇時間早く、シンガポール港に到着した。上陸するや捕虜になった彼は、その直後に起こる事態を予測できなかった点について、「われわれの師団は日本の戦争を軽視していたのではないかと思う」［アダムス、まえがき］とイギリス軍の戦略を批判している。彼の師団は一九四二年九月、「昭南神社」建立の作業がようやく終わるころ、鋼鉄製の貨車に乗せられた。一輛に三〇人ずつ詰めこまれた。「内部は狭くて、三〇人全員が横たわる余地はなく、一部の者が交代で坐る外は、立ったまま運ばれることになった。引き扉は開け放つことが許されていて、逃亡する惧れがないとわかってからは、進行中は解放したままであった」[アダムス、五四頁]。バーンポーン駅について下車すると、駅のプラットフォームに整列をして点呼を受けた、とも記している。日本軍による点呼は逃亡者の有無を調べるためだったが、このときタイ側の官憲もひそかに人数を調べ、中央の内務省や国軍最高司令部に報告していたのである。

武士道とは「騙し打ち」

行けばただちにわかるような見え透いた嘘を、日本軍はなぜ捕虜たちに告げたのであろうか。日本軍は、まず泰緬鉄道の建設を軍事機密にしていたから、シンガポールの捕虜に対して建設作業をカモフラージュする必要があった。なぜなら、捕虜を使役することに関して、参謀らは捕虜に関するジュネーブ条約の規定があることを知っていたからである。日本軍は連合軍捕虜を納得させて連れだす口実を与えなければならなかった。当時の従軍牧師ダックスワースは、日本軍をつぎのように非難する[Bradley, pp. 85–86]。

日本軍は、われわれに保養地に行くのだといった。われわれはもちろん喜んだ。ピアノを弾いたり、レコードを聴いたりできるといった。レコードは支給するといった。われわれは狂喜して従った。シンガポールでは減る食糧と増える死者の数が神経をすり減らしてきたが、痩せ衰えた体が回復しはじめ、有刺鉄線のなかの単調な生活から解放されるような話だった。彼らは言った。「病気を追いだし、良くなるぞ」。われわれは信じて従った。ところが、日本軍のいうパラダイスへの旅行の始まりは、そんな気配ではなかった。たしかに彼らは、われわれの身体から、身のまわりの一切合切を鋼鉄の貨車で運んだ。一輛に三五人を詰めこみ、容赦のない大地を焦がすマラヤの太陽のもとで、五日五晩かかって「自由の国」タイへ運んだ。わずかの飯と、シチューという名前だけの汁が支給された。われわれはそれでも期待した。ところが、タイのバーンポーンに到着するや言ったものだ。「全員行進だ。マーチ！　マーチ！」。われわれは、「なんだと、休暇で来たんではないのか」。すると日本兵は、日本軍の捕虜になった者だけが理解できる、悪意に満ちた嘲りと軽蔑のこもった笑みを浮かべた。われわれは、これが日本の武士道のもうひとつの真髄「騙し打ち」なのだと悟った。

マラヤとシンガポールで捕虜となったイギリス軍やオーストラリア軍将兵のなかには、マラヤの農園経営者や医師も含まれていた。日本軍に敗北するまで、レコードを聴いたり、ピアノを弾いたり、音楽を楽しんできた者もいた。また犬を飼育したり、カメラを持って写真を楽しむ、幅広い豊かな趣味の世界をもっていた。彼らを捕虜にした日本軍からみれば、優雅で豪華で贅沢な軍隊生活と映ったに違いない。羨望と嫉妬の感情から、日本軍はこうした甘言で誘いだしたのか、と著者は解釈してみたが、ロシア・東欧の研究者から、ナチスドイツがユダヤ人を強制収容所に連行するときも同じような甘言で誘いだしていた、というコメントを受けている。数百人をわずかの人数で拉致・連行する場合、この方法がもっとも有効な手段なのであろう。

イギリス軍のフィリップ・トゥーゼイ大佐は、ピエール・ブールの小説を原作にした、デビット・リーン監督の映画『戦場にかける橋』の主人公ニコルスン大佐のモデルである。トゥーゼイ大佐は、一九四二年一〇月二六日にカーンチャナブリーに到着した。俘虜収容所において、「トゥーゼイ大佐は、ことあるごとに捕虜の使役に抗議した。しかし、『日本は戦争に勝ちつつあるのであり、われわれは好きなようにできるのである』という返事で、［日本軍は］捕虜に関する国際条約など意に介していなかった。トゥーゼイ大佐はもはやどうしようもないと悟り、目前の作業に従事するかどうかというのが決定的な問題ではなく、いかに犠牲者を少なくするかが決定的な問題である、と考えていた」[Davies, p. 99]。

ジュネーブで結ばれた「捕虜ノ待遇ニ関スル条約」のなかに、「第四条　俘虜捕獲国ハ、俘虜ヲ給養スルノ義務ヲ負フ」という条項と、「第九条　……不健康地ニ於テ、又ハ気候温和ナル土地ヨリ来レル者ニ対シ、有害ナル気候ノ地ニ於テ捕ヘラレタル俘虜ハ成ルベク速ニ、一層良好ナル気候ノ地ニ移サルベシ」という条項がある。日本軍は、シンガポールから捕虜を連行する際の口実に、この条項の文言そっくりの表現を用いていた。知って悪用したのであろうか。「騙し打ち」と非難する言葉の意味は重い。

「戦場にかける橋」の建設

「戦場にかける橋」の建設に従事したのは、チョンカイ（またはチュンカイ）の収容所にいた捕虜たちであった。映画『戦場にかける橋』で有名になったこの橋は、タイでは「メークローン橋」と呼ばれている。メークローン（クウェーヤイ）川とクウェーノーイ川の合流点にあるので、「クウェー」がなまって別名「クワイ川橋」と呼ばれたりする。捕虜の側からみれば、日本軍は架橋工事に投入すべき鋼鉄資材も大型建設機械ももっていなかった。そのため橋梁は、もっぱら捕虜の腕と手の作業によって構築されたと解釈している。全長約三〇〇メートル、水面上三階建ての橋は、相当に大きな規模の工事ではあった。しかし現在の標準からみれば、むろん原始的なものだった［ゴードン、一〇三頁］と、評価は低い。この最初の木造の橋は一九四二年一二月に完成し、そこを牽引車の第一号が通過した。

その後、ただちにコンクリート橋脚の鉄橋建設に着手された。この作業には、アダムスらのグループが従事していたが、一日に一〇時間から一一時間の連続作業で、まったく単調きわまりないものであったという［アダムス、

映画『戦場にかける橋』で有名になったメークローン川（クウェーヤイ川）の架橋工事。

メークローン川にかかった木橋を通過する貨物列車。

六五頁〕。一九四三年五月には二三八メートルの鉄橋も完成して、機関車が通過できるようになった。橋は終戦まで、木橋と鉄橋の二本が架けられていた。連合軍のインドから飛来する空襲が激しくなった戦争末期には、破壊された既設の橋の予備として木橋をもう一本架ける案が検討され、タイ側に提示されていた。泰緬鉄道のなかでも、メークローンに架ける橋がいかに重視されていたかがわかる。

「オペレイション・スピードー」

ボイルの所属する〝F〟部隊は、捕虜たちがいう「オペレイション・スピードー」のために投入された部隊であった。部隊がバーンポーンで整列して点呼を受けているとき、「朝鮮人監視兵のトヤマ・コンスケは突然、ゴルフのスティックのような棒でアンダーソン大尉になぐりかかり、同様にトウィーディー中尉にもなぐりつけた。トウィーディー中尉はながいあいだ背骨を痛めていた」〔Boyle, p. 61〕という。捕虜たちはまず、監視兵の暴行にみまわれていたのである。〝F〟部隊は翌日四月二八日にバーンポーンを出発して、連日のスコールのなか、漆黒の夜中にジャングルのなかを徒歩行進していた。ぬかるみは膝まで達し、転べば泥のなかに頭を突っこんだ。衣類はすべてびしょ濡れになり、靴を失う者もいた。鉄道はすでにバーンポーンから一二三キロのターサオ（現在のナムトク）まで完成していたが、どうして鉄道を利用しなかったのか、ボイルはいぶかしさを感じていた。

また〝F〟部隊とは、馬来《マライ》俘虜収容所第四分所（板野博暉中佐）のオーストラリア兵三六六六名とイギリス兵三三三四名の、最後にシンガポールをたった捕虜の作業部隊であった。彼らはバーンポーンから三〇〇キロを踏破して、ビルマ国境にもっとも近い、奥地のキャンプに送られていった。鉄道を使用しなかったのは列車が逼迫していて都合がつかなかったからだろう、と広池は推察している。ともあれ、この行軍が病人を生み、〝F〟部隊の悲劇につながっていった。
一九四三年二月の工期短縮命令ののち、ゴードンは日本兵の怒号をつぎのように記している［ゴードン、一〇一～〇二頁］。

翌年一九四三年の春が近づくころになると、日本兵の焦燥感は眼に見えて増大してきた。本部の命令通りに鉄道が完成しそうにもないと予感し彼らは神経質になっていた。当然、自分たちの不安感を発散させるためのはけ口をさらに私たちに向けるようになった。それは日を追って非情になっていった。監視兵がどこかで英語の「スピード」という言葉を憶えてきて、たえず「スピードー！　スピードー！」と叫びながら、あのいまわしい竹の笞を手に私たちを頭の上から監視した。「スピードー！」という声はそのうちに私たちの耳の底にこびりつき、睡眠の最中にも聞こえてくるようになった。私たちはこの工事に「オペレイション・スピードー」というあだ名をつけた。

現場の事情がどうであれ、大本営からの命令は絶対であった。残された工期は半年しかない。焦る日本軍は「スピードー」という言葉で捕虜を作業にかりたてていた。戦後にＢＣ級戦犯に問われた司令官や隊長は、このような命令を出した大本営の責任者こそ、鉄道建設で多くの犠牲者を出した罪に問われるべきだと発言している。
他方、連合国捕虜にとって、大本営の命令よりも現場の日本軍将兵がすべてであった。連合国捕虜に向かって行なった日本軍の現場責任者の発言は、捕虜にとっては激しい屈辱を感じる内容であり、捕虜たちは五〇年たった今日まで覚えていて語り伝えている。そして戦後に真っ先に罪に問われたのは、捕虜を相手に演説していた彼ら将校であった。

アメリカ人捕虜たちは、泰緬鉄道の最深部のビルマ側建設キャンプで、泰俘虜《タイ》収容所第五分所長水谷藤太郎大尉の「泰緬鉄道は病人を餓死させても建設する」という発言に接し、日本軍の「働かざる者は食うべからず」という方針を忠実に守っていることを知った。つまり、食糧は働かない病人に与えても無駄であり、健康な捕虜に食糧を与えたほうが、もっと働くからという理由である。人を馬鹿にしたあざけりをこめて、水谷が「線路によろめいて行く病人は、そのまま枕木になったほうが、のたれ死によりも役に立つ」とまで発言していたのを、アメリカ人捕虜たちはいまも覚えている。なかでも、第三分所長であった長友吉忠中佐の「われわれは、白人の身体の上に鉄道を敷かねばならないのなら、そうしよう。つぎつぎと敗北して、わが軍の手中に陥る国があるのは欣快至極である。おまえらはそこらの石ころにすぎないのだ。おまえらの支配者がそうなのだから。わしがそう思うのは間違っておらん。もしおまえたちがわしをやっつけたいと思うなら、おまえらは二度と祖国をみることはなかろう。さあ、わしの命令どおり機嫌よく働け」という有名な演説を、通訳を介して白人捕虜にしていた[La Forte & Marcello, eds., p. 117]。白人に対する敵意をむきだしにしながら、病人を邪魔者扱いにして、捕虜の労働力だけが必要であるという発言は、おそらくは当時の日本軍将校の一般的な考えではなかったか。

アメリカ人捕虜のなかで、中国系のエドワード・ファンは、ちょうど「オペレイション・スピードー」のはじまったころに、長友中佐の第三分所にいた。長友は自分の任務を完遂するのに一年の期間しかなく、それまでに済みそうにないのも知っていた、もし完成させられなければ、自分でハラキリするか斬首されるかどちらかになる、その後二か月の延期になったが、鉄道を一四か月で完成させねばならなかったので、日本兵と朝鮮人監視兵らは、仕事のスピードアップにつながらないと意味もなく殴りはじめ、恐怖の権勢がはじまったのだと思う、と語っている。だから、「スピードー時代」がはじまったのはそのせいであると理解している。そして、作業量はたしか一日に二・五メートルも多く進捗するようになっていた、ともいう[La Forte & Marcello, eds., p. 128]。ファンは戦後に生還して、日本軍の現場責任者のおかれた立場を理解しているが、軍の命令が遂行できなかった場合の、日本軍人の身の処し方、処分の恐ろしさは、あたかも時代劇映画に出てくるような誇張をそのまま本気にしているところがある。いずれにせよ、上から下まで日本軍は理不尽なほど残虐であったという思いである。

アメリカ兵捕虜約六六八名が泰緬鉄道建設に送りこまれるようになったのは、オランダ軍を支援し、日本の輸送船を攻撃するために急派されたアメリカの重巡洋艦ヒューストンが、一九四二年三月一日、ジャワとスマトラの間のスンダ海峡で日本軍に撃沈されたからであった［La Forte & Marcello, eds., p. x］。「ヒューストン」の乗組員のうちの生存者たちはジャワの俘虜収容所に収容され、そのうち別れ別れになりながら、オランダ兵捕虜と一緒にシンガポール経由でビルマに送られ、ビルマのタンビュザヤから泰緬鉄道の建設キャンプに送られていた。

捕虜収容所の生活

ゴードンらの部隊は野営地で一夜を過ごした翌朝、監視兵にたたき起こされ、徒歩でカーンチャナブリーを通過し、四艘の艀《はしけ》に二五〇人全員が乗せられ、チョンカイに連れられていった。そこには、「ニッパ椰子の葉で蔽われた小屋がひとつ建っていた。雑な建て方だった。あれは監視所だと私は考えた。その向こうには、右も左も真正面も、ジャングルがせまっていた――迫力のある、重々しい、暗黒と濃緑色の険悪な、私たちを包みこむ原生林の厚い壁が立ちはだかっていた」［ゴードン、九八頁］。密林は捕虜の脱走を防ぐ天然の擁壁であった。鬱蒼とした密林のなかに踏み迷うと出られなくなり、虎に食われることもあった。

現在は連合軍将兵のチョンカイ墓地として整備されている元チョンカイ俘虜収容所について、ゴードンはつぎのように説明している。「メークローン鉄橋の奥にあり、ここから西北へビルマ国境の三仏塔峠に至る約二五〇キロの間の、二六の小さな収容所の本部であった。最初は旅程宿営地であり、資材集積地でもあり、新しい俘虜部隊の集合地でもあり、悪臭たちこめる病人収容所であった。故障者はここに戻ってくる。それは死ぬためである」［ゴードン、一〇五頁］。しかし、それでもここは、まだまだましなほうであった。

他方、メークローン鉄橋の建設工事を終えたアダムスらのグループは、できあがったばかりの線路に沿って、さらに奥地に送りこまれていった。その道中、いくつかのキャンプを通過した。ワンラン、ワンイエン、バーンカオ、ターキレン、アルヒル、ワンポーには、すでに捕虜のキャンプがあった。これらのキャンプで出会った捕虜たちについて、アダムスはつぎのように述べている。「ターマカームやその下流に居た人々よりもはるかに衰弱していて、病人の数も多いのに気がついた。どこのキャンプも竹の柱とアタップ葺きの屋根の貧弱な建物の集まりでむさくるしく汚れていた。これらに比べると、ターマカームのキャンプはまったく天国のようなものである。アルヒルの桟道橋の枕木を歩き、雨季の後のひどいぬかるみに足を取られながら、ターサオ［現在のナムトク終着駅］にたどり着き、ここに泊まることになった。起点のノーンプラードゥクからちょうど一三〇キロ、ターマカームから七〇キロほどしか来ていないのに、あたりはもう完全なジャングルであった。［中略］ターサオのキャンプでも監視兵が威張っていて嫌われていたが、［さらに奥の］トンチャン、タンピー、カンニュ、ヒントクなどのキャンプは地獄の入口ではないかと思うほどの悲惨な掘立小屋同然の宿舎だった」［アダムス、七四頁］。キャンプは密林の奥へ行くほど悽惨の度を増していった。

アダムスらの一行はノーンプラードゥクから一七〇キロ地点のキンサイヨークにたどりつくが、泊まる宿舎は倒れかかり、一部は水浸しになっていた。「キンサイヨークのキャンプは川岸と岡の間の平地が盆地状になっているので、雨季の暖雨がそのまま川の流れに流れ込まず、溜ってしまって、辺り一面が湿地帯になっていた。ここでは赤痢が著名であったが、特効薬はなかった。蚊によるマラリアも悪性のものは死ぬこともあった。一時的に熱を下げる効果のあるキニーネはじゅうぶん間に合うほどあったが、完全に治癒させるわけではなかった。捕虜の多くはこの二つの病気に苦しめられていた」［アダムス、七七頁］。「オペレーション・スピードー」は、こうした厳しい自然条件、貧弱な居住環境のもとではじまっていた。

国境のキャンプ

ビルマ国境から二〇キロほどタイ側に入ったニーケの俘虜収容所については、アダムスがつぎのように表現している。「状況は実に悲惨であった。ここの状況はタイ俘虜収容所本部にも正確に伝わっていなかったらしいが、食事と給与の貧弱さに加えて、捕虜のために用意されていた医薬品も支給されず、その結果、多くの捕虜たちは肉体的衰弱と疲労の限界を越えていたため、六か月の間に七〇〇〇人のうち、三〇〇〇人以上が死んでいった」［アダムス、一一三頁］。ニーケのキャンプ地は一九四三年四月から五月にかけて、シンガポールからの〝F〟部隊および〝H〟部隊として、九人の軍医と六〇人の看護兵を含んだ約一万人が、まずバーンポーンに送りこまれ、約三〇〇キロも徒歩行軍で集結させられていたところであった。ニーケは、雨季の最盛期にビルマからのコレラが伝染してきた地域として有名になったが、鉄道隊にとっては、タイ側からの「鉄九」とビルマ側からの「鉄五」の、両連隊の分担境界であった。

また、ブラッドレーらの一行も、日本側では板野博暉中佐のひきいる馬来《マライ》俘虜収容所の第四分所、捕虜の側では〝F〟部隊と呼んだ部隊に帰属する、イギリス人捕虜の一行であった。〝F〟部隊は「オペレイション・スピードー」のために投入され、泰緬鉄道の最深部の建設工事を担当する部隊であった。コンコイターを通過して、さらに奥のビルマ国境にもっとも近いソンクライのキャンプ地に向かった。ブラッドレーによれば、ソンクライの状況はつぎのようであった［Bradley, pp. 71-72］。

ソンクライの収容所は深い密林を少し切り開いたところにあり、竹で組み立てた数軒の小屋があった。いくつかは棕櫚の葉で編んだ屋根があったが、ほかは屋根なしだった。小屋のなかは真ん中が通路になっていて、両側に割竹の床が土間より七〇センチ高く二メートルの奥行きがあった。もし運が良ければ、一人当たり六〇センチが使用できた。われわれはそこで寝て暮らすことになった。キャンプ地は泥の海だった。雨が五か月間も降りつづいた。靴や土足で床に上がらぬように規則を決めても、清潔に保つことは無理だった。労務者たちが残していったノミ、シラミとの同居であった。衛生設備はもう名状しがたい状況だった。便所の頻用と雨で溢れかえっていた。小屋から便所までは、下痢患者が待てなくてもらした汚物がそのままになっていて、不潔きわまりなかった。

さらに、ボイルはブラッドレーと同じ〝F〟部隊に所属していたが、オーストラリア人捕虜であった。一九四三年五月二〇日に下ソンクライに到着していた。そこでは、「屋根のない小屋で休むことになった。竹の床はほとんど壊れていた。テントが与えられたが、二〇人が雨をしのぐには不十分だ。ここにトヤマがいるのには驚いた。午後から雨が降りだし、夜中じゅう雨。あたり一面泥の海となった。すべてがびしょ濡れになってしまった。これからさきが正念場だ。このキャンプでコレラが発生した。煮沸した水しか飲めない。小川は溢れて洗濯できない。翌二一日から建設作業に出る。夜九時半まで作業がつづき、また降雨。コレラは深刻。二三日には九人が感染。雨中の作業は寒くて惨めだ。状況は厳しい。みなは緊張のなかで奮起しているようだ」［Boyle, p. 75］。

右のボイルの文章は、当時にこっそりと速記でメモをとりつづけ、戦後にメモから回想して肉づけをしている。

「トヤマ」とは監視兵の名前だが、捕虜をいじめるので、捕虜からは毛嫌いされていた人物である。また、ボイルたちが滞在する小屋二棟には屋根がなかったという。小屋はひどい角度で曲がっていたので、最初の夜には床は壊れてしまった。しかもキャンプの後ろの険しい崖から流れ落ちる水で、小屋のなかの竹の床下を流れている溝はすぐに小川となった。激しく降る雨で、小屋のなかの通路は沼地に変わってしまったと、雨季の豪雨やコレラの流行などを語っている。

労働と食糧

朝日が昇るとともにキャンプを出ていき、夜遅くにようやく戻ってくるという、毎日の激しい肉体労働にもかかわらず、配給される食糧は乏しく、栄養に欠けるものであった。肉体的に衰弱した捕虜たちは流行する伝染病に脅え、不幸にして病気にかかった者は死を予感しはじめていた。

毎日の労働には、将校も兵士も区別なくかりだされていた。

「戦場にかける橋」の建設作業に従事するようになったトゥーゼイ大佐は、「われわれが到着した翌日から、大きな角材を運ぶ作業をはじめた。これは私にとってはじめての重労働だった。日本兵のやつらはわれわれを日暮れるまでかりだしたので、くたくたに疲れはて、[身体が] 痛くて夕食も喉を通らず、寝床へ這いずっていって眠りこけた。翌朝は土をモッコで運ぶ仕事であった。これも重労働で、途方もなく単調な仕事であった。朝は八時半から夜七時半まで、昼食は一時間であった」[Davies, p. 102] という。

また、もっと激しい労働をゴードンは体験していた。「私たちの虜囚の期間のうちもっとも陰惨な日々が始まった。毎日毎日、空に朝日の筋が引かれる時刻——五時か六時——、私たちはチュンカイ [チョンカイ] 収容所から

枕木を運ぶオーストラリア兵捕虜。左端は日本軍の監視兵。

隊列を作って歩かされ、鉄道工事のためジャングルを切り開きに行く。帰路につくのは夜遅くになってからである。時には、夜が明けるころまで働かされて一日の予定を終えなければならなかった」［ゴードン、一〇二頁］。このような労働が一週七日間もつづくと、ゴードンたちは時間の意識をまったく失ってしまったという。それに知りたいとも思わなかった。暗い一日が終わるとすぐまた暗い一日がはじまる。凄惨な情景、絶望、死が捕虜たちの不安の伴侶であったと述懐している。

さらに、仕事が重労働でありながら支給される食糧はわずかで、質の悪いものであった。しかも、働く者にのみ配給され、働かない病人には与えられていなかった。ゴードンによれば、「一日三食ただライスのみ。そのライスの品質がまた最低であった。それは倉庫を掃いたごみといわれていた。だれもがそのごみを憎悪していた。だが、それももし豊富にあれば飢えずに済んでいたであろう。配給量は労働可能者の頭数にもとづいて班ごとにきめられていた。病人にはライスの支給がまったくない。俘虜名簿から病人をできるだけ早く削除し去ること、そして死なせる前にライ

レールの取付け作業をするオーストラリア兵捕虜。

スを彼らのために浪費しないこと、この二つは日本軍最高司令部の既定方針であるかに思えた」［ゴードン、一〇六頁］。このように、「働かざる者は食うべからず」という日本軍の非人道的な扱いを皮肉をこめて表現している。

そして現実は、「夜の点呼が終わるやいなや、俘虜たちは日本軍の炊事小屋へ突進する。日本兵の炊事当番は洗い桶を屋外に出して地面に置いたものだった。置くとそばに立って腕を組み、いかにも満足したという顔にうすら笑いを浮かべて、俘虜たちの姿を観察していた。俘虜は押し合い蹴り合い先を掻き分け争って、敵兵の食べ残したかすを口に突っこんでいた。それはいつも見られる情景であった」［ゴードン、一一四頁］。ゴードンは、日本兵が「アジアのどこの苦力《クーリー》よりも低劣なところに堕落させる」と公言しているのを聞き漏らしていない。そして、「私たち白人と西洋の文明がここまで堕ちたんだ！　何と優秀なもったいぶった偽物だったのか。華麗なまやかしものだったのか、西洋文明は！」［ゴードン、一一六頁］、と嘆く。日本軍は西洋人の自尊心を喪失させ、精神的に堕落させ、餓鬼道に貶《おとし》めて、優越感に浸ろうとしていた、というのがゴードンの抱いた印象である。

他方、連合軍側の調査報告は、食糧と衣料の配布について、雨季の河川の増水、遠距離であったため困難と危険があったことを認めながらも、日本軍の管理運営上の悪さ、まずさを指摘している[SEATIC, p. 40]。

ソンクライに到着した〝F〟部隊の場合は、最悪の条件であった。「到着するや、もう働きに送りだされた。六日六晩ぶっとおしの行軍で、へとへとに疲れていても、休息は与えられなかった。労働時間は一日一四時間、日中にキャンプを見ることはまずなかった。その間、昼食の休憩一時間が普通だった。労働は数か月休みなくつづいた。身体の調子などおかまいなしだった。労働者には三つの分類があった。①健常者、②キャンプでの軽労働に適する者、③すべての労働を免除する者、であった。しかし、鉄道隊は健康状態をまったく無視し、①と②の者は重労働にかりだされた。すべてを免除された者はキャンプでの雑役をさせられた」[Bradley, p. 72]という。

また、同じ〝F〟部隊の状況を、日本側のメモではつぎのように記述している。「行軍ハ夜行軍ノミデ、一夜ノ行程ハ二二粁位、行軍日数一八日。所ガ、準備サレテアツタ竹ノ小屋ニハ、屋根ガ無イ。連日ノ雨空ヲ見上ゲ、俘虜ハ雨ヲ呪ヒ乍ラ、天幕ヲ張ツタ。五月一六日、隣リノ労務者小屋ニ、コレラ発生、三日間ニ六名死亡。到着時ノ俘虜ノ健康状態ハ、就労可能六五％、病人ハ軽一五％、重二〇％デ、病名ハ八〇％ガ赤痢ダ。給与ハ米飯一杯ト玉葱ノスープ丈ダ。俘虜ハ収容所職員ノ顔ヲ見ルト、カウ呟イテ、ニヤリ、ト笑ツタモノダ……。スゴイ暑サダ……ト」[広池、三二八頁]。

この日本側の文章は、さきのブラッドレーやボイルのと同じ状況を語っている。つまり、〝F〟部隊が作業現場に到着した一か月後のことである。捕虜の文章と比較して、日本側のメモは、捕虜が感じている労働の苛酷さ、肉体の疲労、精神的な落ちこみなどには、ほとんどふれていない。メモする日本兵は労働していないのであろう、つぎの文章のように、実に淡々として状況を語っている。そのなかで、捕虜のほとんどが下痢をして、痩せこけて、

密林のなかを徒歩行軍で奥地のキャンプ地に向かう捕虜の部隊。

話題は食べ物のことばかりという、一か月後の変わりようを描写している［広池、三二九〜三〇頁］。

五月二五日、中隊カラ、コレラ第一号ガ出テ、二名死亡。一名重態トナル。作業ハ中止トナッタ。三〇日、出発以来、始メテ礼拝。米ノ配給ハ、中隊ニ対シ、タッタノ一袋ダ。俘虜ハ、大抵下痢ヲシテヰル。五月末、種痘ト第二回コレラ予防注射。俘虜ノ足ニハ肉ガ無クナツタシ、キニーネ連用ノ副作用モ現ハレテ来タ。身体ガ、ケイレンヲ起シ、耳ガ、ツンボニナルノダ。

六月四日、作業再開サレタガ、俘虜ノ就業率ハ三五％ト下落シタ。一日二回ノ食事ハ、マダ続イテヰル。俘虜ノ話題ハト言ヘバ、オンリー食物話ダ。

六月七日、今日カラ銀飯デ、シカモ、壱日三回トナル。

六月一一日、病人ハ四七％。

暴行と拷問

捕虜が恐れたのは苛酷な労働、伝染病ばかりではなかった。日本兵による暴行、体罰、拷問、虐待とも呼べる弱い者いじめの数々が、彼らを震えあがらせていた。

下ソンクライでの労働をボイルは、「サムライの奴隷」という言葉を用いてつぎのように表現している。「われわれは降りそそぐ雨のなか、半裸となり裸足で働いた。日本の鉄道兵や監視兵からのけっして止むことのない『コラッ！』という叱咤と竹の杖で、もはやツルハシを持ちあげる力のなくなった痩せ細った男の背は容赦なくぶん殴られ、奴隷となって働いた。われわれはあらゆる意味でサムライの奴隷であった。外界からまったく隔絶されて、故郷をふたたび見ようなどという考えはいささかももてなかった。自律心を失い精神に異常をきたす者が多く、われわれのキャンプでは最初の数週間で、少なくとも二人が自殺をはかろうとした」[Boyle, pp. 94-95]。

日本軍は精神的にも捕虜を追いつめていた。トゥーゼイ大佐は、「彼らの懲罰は直感的、肉体的拷問であった。顔を平手打ちし、鉄砲、シャベル、こん棒など手あたりしだいのもので殴った。日が暮れるまで何時間も気をつけの姿勢で立たせたり、ときには重たい物を頭上に持たせて立たせた。また、ときには地面を掘って、竹で作った檻にひとりだけ何週間も監禁したりした。われわれがどんな悪いことをしたのか、わからぬことがしばしばであった」[Davies, pp. 107-108] という。日本兵の行為には、理屈ぬきの感情的なものが多く、ときにはその意味さえ理解しかねていた。

こうした状況から、ボイルは監視兵に対する絞首刑が当然の報いであるとして、つぎのように述べている。「ティチ・レディングは、差しだした食べ物を入れた飯盒が汚すぎる、とトヤマに殴られた。トヤマは捕虜のみならず、監視兵のなかでも人気はなかった。朝鮮人監視兵たちは彼を恐れながら、軽蔑してもいた。トヤマが第一次の有罪戦犯となり、シンガポールのチャンギー刑務所で絞首刑になったのはもっともである」[Boyle, p. 126]。ただし、「トヤマ」とは日本名で「豊山《とよやま》」という、朝鮮人監視兵であった。最初に死刑の判決を受けているが、一九四七年一月には終身刑に減刑されている [MaCormack and Nelson, eds., p. 103]。

給料

メークローン鉄橋の架橋が完成し、鉄道の完成も真近になると、全体の雰囲気も変化しはじめた。ゴードンはそのころの雰囲気を、「日本兵は以前ほど神経質でなくなってきた。チュンカイ［チョンカイ］収容所でまだ生きながらえていた私たちは、短期間ながら残酷な強制がさほど激しくなくなる、たとえわずかでも小休止の時が得られた。それはクリスマスまでの期間であった。そのころになると収容所は奥地から送り帰されてくる俘虜たちの群でふたたび立錐の余地もなくなってきた。たとえ短期間であったにせよ休憩が得られたのはよかった。収容所内には新鮮な風が吹きこんできたようだった。眼に見えてお互いどうしが助け合う風潮、それに加え、置かれている境遇を少しでも改善しようという風潮が生まれて盛りあがってきた」［ゴードン、一六二頁］と述べている。

そして、この時期になって、日本軍はチョンカイ俘虜収容所の捕虜たちに給料の支払いをしていた。士官には階級に応じて支給され、そのほかの者にはそれぞれ労役量に従って報酬が支払われていた。しかし、病人は支給対象からはずされていた。捕虜への給料支払いは、このようにようやく工事の先がみえてきたころに、わずかながらあった。ただし、日本軍は宿泊費と食事代を差し引いていた。すると、残りがほとんどないような額になっていたという。しかし、それでも給与支払いを受ける捕虜の生き方は変わっていった。たとえば、「利己心が弱まってきたところへそれに代わって新しくもっと創造的な生き方を生み出す機会ができたのである」［ゴードン、一六三頁］、とゴードンは評価する。

また、鉄道が完成するころに、ターマカーム俘虜収容所に着いたアダムスらの一行にも、給料が支給されていた。「われわれの日給は将校二五サターン（一バーツ＝一〇〇サターン＝一円）、下士官一五サターン、兵卒一〇サターンと定められていた」［アダムス、二二六頁］。ターマカームの収容所では、鉄道建設の作業は九日間働いて一日休みをどる方式で一〇日がひと区切りになっており、それにもとづいて給料が支払われていた。

さらに、一九四三年九月初めには、奥地のソンクライの捕虜にも給料が支払われていた。ボイルは、「われわれははじめて給料を受けとった。私の莫大な労働力に対して、わずか一ドル半であった」［Boyle, pp. 94-95］と記している。

捕虜の労働は無給から有給に変わっていたことになる。一九四三年八月六日には、建設指揮官を兼ねる第二鉄道監が、高崎祐政少将から石田英熊中将に交替していた。石田は八月一四日にカーンチャナブリーに着任している［石田、二二一頁］。八月はまた、大本営が建設工期を一〇月まで延期することを命じた時期でもあった。第二鉄道監の交代、工期の延期など、大本営や南方軍のほうで連合国捕虜の扱いに関して、かなり改善する措置がとられていた。それが捕虜のほうにも影響を与えていた。

「ジャングル大学」

ゴードンら捕虜の将校たちは、給料支給額の一部を出しあって食糧を売店から買い、病人に与えるという互助制度を呼びかけた。別の捕虜部隊が到着したときも、強行軍のあとの食べ物の贈り物をしていた。人間性をとりもどした捕虜たちは、収容所内に「ジャングル大学」と呼ぶ教養講座を創設していた。「収容所という特殊状況の中でまったく目をみはらせられるほど多様な教科内容が、この大学にはつまっていた。その教科課程表に出された授業課目には、歴史・哲学・経済学・数学・自然科学の諸分野・外国語（少なくとも九か国語）があった」［ゴードン、二〇三頁］。シンガポールのチャンギー俘虜収容所から持参してきた書物を持ちよって、巡回図書館もできた。国

従軍牧師とともに戦友の死を弔う連合国捕虜。

際YMCAから収容所に送られてきた慰問品のなかにバイオリンが含まれていて、収容所内にオーケストラが編成され、一九四三年一〇月初めには演奏会も開かれていた。

また、死者に対しての敬意をふたたび払うようになり、葬式をするようになった。その後、数名の従軍牧師がチョンカイ俘虜収容所に送られてきてからは、牧師が葬式を執行するようになった。そして、ジャングルのなかに小さな空き地を切り開いて、ささやかな教会が建てられた。この教会は、「私たちの共同社会の心臓であった。そしてしっかりと脈を打って生きている心臓であった。この教会が、俘虜収容所に対して生命を与え、収容所と単なるひとの群集——恐怖おののく個人の群——を、控え目に言っても大きく変革させていた中心なのである」〔ゴードン、二四三頁〕とゴードンは述べている。生活に余裕が生まれ、収容所内にようやく人間性がもどってきていた。

捕虜収容所内の雰囲気は、それぞれの収容所長の性格によっても違っていた。たとえば、カーンチャナブリーの収容所所長は、一日中、がみがみぶつぶつと小言を口走っている男だった、とゴードンはいう。そして、「所内の緊張

日本軍の報道班。泰緬鉄道開通式の際に派遣されて撮影に来ていた。

感はその所長の存在によっていっそう強まっていた。昼夜のへだてなく日本兵は俘虜宿舎を検査のため襲ってきた。寝床を探っているあいだ、私たちは外に整列して立たされていたものである。だが私たちの所持品はあまりにも少なくなっていた。日本兵が特にこれといった物を発見できるはずはなかった。［中略］私たちは、多くの物品を安全な場所に隠しおおせていた。羅針盤や磁石盤、地図、短刀、受信機一台は発見されずにすんだ。不思議といえば不思議なことだが、私たち将校のひとりははるばるシンガポールから、何とダックスフントを隠し飼いつづけていた。私もひと巻きの焼付けをすませたフィルムを隠し持っていた。それはカンブリ［カーンチャナブリー］収容所を離れる際、容器に入れて土に埋めることにした。後日私はそれを回収した」［ゴードン、三一七〜一八頁］。まるで手品のような話だが、捕虜たちは、少ない所持品といいながら、かなりさまざまな文明の利器を持ちこんでいたことがうかがえる。

また、捕虜たちは隠しもったラジオ受信機でインドからの放送を傍受して、断片的ながら戦争状況を把握していた。さらに、日本軍は戦意高揚のための映画製作に撮影班を派遣していたが、連合国捕虜もまたこっそりと、「チャンギー捕虜収容所より泰緬鉄道ビルマ側一〇三キロ地点に至るまでの――つまり輸送船豊橋丸、ビクトリア・ポイント、タボイ、タンビ《ママ》サヤを経て、〝死の収容所〟までの、途中の兵站地を含めての――」〔永瀬C、一〇四～〇五頁〕映画撮影をして、そのフィルムを密封して土中に埋めておき、戦後に回収したという。その大胆さ、その巧妙さには驚きを禁じえない。

9　疫病に倒れる捕虜

栄養不足で蔓延する伝染病

泰緬鉄道建設の労務者や捕虜がもっとも恐れたもののひとつに、苛酷な労働による過労、わずかな量の食糧から起こる栄養不良、医薬品の欠如、不衛生などから発生する、ありとあらゆるさまざまな疫病があった。なかでも、熱帯の密林に閉じこめられて働く捕虜・労務者を襲ったのは、マラリヤ、赤痢、コレラ、チフスなどの伝染病であった。

シンガポールのチャンギー俘虜収容所では、ビタミンとたんぱく質の不足、衛生状態の悪さから、赤痢、脚気、皮膚病、栄養失調が、すでに一般的な流行病であった〔ローリングス、八二頁〕。タイに送られていく鋼鉄製の貨車は病人列車となっていた。「病気流行の速度は、赤痢の重症例をとってみるまでもなく激増の一路をたどっていた。この不浄な病気は日本軍に次いでいつも最悪の敵であった。許可なくして列車を離れれば、逃亡とみなされ、ライフル射撃を食らっても文句は言えないのは承知の上で、赤痢患者は肉体の欲求と必要性にせまられて、列車が止まるごとになんとか理由をつけ、命令を無視して貨車から飛び降りなければならなかった。しかも血便の尾を引きながらである」〔ローリングス、九二頁〕。

赤痢患者

建設キャンプでの食事は、その量とビタミンとカロリーが欠けており、食事のなかになにも活力源がないのに、重労働の強要と長時間労働、ジャングル内の熱気と湿気のなかでの作業、医薬品欠如、不衛生が重なって、疫病を蔓延させた。軽作業で働く捕虜でも、熱帯性潰瘍を脚や腕にもっており、皮膚病、赤痢患者までが、重い材木を運搬して長距離を歩かなければならなかった。いよいよ働けなくなった者は、病院と称する別の掘っ建て小屋に隔離された。捕虜収容所には、患者用の区画がぜんぜんとられていないところも多かった。病気の捕虜は、竹でこしらえられた小屋に移された。それも、日本兵の許可をもらわなければならなかった。

日本兵はいつも患者を作業にかりだし、そして殺そうとした、と捕虜たちは感じていた。日本兵さえも、収容所の病人ばかりの小屋の、目をおおいたくなるような陰惨な光景には我慢できなかったという。動けなくてだれもかまう者のない赤痢患者は、便所として使用されている掘った穴まで這っていく気力もなかった。患者は、ひどく惨めな気持ちでじっと横になったまま、苦痛と恥辱に耐える以外になかった。

レオ・ローリングスの場合も病気にかかり、一九四四年九月、幸運にもシンガポールに送還されることになった。彼はトラックで鉄道の開通している駅まで運ばれ、捕虜収容所へ急送された。「そこはすでに労務者の患者で超満員であり、すべてがコレラと赤痢に罹病しており、激しい苦痛に、のたうちまわっていた。有色白色の人種を問わず、同じ小屋に横たわり、ぼろをまとい、また素っ裸で、寒く湿った夜などはお互いに身体を寄せ合って温めあったのである。労務者、捕虜ともども自制心もなく嘔吐し、排泄物をあたりいちめん撒き散らしたままだった。毎日まだ歩ける気力のある捕虜が選ばれ、夜のうちに死んだ者を運び出した。死臭が四方八方にたちこめ甘い香りで吐き気を催した。描写することのできないほどの凄じい情景だった」［ローリングス、一四二頁］という。

この新しい収容所には、赤痢で死にかけているアジア人労務者、インド人、マレー人、中国人がいた。日本軍監視兵は捕虜に、もし彼らを助けたり、食事を与えたりすれば死なねばならぬと威していた。哀れで不運な労務者たちは、日本兵の姿が見えなくなると、捕虜の足許に這いよってきて、食物や水をせがんでいたという［ローリングス、一八四～八六頁］。

「死の家」

タンビュザヤには病院があった。「病院」と日本兵は呼んでいたがバラックである。そこでは、日に五回以上便所に行く者は〝こちら〟の小屋、それ以下の者は〝あちら〟と指示された。アメリカ人ロイ・M・オファリは赤痢の症状があったので、〝こちら〟の小屋へ行ったところ、そこで見たのは死にかかっている人ばかりであった。彼はそこから早々に抜けだした［La Forte & Marcello, eds., p. 170］。

チョンカイ俘虜収容所では、捕虜たちは病棟のことを直截に「死の家」と呼んでいた。マラリアとジフテリアの症状が出て立っていられなくなったゴードンは、その死の家の門をくぐったときの状況をつぎのように表現している［ゴードン、一二三頁］。

死の家は収容所の敷地中、地面がもっとも低まった地点の一角に立っていた。ちょうど雨期のさなかだった。小屋の床は泥の海だった。そして、まさかと思ったがあの悪臭。肉と骨とに食い入ってゆく熱帯性潰瘍の臭い。便所があふれた臭い。身体を拭いたことのない多数の男の、誰ひとり看護する者のいない病人の悪臭。それは腐敗してゆく人間性の臭いだった。腐敗して饐えてしまった人類の悪臭だった。すべての悪臭のうち、もっとも忌まわしい臭いは、何百万という数のナンキン虫や虱の甘い邪悪な汚臭だった。私たちの骨にはわずかながらまだ肉片がしがみついているが、それを盗もうとして身体中を這いずりまわる虫が、寝床にはびっしりと、くっついていた。病人は頭と足をそろえて何列も並んで横たわっていた。その列の数は多い。ほとんど隙間なく詰め込まれていた。そしてその詰めこまれた状態の人間の最悪の特徴とは、孤独である。

ゴードンは死の家に立ちこめる雰囲気について、生命の否定があり、無感動、退廃の雰囲気、そして死滅していくはずの者の衰退の雰囲気があったと分析する。また、奥地のキンサイヨークに送られたアダムスは、「このキャンプに来た最初、そして最後まで残っている印象は、悪臭と赤痢消毒薬の臭いと排泄物や腐朽した残骸や死体を見た嫌悪感等が入り混じった全く嫌な所ということで、むしろ作業に出て鉄道兵の乱暴行為に耐えている時の方が救いがあったかもしれない」〔アダムス、七六頁〕、とまで言いきっている。

コレラとマラリアの蔓延

一九四三年は例年よりも一か月早く雨季が訪れ、ビルマ南部では四月上旬、タイでは四月中旬に雨季入りして、連日のように雨が降っていた。ビルマ側からは最深部にあたり、泰緬国境に近い一〇〇キロキャンプで働いていたアメリカ人捕虜ロイ・M・オファリは、一九四三年の雨季の様子について、「ビルマの雨季ときたら、三か月から四か月間、バケツの水をひっくり返したような雨が、来る日も来る日もつづくのだった。ひとシーズンで約八〇〇〇ミリから一万ミリの降雨量で、みるみるうちに渓流や急流ができあがり、草木がたちまち大きくなった。

密林のなかの架橋工事。

雨季はなにもかも泥水に変えていった」[La Forte & Marcello, eds., p. 172] と表現している。四月か五月ごろからはじまる雨季は、西のアンダマン海から吹きつける季節風が、泰緬国境をなすテナセリム山脈にあたり、とりわけ、この国境地帯に豪雨をもたらすのである。泰緬国境のカーンチャナブリー地方は、年間約五〇〇〇ミリ、最高気温摂氏四三・五度、最低気温五・五度を記録し、平均気温二八・〇度という、夜と昼の温度差が激しいところである。

ブラッドレーの一行は艀《はしけ》に乗せられて上流に向かい、キンサイヨークに一泊した。そして、さらに奥地のキャンプに向かっていた。「川面に浮かんだ艀から見たキンサイヨークは、大きな月に照らしだされて美しかった。きらめく数千もの星の輝きは平和にみえた」[Bradley, p. 66] という。苛酷な労働と病気さえなければ、あたりは密林のなかの風光明媚な一角であったに違いない。そうした感懐にひたれたのも、つかの間であった。ブラッドレーの所属する〝F〟部隊はさらに奥に送りこまれた。

ノーンプラードゥクから二六二キロの地点にあるコンコイターは、もうビルマ国境に近いキャンプ地であった。ブラッドレーの部隊はここを通過してさらに奥のニーケへ向かうとき、数日間ここで宿泊した。そこで見たものを、ブラッドレーはつぎのように記している。「数メートル離れて建てられた小屋には、コレラにかかった労務者数百人が詰めこまれていた。地面は病原菌の入った糞でおおわれ、その上はハエがたかってまっ黒になっていた。イギリス軍の将校が汚物を横へやるためスコップを貸してほしいと頼んだが、日本兵は人を馬鹿にしたように『自分の手を使え』と答えた。ハリス中佐は板野中佐に、前進するのを中止するか、伝染地域を回避すべきである、そうしないと不可避の結果を招くことになると激しく警告したが、なにもなされなかった」[Bradley, p. 69]。

部隊の前進はつづけられた。コレラは、付近の五つのキャンプ地全部に伝染してしまった。五つのキャンプ地とは、ビルマ国境の三仏塔峠からタイ側に三七キロ入ったコンコイターまでの区間の鉄道工事を担当するキャンプで、東から下ニーケ、ニーケ、下ソンクライ、ソンクライ、上ソンクライが設置されていた。二八二キロ地点のニーケには、〝F〟部隊の司令部があり、日本軍の板野博暉中佐が捕虜の責任者であった。

コレラは、一九四三年一一月にビルマ側の労務者の間で発生し、翌年四月に国境を越えてタイ側に波及していった。コレラを恐れて脱走する労務者が、さらにコレラを伝染していった。

〝F〟部隊が駐屯したニーケの五つのキャンプでは、またたくまに働ける捕虜の人数が減っていった。ブラッドレーによれば、「鉄道隊が健常者と半病人を毎日の労働に従事させたら、まもなく働ける人間がいなくなることは明らかだった。事実、急速に有効な労働力を損耗していった。ニーケの俘虜収容所は、このことはわかっていた。しかし、鉄道隊に彼らの破滅的方針をやめさせるのは不可能であった。[一九四三年]六月末には五〇〇〇人のうちの七〇〇人しか働けなくなっていた。それさえ軽労働に耐える程度であった。多くは絶望的なコレラにかかっていた。コレラにかかった労務者がいるコンコイターに泊まったせいであった。献身的な軍医ターナーの治療を受けながら、患者は鉄道線路をはさんで反対側に病棟を建てて移された。日に何人もが死んでいった。コレラ以外にも、蚊の大群によるマラリアが発生した。良性もあり、脳性の悪性タイプもあった。後者は発狂させ、最後には死にいたらしめた」[Bradley, p. 77-78] という。

こうした事態に、オーストラリア部隊の軍医ハント少佐とジョンソン少佐は日本軍に対して、これまでの行軍とコレラ発生状況、そして現在のキャンプのなかでおかれている待遇と条件に関する強い調子の書簡を送り、その書簡をバンコクまたはラングーンの国際赤十字に送るよう依頼していた [Boyle, p. 75]。しかし日本軍は、この書簡を国際赤十字に送るはずもなかった。事態がようやく英米に知られるようになるのは、泰緬鉄道の建設工事を終えた捕虜を、ふたたび日本で使役するため、シンガポールより送りだした輸送船「楽洋丸」がアメリカの潜水艦に沈められて、捕虜がアメリカの軍艦に救助されて以降のことであった。

一九四三年五月二〇日に下ソンクライに到着したボイルが所属するグループ一六三人の状態は、「五月二四日には作業に出られる者がわずかに六〇名になり、そして五月二九日までに四〇名がコレラで死亡していた。九七人はコレラの疑いで入院する事態となり、キャンプは最悪の事態を迎えていた」[Boyle, p. 75]。日本軍の医療班がやってきて、はじめての予防接種をしていたが [Boyle, p. 78]、一回の接種で利きそうにもなかった。コレラ、赤痢、ベリベリ病、熱帯性潰瘍、肺炎、それにアジア人労務者のあいだで天然痘、チフスまでが発生していた。ハント軍医は、「われわれに対する扱いは戦争捕虜などではなく、奴隷の扱いだ」[Boyle, p. 87] と断じていた。

コレラの場合は見るも悲惨であった。体重の減るスピードと人相の変わりようは、またたく間であった。「コレラの犠牲者は一般にほとんど前触れもなく、つい数時間前までスコップやツルハシを振りあげていたのに、もうまったく手のほどこしようがないほど弱ってしまって、ほとんど立ちあがれなくなっていた。彼らの顔から肉が落ち、眼球はガラスのように輝きを失い、奥へ落ちくぼんでしまった。彼らの声はさっきまでよく聞こえていたの

第17表　コレラ患者発生件数

（単位：人）

期　別	期　　間	発生数
第1期	1942年11月～　12月	43
第2期	1943年 2月～　3月	48
第3期	同年 4月～　5月	586
第4期	同年 6月 3日～ 6月30日	2,046
	合　計	2,723

出所：俘虜関係中央調査委員会、31ページより。

に、もう聞きとれなくなってしまった」[Boyle, p. 92]。猖獗していたコレラがようやく鎮まりだすのは、一九四三年七月に入ってからでのことである。捕虜がコレラにかかっているにもかかわらず、「キャンプ地の日本人指揮官は、患者の何人かは作業に耐えうると主張し、翌朝は集合場所に行列せよと命じた。二〇人から三〇人くらいの回復期の患者は行列に加わった。しかし、何人かは虚脱状態であり、ほかは福田中尉の前を一五〇メートル行進するのにさえ、支えられて行進しなければならなくなった。ほとんど立てない骸骨にひとりで歩かせる姿に、さすがに彼もショックを受けたに違いない。すぐに取りやめた」[Boyle, p. 87]。

また、一九四三年八月に着任した司令官石田英熊中将も九月にニーケを視察して、「自分は生まれて初めて栄養失調というのを見た。全く骸骨である。それが生きていられるのかという位であった。自分は一々握手して煙草を与えたが、人情はいづれも同じだと思った。彼等も手を合わせて喜んだが、自分も涙を禁ずることは出来なかった。労務者病院も見たが輸送が不足しているので、この労務者病院も満員であった」[石田、二九頁]と述べている。石田はさっそく、薬品を多量かつ迅速に送付すること、患者後送を迅速に実施すること、屋根葺き材料の椰子葉を輸送して捕虜・労務者の家屋を完成することなどを、カーンチャナブリーの司令部に命令した。九月九日、ソンクライでは、衛生隊長の羽山大佐が第一線を視察指導しているのに出会った。羽山大佐の要求も、多量の薬品を送付してくれということであった。石田も南方軍の総司令官に、第一線における高級医薬品の不足を訴え、急送を打電した。

石田が視察したころは、コレラは終息に向かっていた。コレラは一九四三年六月にピークに達し、日本側の調査では八月一〇日までに発生患者数約六〇〇〇名、死亡者数四〇〇〇名、捕虜の場合は約一二〇〇名が罹病し、約五百数十名が死亡したという。そして第17表のような、六月末までのコレラ患者発生状況を示している［俘虜関係中央調査委員会、三一頁］。

さらに、コレラ発生と蔓延の原因として俘虜関係中央調査委員会は、①現地労務者の逃亡により病原菌を撒布した、②クウェーノーイ川の上流より発生して下流の作業地に汚染、③捕虜管理の軍属（朝鮮人）識能素質不良にして防疫指導徹底しなかった、④輸送難のため防疫資材の補給困難、の四点を指摘している。日本側の責任として、ようやく四番目に補給困難をあげているが、ほとんどまったく対策を講じなかったのが、最大の原因であろう。

マラリアに関しては、一人一か月分として硫規四五錠、プラスモヒン三錠を、日本軍、捕虜、現地労務者に同量配布していたという。また、マラリア予防研究の権威たる熱帯医学研究所教授大森博士が南方軍嘱託となり、患者および原虫保有者の早期発見、治療につとめたという。そして、鉄道建設作業期間におけるマラリヤ患者の月間発生率は、「日本軍一～七％／捕虜〇～一一％／現地労働者一〇～二〇％」であり、「全体として月間概ね四％にして、他の作戦に比し寧ろ良好な成績を示し、十分予防効果を収めたるものと認む」［俘虜関係中央調査委員会、三二頁］と日本側の調書はいう。だが、この数値は、捕虜や労務者の体験記録からは想像もできないほど低いものである。

イギリス軍の軍医ロバート・ハーディ博士は、日本の医療事務局は自分たちの死亡診断書にその用語が好ましくないときは変更を加えている［ハーディ、二五一頁］と記し、たとえば「黒水熱」がいくつかの場合、「マラリア」に変更されていたという。また連合軍の調査報告でも、日本軍は事務的な報告の手間を省くため、東京へは実情を隠蔽して、「赤痢」の死亡者を「下痢」と報告していた［SEATIC, p. 54］という。なぜなら、赤痢の死亡者が出れば、特別な報告書が必要になるからであった。しかしまた、ハーディ博士は、なんとか日本軍からマラリアの特効薬キニーネを足りるだけ入手するため、収容所内のマラリア患者数を水増しして報告していた［ハーディ、一五〇頁」、ともいう。いっぽう、日本軍側は、労働力を確保するため、患者をできるだけ健常者として建設作業にかりだそうとしていた。

日本軍は、患者の記録をすべて連合軍捕虜の記録に依存していたというから［SEATIC, p. 54］、これから登場する患者数、病死者数に関する日本側の統計も、こうした点を考慮して読みとることが必要である。

熱帯性潰瘍の荒療治、ベリベリ病

雨季の最盛期になると、熱帯性潰瘍にかかる者が続出しだした。ちょっとしたひっかき傷や切り傷から菌が入り、またたく間に大きく広がり、肉を腐らせ、骨を露出させ冒す皮膚病である。傷口をおおうガーゼや包帯もなければ消毒液もなく、まして抗生物質のような治療薬もなかった。

アメリカ人チャーリー・L・プライヤーがいた建設キャンプは、タンビュザヤから一〇〇キロ地点のキャンプで、彼は路線の砂利を生産するため、岩石を切りだして砕く作業をしていた。一九四三年七月は一か月のうち一四日が昼夜雨が降るという、雨の降りようであった。キャンプはくぼ地に位置していたので、泥と汚物だらけになっていた。雨はまたジャングルのなかの植物を腐らせていた。そんなある日の朝、砕岩の作業で岩の一部が彼の向こう脛を切った。夕方に菌が入ると、一週間のうちに潰瘍は直径一〇センチから一二センチの大きさになり、その一週間後には骨に達し、骨を冒しはじめていた［La Forte & Marcello, eds., p. 158］。

難治性で日本の軍医にも治療経験がなかった熱帯性潰瘍は、深刻な病気だった。ブラッドレーは、この病気の治療についてつぎのように書いている。「医師ができる熱帯性潰瘍の唯一の治療法は、腐った箇所を鋭利なスプーンでこそげとることであった。悪臭は吐き気をもよおし、痛みであげる悲鳴はぞっとさせた。鉄道線路のあちこちにいたオランダ人軍医は、もう治療に応じられないとなると、潰瘍にうじ虫をうえつけた。うじ虫は腐敗した肉を食べ、壊疽《えそ》を防ぐことができるからだった。包帯やガーゼはバナナの葉やズボンの折返しを破って作った。それでも潰瘍が進んで、足をのこぎりで切断せざるをえなかった。[部隊では] 全部で七〇回の手術が行なわれたが、生存者はわずかしかいなかった。切断のせいというより、栄養不良と併発症によるものだった。手術は、きわめてわずかな麻酔薬と無数のハエから防御する蚊帳のなかで行なわれた。身の毛のよだつような条件下で行なった軍医たちのとった手段は、実にすばらしかった」[Bradley, pp. 78-79]。

またボイルも、脚と足にこの潰瘍があった。悪化してきたので、ほかの病人百数十人と一緒に下ソンクライから上ソンクライに移された。ところが、「下ソンクライを離れるとき、もう元のキャンプの福田指揮官やトヤマとはおさらばと思っていたら、なんと彼らはこの新しいキャンプに来ていた。[一九四三年] 八月一〇日に、恐れていたコレラが発生した。最初の日に四名が死んだ。われわれ全員がふたたび接種を受けた。八月に入ると、いくぶん天候が良くなった。その結果、キャンプは乾きはじめた。われわれの気持ちも少しは晴ればれとした」[Boyle, p. 112]。

ボイルらの上ソンクライの捕虜は、ブラッドレーと同じくガラス棒でコレラの検査を受けている。この上ソンクライでは数百人のタミル人の一行が来て、ボイルらの小屋に一時止宿している。

また、一九四三年九月五日に、ブラッドレーら一〇名のイギリス人将校とマラヤ人一名のソンクライからの脱走事件を、ボイルは聞いていた。そして、そのうちの四人がビルマで逮捕されてニーケにいることも、彼は聞いていた。脱走してビルマで逮捕されたブラッドレーは、拘束されていた場所をタンビュザヤと思っていたが、ボイルはニーケであったという。ブラッドレーらの脱走組は、殺されずにシンガポールに送還された。一九四三年八月以降、日本軍の捕虜に対する処置がずいぶん寛大になっていることがわかる。しかし、病人や患者に対してどれほど人道的であったか、働ける者は活かすが、働けない者は捨て去るようにしむけていたようである。

さらに、脚気やペラグラという病気、結膜炎などはビタミン不足でかかったが、ベリベリ病というのもビタミン欠乏でかかる病気であった。下半身から冒されはじめ肉が異常に肥大し、他の臓器に広がる病気で、生殖器が膨張する場合が多い。膀胱が冒されると尿が近くなる病気である。滞在が長くなると、多くの捕虜がしだいにこれらの病気にかかりやすくなっていた。「わずかな睡眠時間は貴重すぎるが、しかし、こうした夜の安眠を妨害されるのが常になった。ベリベリ病の軽い症状でも、夜の安眠が中断されないのは無理になった。小屋のなかのたき火の燃え残りが、パンパンに張った膀胱を解放するため、小便所へヨロヨロと歩く姿をぼんやりと映しだしていた」[Boyle, p. 128]。病人となった本人はもちろん、まわりの者の安眠をも阻害していた。

日本軍の衛生医療部隊

一九四三年五月初めにコレラが発生してから、日本軍の医療班がやってきて、ガラス棒を肛門に差し、糞から分析する方法で調べていった。このガラス棒の検査方法は、コレラの感染を見つけだすのには荒っぽい方法である。ブラッドレーらの一〇グループが進み出て、ガラス棒を肛門に差しこむ検査を受けていた。こうしているあいだにも毎日一〇余名もの患者が、主にコレラと赤痢で死んでいったという。

ある日、日本軍の医療班は感染者リストを持って戻ってきた。将校では私ひとりだけだった。私の番号が呼ばれたとき、胸が張り裂けるような気持ちになった。しかし私は、コレラの症状を呈していたので驚かなかった。それでも、一般にいわれている二四時間を経過しても死ななかった。われわれ患者は、ただちにキャンプから出るように命ぜられた。線路の反対側に隔離病棟を作るように命ぜられた。一般病棟から五〇〇～六〇〇メートル離れて作ることになった。将校は、せめて病人を明日の朝まで元のキャンプに置いておくように訴えたが、拒否されてしまった。健常者が日本軍の持ってきたテントを立てて、患者を運びだした。

私は何日もつづくどしゃ降りの雨を、けっして忘れないであろう。漆黒の闇のなかへ患者と一緒に移されたとき、もっと悪化したような気になった。ある報告ではそのときに移されたのは一七五名だというが、私はその半分くらいだったと思う。しかし、その夜に多くの人が死んだ。翌朝、明るくなってからびしょ濡れの新しいキャンプを見回して驚いた。そこは、死体が地表にはみ出している、労務者たちの埋葬地だったのだ [Bradley, pp. 80-81]。

捕虜を統率する連合国将校が部下のためにせいいっぱい日本軍と交渉しているのを、部下たちは感謝しながら見守っていた。部隊組織を維持したままの連合国捕虜は、まだしも幸運だった。たとえば、ブラッドレーはハリス中佐のことについてつぎのように書いている [Bradley, pp. 82-83]。

ハリス中佐はいつも不満をつのらせていた部隊長だったに違いない。書面で改善を求めた要望書が、板野中佐より上の司令官に渡ったという確信がもてないでいた。板野中佐はまったく無力だった。日本の鉄道連隊への手がかりをつかめないでいた。ただひとつの例外は、自分のポイントをかせいだときだった。板野中佐たちは、七〇〇名の重病人と瀕死の患者をジャングルに放逐せよ、という鉄道隊からの命令を是認したのだった。その結果は、軍事史上もっとも非人道的な行為にあたるだろう。この雨季の最盛期に、地元の労務者に場所を譲るためというのである。一九四七年、板野中佐は戦犯として三年の刑を受けているが、いささか寛大な判決という思いがする。

戦後の戦争裁判のために作成した調書には、日本軍は南方全域における唯一の固定防疫給水部たる南方軍防疫給水部の主力を充当し、南方軍が有する直轄衛生機関のほとんどを集中して、鉄道建設指揮官に配属させていたという。たとえば、つぎのようである［俘虜関係中央調査委員会、二九頁］。

南方鉄道隊衛生隊一覧表

衛生隊長北川軍医大佐（戦死後羽山軍医大佐）
南方軍防疫給水部主力（昭南より転用）
第二師団野戦病院（マラヤより転用）
第二十一師団野戦病院（仏印より転用）
第十六兵站病院（ビルマより転用）
第五十六師団野戦病院（ビルマより転用）
第三十一師団防疫給水部及衛生隊の各一部（通過兵団）
第二師団防疫給水部及衛生隊の各一部（マラヤより転用）
第五十四師団野戦病院（通過兵団）
第十六患者輸送班（タイより転用）
其他鉄道部隊兵站地区隊の衛生部員
俘虜衛生勤務者（特別編成）

協力
現地労務者医師団
南方軍第二陸軍病院　　　　　（バンコク）

たしかに、「当時、ビルマ各地カラ、タンビザヤ［タンビュザヤ］基地ニ集ル建設奉仕隊員ハ、マルデ悪疫ノ見本ノ集リダツタ。何シロ、各種ノ伝染病ノ患者カ、又ハ其ノ菌保菌者ガ、ワンサ、ト居タノダカラ……。検疫ノ関門ハ、タンビザヤ駅ノ到着列車内デ、一人一人調べ、不審ナ者ハ隔離棟ヘ入レル。患者発見ノレコードハ、一日、天然痘二十名、コレラ五名ダツタ。コレラ患者ヲ見付ケタ時ハ、此ハ大変ト、兵ハ全部遠ザケ、私（長谷川副官）ト防疫給水部ノ小隊長、ソレニ下士官ト三名丈デ、患者ヲ自動車ニ乗セ、隔離病棟ニ収容シタ」［広池、一二一九頁］というメモもある。

しかし、さきにあげた衛生部隊がぞくぞくとやってきたという話が事実であったとしても、それは主に日本軍のためであって、捕虜やアジア人労務者のためであったとは、にわかに信じがたい。まして、「俘虜の衛生に関しては俘虜管理側の系統に依るを本則とし聯合國衛生部員約九〇〇餘及一部日本軍衛生部員を以て實施し衛生部員一に対し兵員約五五名となり日本軍隊（隊附衛生部員一に對し兵員一〇〇名）一般勞務者（衛生部員一に對し二〇〇〜三〇〇名）なり然れども俘虜収容所自体の衛生編成は野戦的機動装備に於て缺くる所ありて其の人員に比し綜合能力発揮十分ならざるものありき」［俘虜関係中央調査委員会、二九頁］と、さいわいなことに連合国側の捕虜のなかには軍医もいたし衛生兵もいたから、捕虜の患者は捕虜の軍医と衛生兵にまかせておいたとしても、一般労務者二〇〇〜三〇〇名に一人の衛生部員をつけたとか、つけるとかという話は戦後の作り話であった、という思いがする。なぜなら、ビルマから泰緬鉄道で送られてきた当の日本の傷病兵さえろくに治療してもらえず、連合国捕虜が

密林に囲まれた捕虜のキャンプ生活。フンドシひとつで裸足になっている。

哀れがって水を差しだしたほどだからである。

また、広池は一九四三年三月にタイを去るまで、建設隊司令部には衛生下士官ひとりだけで、軍医配属を南方軍に要求しても兵站病院があるから協力させるという返事で、その後の惨事を招いたと残念がっている。「協力」とは「手伝う」意味で、思うように使えないのだという［広池、一一四頁］。いずれにせよ、軍医ワイルド大尉は報告のなかで、「病人に対する日本軍の態度は冷淡で無関心、あらかさまな悪意をないまぜにしたものだった」［Bradley, p. 84］と述べている。

「馬来《マライ》（マレー）俘虜収容所」〝F〟部隊の悲劇

連合国の捕虜にとって兵士と軍属との区別は、軍属の「白色五つの流れ星」といわれる肩章で区別がついた。この表現は、軍属は二等兵以下という意味のことであったという。しかし捕虜は、日本軍の将兵の誰がどの部隊に所属するのか、また、収容所の兵士と鉄道隊の兵士とが別の組織に帰属していることには、ほとんど気がつかなかったようである。捕虜を管理監督するのは俘虜収容所だったが、日中に現場で作業を命令指揮するのは鉄道隊のほうであった。それは、「……由来鉄道隊ト収容所トハ折合ガ悪カツタ。此レハ収容所創設以来ノ事ダツタ。其レハ、収容所ガ出来ル前ハ、陸上勤務隊ガ、三千人ノ俘虜ヲ管理シテイタ。俘虜待遇ノ万国条約ナドハ、少シモ知ラナカツタ中尉ノ中隊長デアル岡崎隊ノ管理ダカラ、俘虜ハ自由ニ使ヘタノニ、収容所ガ出来テカラハ、俘虜ヲ自由ニ使ヘナクナツタ。鉄道連隊ハ、厄介ナ機関ガ出来タト、思ツタラシイ」［広池、一五四頁］という話が記述されていることからもわかる。

シンガポールが陥落して大量の捕虜を擁することになったが、その扱いについては、鉄道隊は国際条約も知らず、捕虜を自由に酷使する傾向があった。「俘虜収容所」は捕虜を管理する立場にあり、むしろ捕虜の体力の温存をはかり、酷使される捕虜に対しては同情的であった、という発言もある。また、オーストラリアの元捕虜の証言を集めたG・マコーマックは、「鉄道隊による残虐行為、暴行のほうが激しかった。鉄道隊員のサディスティックな精神異常者という証言などをあげて、鉄道隊の残虐さ、凶暴さを強調している」[McCormack, p. 5] という。そこで「俘虜収容所」は、捕虜を酷使する鉄道隊とはしばしば対立していたという。

「馬来《マライ》俘虜収容所」第四分所所長であった板野博暉《ばんのひろてる》中佐がBC級戦犯裁判で寛刑を受けたのは、捕虜をかばい、酷使される捕虜に対しては同情的だったことがあげられる。たとえば、「鉄五」連隊副官長谷川三郎大尉は、バーンポーンからソンクライへの〝F〟部隊の行軍で、「分所長板野中佐ガ、遅レ勝ノ俘虜ニ声ヲ掛ケテ『モウ少シダ、頑張レ……』ト励マシテ居ラレタ御姿ガ印象的ダッタ」[広池、一五六頁] と述べている。広池は、「老中佐 [板野] が、俘虜といっしょに兵站まで米を受け取りに行かれた話は、いろいろな資料で見られる」といって、「中佐が俘虜に示された温情は、戦犯裁判で英側が中佐に示した態度と裁判結果とが証明しているからだ。[中略] 法廷では、老齢の中佐に破格のイスを許し、判決も一番軽い程度の三年の禁固だった」[広池、一五六頁] と、板野中佐の禁固三年をめぐって、さきにあげたブラッドレーとは逆の評価をしている。しかし、戦後の戦争裁判で戦争犯罪人にされたのは、むしろ俘虜収容所の所長や収容所の現場管理者であった。たとえば、馬来《マライ》俘虜収容所の第五分所所長の蜂須賀少佐は絞首刑の判決を受けている。

板野が寛刑であったとはいえ、馬来《マライ》俘虜収容所にいた〝F〟部隊の状況は悲劇的なものだった。この収容所では、俘虜収容所と鉄道隊との対立という以外に、ほかの理由があったからである。不幸なことに馬来俘虜収容所の二つの分所は、一九四三年三月に、指揮連絡の至難、地形の隔絶、補給の不便などの理由により、建設指揮官の指揮のもとにおかれていたから [俘虜関係中央調査委員会、三五頁] というのが、それである。

「馬来《マライ》俘虜収容所」〝F〟部隊の悲劇は、シンガポールから送られてきたものの、「鉄九」、「第二鉄道監部」からはのけ者扱いにされ、トラックも鉄道も利用させてもらえず、交通連絡のもっとも困難なジャングルのなかで悪疫と苛酷な労働を強いられるという、最悪の条件のなかで起こっていた。「泰《タイ》俘虜収容所」ではなく馬来《マライ》俘虜収容所の分所という名称に、管轄が違うという認識も大きかったのだろう。日本側の統計でも、泰俘虜収容所はあっても馬来《マライ》俘虜収容所の分所は省かれている。なぜ、馬来《マライ》俘虜収容所の分所が泰俘虜収容所にならなかったのか、第四分所所長の板野中佐が禁固三年で、第五分所所長の蜂須賀少佐が死刑になったのか、分所のあいだでも大きな差があり不可解な点も多い。ともあれ、軍上層部の縦割り組織と縄張り意識のなかで、ジャングルの最奥部へ放りこまれた部隊の悲劇であった。戦争裁判で板野中佐が寛刑であったのは、日本軍の指揮命令系統の欠陥の犠牲者に対する同情が大きかったのではなかろうか。

一九四三年八月に石田英熊中将が第二鉄道監として着任したときはすでに多数の病死者を出した後であったが、彼は同年九月の視察後、南方軍の総司令官に、衛生機関の早急なる増派（野戦病院程度のもの五つ）と地方医師約一〇〇〇名、そして、医薬品を総動員して送付することを依頼していた。「馬来《マライ》俘虜収容所」のみならず、泰緬鉄道建設中の全キャンプでの必要数であろうが、衛生機関も医薬品もほとんどなかった状況であったのだろう。その後に南方軍は、当時ビルマに前進中の野戦病院ひとつを臨時に石田の指揮下に入れて、それだけでも大助かりであった［石田、三二頁］、と石田は記している。はたして、南方軍は俘虜関係中央調査委員会がさきに示したような衛生隊を送りこんでいたのだろうか。

病死者を示す日本側の統計

日本軍は捕虜の病気に関する統計を作成していた。ただし、連合国側は「日本軍は患者の記録をまったくわれわれに依存していた」[SEATIC, p. 54] と主張している。

『泰、緬甸連接鐵道建設に伴ふ俘虜使用状況調書』には、「俘虜勞務状況月別統計一覧表　一九四三年十二月泰俘虜収容所」、「俘虜患者病名別一覧表（泰側）一九四三年十月」、「俘虜患者病名一覧表（緬甸側）一九四三年十月泰俘虜収容所」、「自一九四三年一月至一九四四年七月　俘虜患者月別調査票（泰俘虜収容所）」、「俘虜『コレラ』患者發生状況」、「泰緬鐵道関係俘虜死亡者調」、「死亡俘虜人種別人員表　一九四三年十一月二十日泰俘虜収容所」、「編成以来月別死亡表　自一九四二年八月至一九四四年八月（泰俘虜収容所調査）」という、当時の詳しい統計表が残され、添付されている。

ただし、これらのうち「泰《タイ》俘虜収容所」の統計には、「馬来《マライ》俘虜収容所」の「第四分所」と「第五分所」の数字が含まれていない。また、同調書のなかに、アジア人労務者に関する統計はまったく掲載されていない。

泰緬鉄道に関する日本側での公文書・資料の類は、わずかに当時の建設工事担当者が戦後に書いた、主に建設工事の経験談や苦労話の回想録があるのみで、まったく何も残されていない。ところが、連合国捕虜の病死者の統計だけが詳しく記録され保存されていたことは、逆に異常な感じがする。これについては、一九四四年一一月一八日、スイス駐在日本公使に宛てられた、イギリス政府とオーストラリア政府からの捕虜取扱いに関する抗議が、記録を残す契機になったようだ。

『泰、緬甸連接鐵道建設に伴ふ俘虜使用状況調書』の冒頭には、一九四四年一二月四日付、外務大臣宛のスイス公使が送った書翰が、イギリス・オーストラリア両政府の日本政府に対する抗議文を伝達している。それによれば、一九四四年九月一二日、シンガポールを出帆し南シナ海を日本へ向けて航行中の日本の輸送船「楽洋丸」が撃沈され、乗船していたオーストラリア人とイギリス人の捕虜一三〇〇名中、連合軍側に助けられた一五〇名の生存者から、泰緬鉄道工事の捕虜の現状が両国に伝わり、「英國及濠州兩政府は其の俘虜の受けたる非人道的取扱に對し最も嚴重なる抗議を提供致候」〔俘虜関係中央調査委員会、五頁〕とスイスの鈴木公使に公信が届き、公使は外務大臣に伝達したいきさつを伝えている。両国政府の抗議を受けて、日本政府は、とくに泰緬鉄道に従事している連合国捕虜の病死状況の調査書を入手していたのであろう。そしてこの調書は、旧陸軍とは別の省庁に保管されて焼却をまぬがれたものと思われる。

連合国捕虜がどのような病気に、またどれだけの人がかかっていたか、泰緬鉄道が完成する一九四三年一〇月に日本軍が調査した統計をタイ側とビルマ側の双方を合わせて整理し、病名・患者数・死者数を列挙すると、第18表のようになる。

また、調書では、タイ側とビルマ側とは別々の表になっていて、新患と旧患とに分かれているが、ここでは合計数を示した。ほかに、治療日数・治癒・転送・後遺が記録されている。一九四三年一〇月とは泰緬鉄道が完成するころであるが、あれほど猛威をふるったコレラ患者がタイ側とビルマ側合わせて一〇名、赤痢患者が一〇六四名という数字は、一〇月中に日本側の軍医の診察を受けた人数をいうのであろうか、きわめて数が少ない。マラリアなどの伝染病と、栄養失調や栄養不足でかかる脚気が多く、栄養器病も多い。外皮病のうちの「其の他」は、熱帯性潰瘍であろう。カーンチャナブリーはタイ全国でももっとも雨の多い地域であり、密林がつづき、鬼竹が多い。半裸で労働するので、皮膚が傷つき、熱帯性潰瘍にかかる者が多かった。また、自殺者もいたという捕虜の証言があるが、この第18表ではゼロになっている。たいていの捕虜の証言にくらべ、表に示された数字は概して少なす

第18表　俘虜患者病名一覧（タイ側・ビルマ側）（1943年10月，泰俘虜収容所）

（単位：人）

病名	タイ側患者数	死者	ビルマ側患者数	死者
1. 全身病及び伝染病				
コレラ	9	–	1	–
赤痢	246	14	818	62
脚気	2,501	38	616	21
ジフテリア	5	–	–	–
マラリア	5,426	79	3,477	24
デング熱	2	2	–	–
暍病	9	–	–	–
肺結核	19	1	–	–
流行性感冒			1,005	–
脚気				–
ペラグラ			419	–
中毒			22	–
其の他	193	1	–	–
2. 神経系病				
精神病	3	–	3	1
其の他	34	–	119	1
3. 呼吸器病				
肺炎	17	4	25	4
胸膜炎	10	–	6	–
其の他	1,014	5	363	2
4. 循環器病	212	3	115	–
5. 栄養器病				
急性胃炎	134	–	118	–
急性腸炎	1,910	43	701	–
其の他	2,432	138	1,047	4
6. 泌尿器及び生殖器病	86	–	76	1
7. 花柳病［性病］	–	–	–	–
8. 眼病	140	–	47	–
9. 耳病	34	–	19	–
10. 外被病				
疥癬	692	–	10	–
癤瘡及び結組織病	1,319	–	–	–
其の他	5,303	17	2,931	7
11. 運動器病				
骨骨膜関節病	106	–	352	1
筋腱粘液嚢病	48	–	–	–
其の他	12	1	–	–

12. 外傷及び不慮				
皮下挫傷皮下裂傷	134	–	302	18
挫創及び裂創	787	–	251	11
骨　折	29	–	–	–
捻挫及び脱臼	13	–	5	–
其の他	435	–	285	5
13. 爾余傷病				
自傷自殺他殺	–	–	–	–
詐　病	–	–	–	–
14. 病名不定	482	–	124	–
計	23,804	344	13,413	162
備考　一日平均	7,678	111	4,327	52

出所：俘虜関係中央調査委員会，附表第 2，第 3 より作成。

第 19 表　俘虜患者月別調査表（自 1943 年 1 月至 1944 年 7 月）（泰俘虜収容所調査）

年　月	使用俘虜総数	タイ側患者		ビルマ側患者		計	
		人　員	総数比	人　員	総数比	人　員	総数比
1943. 1	37,086	18,052	48.6	11,496	31.0	29,548	79.0
2	42,337	20,634	48.7	12,074	28.5	32,710	77.2
3	47,009	21,516	45.8	14,987	31.5	36,498	77.7
4	49,766	19,892	40.0	11,982	23.5	31,623	63.5
5	49,489	18,012	36.4	13,288	26.8	31,300	63.2
6	48,832	24,351	50.0	12,933	26.5	37,284	76.5
7	48,116	23,407	48.6	12,192	25.3	35,599	73.9
8	47,162	23,269	49.3	12,538	26.6	35,807	75.9
9	46,141	21,225	46.0	13,496	29.3	34,721	75.2
10	45,277	23,801	52.6	12,141	26.8	35,942	79.4
11	44,669	19,974	44.7	9,619	21.5	29,593	66.2
12	44,372	19,497	43.9	12,380	27.9	31,877	71.8
1944. 1	43,695	23,289	53.3			23,289	53.3
2	43,316	22,977	53.0			22,977	53.0
3	43,173	20,427	47.3			20,427	47.3
4	43,116	20,324	47.1			20,324	47.1
5	43,083	20,080	40.5			20,080	46.6
6	43,028	17,418	40.5			17,418	40.5
7	40,960	5,468	13.4			5,468	13.4
計		383,613		148,872		532,485	

出所：俘虜関係中央調査委員会，附表第 4 より。

ぎる。

さらに、連合国捕虜がどれほどの割合で病気にかかっていたかを、月別に調べているのが第19表である。

死亡者の数

第19表からわかるとおり、泰緬鉄道が完成するまでのあいだ、一〇人に七～八名が病人だったことになる。なかでも、一九四三年六月から一〇月に患者数がピークに達している。同じく、連合国捕虜の死亡者数を示す月別統計が第20表である。右欄の死亡者数は連合軍側が示す統計である。この第20表から、日本側の調査と連合軍側の調査とは、月によって数字にかなりの差が見られるが、一九四四年以降はそれが一致する。また、一九四四年八月までの合計は日本側が七七四六名、連合軍側が七七二五名で、ここに二一名の差があるが、両者ともほぼ同じ数となる。一九四三年三月から急に死者が増えはじめ、同年九月の一〇五九名をもって死者がピークになり、泰緬鉄道完成後も翌年の三月ころまで死者は続出している。そして終戦直前の一九四五年六～七月に、急に一〇〇名を超える死者が続出するのは、病死ではなくて、空襲による死者と考えられる。

日本側には俘虜収容所別に調べた、もうひとつの死亡者の統計がある（第21表）。この第21表では俘虜収容所ごとに分けて、死亡者が集計されている。「泰《タイ》俘虜収容所」の死亡者数七一八六名は第20表の合計の七七四六名に近く、とくに一九四三年七月から翌年二月までの死亡者数は完全に一致する。したがって、第20表には、「馬来《マライ》俘虜収容所」の第四分所と第五分所の統計が含まれていないことがわかる。

「馬来《マライ》俘虜収容所」の「第四分所」は板野博暉中佐を分所長とする、連合国捕虜が〝F〟部隊と呼んだ七〇〇〇名の連合軍捕虜、「第五分所」は蜂須賀邦彦少佐を分所長とする、連合国捕虜が〝H〟部隊と呼んだ三二七〇名で

第 20 表　編成以来月別死亡表（自 1942 年 8 月至 1944 年 8 月）（泰俘虜収容所調査）

年　月	使用俘虜総数	タイ側死亡者		ビルマ側死亡者		合計		連合軍側の捕虜死亡者数
		人員	総数比	人員	総数比	人員	総数比	
1942. 8	4,235	2	0.05			2	0.0	2
9	4,234	2	0.05			2	0.05	6
10	8,711	10	0.12			10	0.12	13
11	26,484	54	0.20	10	0.04	64	0.24	67
12	29,536	68	0.23	13	0.04	81	0.27	81
1943. 1	37,086	62	0.17	58	0.15	120	0.32	120
2	42,337	50	0.12	37	0.09	87	0.21	160
3	47,009	255	0.54	7	0.02	262	0.56	190
4	49,766	186	0.37	20	0.04	206	0.41	207
5	49,489	271	0.55	5	0.01	276	0.56	279
6	48,832	578	1.18	80	0.16	658	1.34	662
7	48,116	585	1.20	133	0.28	718	1.48	722
8	47,162	800	1.65	154	0.33	954	2.02	955
9	46,141	895	1.94	164	0.36	1,059	2.04	1,054
10	45,277	659	1.45	171	0.38	827	1.83	826
11	44,669	477	1.06	101	0.23	578	1.29	538
12	44,372	340	0.77	4	0.01	344	0.78	345
1944. 1	43,695	390	0.87	289	0.66	679	1.53	679
2	43,316	416	0.96			416	0.96	416
3	43,173	145	0.34			145	0.34	145
4	43,116	57	0.13			57	0.13	57
5	43,083	64	0.15			64	0.15	64
6	43,028	60	0.14			60	0.14	60
7	40,960	40	0.09			40	0.09	40
8		37	0.09			37	0.09	37
9								120
10								13
11								27
12								70
1945. 1								98
2								37
3								54
4								54
5								34
6								119
7								118
計		6,500		1,246		7,746		8,469

注：連合軍側による 1944 年 8 月までの捕虜死亡者数の合計は 7,725 人になる。
出所：俘虜関係中央調査委員会，附表第 8 と SEATIC, p. 24（最右欄の数字）を合成。

第21表　泰緬鐵道関係俘虜死亡者調

（単位：人）

	泰俘虜収容所 月間死亡者数	馬来収容所 第四分所 月間死亡者数	馬来収容所 第五分所 月間死亡者数	計
1943年1月	262			262
2	109			109
3	189			189
4	206			206
5	276	開設176	開設2	454
6	569	414	117	1,100
7	718	239	278	1,235
8	954	530	139	1,623
9	1,059	493	125	1,677
10	827	400	124	1,351
小　計	5,169	2,252	785	8,206
11	578	394	55	1,027
12	344			344
1944年1月	679			679
2	416			416
小　計	2,017	394	55	2,466
総　計	7,186	2,646	840	10,672

出所：俘虜関係中央調査委員会，附表第6より。

構成され、泰緬鉄道の最深部のキャンプ地で作業をしていた集団である。これらは、一九四三年五月に開設され、泰緬鉄道が完成した後はシンガポールに帰還しているので、その後に死者はない。板野中佐の第四分所七〇〇〇名の部隊で二六四六名の死亡者が出たことは、三七・八％の高い死亡率を示す。連合国捕虜のなかでは最大の犠牲者を出した部隊である。〝F〟部隊と〝H〟部隊の合計一万二七〇名のうち、さきの第14表（一二六頁）によれば、一九四四年四月に六三四〇名がシンガポールに送還されているから、未帰還者は合わせて三九三〇名いたことになる。この数字は、第21表の第四分所と第五分所の死亡者数合計三四八六名に近いが、四四四名多い。

日本側で示される連合国捕虜の全死亡者数は一万六七二名、あるいは、第20表の七七四六名に第四分所と第五分所の死亡者数合計三四八六名を加えた一万一二三二名となる。いっぽう、第20表の連合国側の統計による死亡者数八四六九名に、〝F〟部隊と〝H〟部隊の未帰還者数三九三〇名を加えると、連合国捕虜の全死亡者数は一万二三九九名となる。約一万二四〇〇名の捕虜死亡者というのが、ほぼ正確な数字であろう。

連合軍側が示すもうひとつの統計は第22表のようになっており、捕虜死亡者数の合計について一万二三九九名を提示している。しかし、〝F〟部隊と〝H〟部隊は、一九四四年四月に六三四〇名がシンガポールに送りかえされていて、未帰還者が三九三〇名であること、また、第20表の連合国側の捕虜死亡者数が八四六九名のほうであることから、「他の部隊」の死者三九三〇名はむしろ〝F〟部隊と〝H〟部隊のほうである。第22表中の上と下の部隊名が逆になっている、という問題がある。

第22表　泰緬鉄道建設で死亡した連合国捕虜

（単位：人）

部　　隊	イギリス	オーストラリア	アメリカ	オランダ	計
"F"・"H"部隊	4,224	?	?	?	8,469
他の部隊	2,680	1,206	3	41	3,930
合　計	6,904	?	?	?	12,399

出所：SEATIC, p. 24より。

第23表　捕虜・日本軍・労務者の死亡数と死亡率

（単位：人）

	総　数	死亡者概数	死亡率（%）
捕　　虜	約50,000	約10,000	20
日 本 軍	約15,000	約1,000	7
一般労務者	約100,000	約30,000	30（含，逃亡）

出所：俘虜関係中央調査委員会，28-29ページより作成。

日本側が示す捕虜・日本軍・労務者の死亡数と死亡率は、第23表のとおりである。この表のなかで、捕虜の総数は連合軍側の統計より一万少ないが、総数に対する死亡率は正しい。日本軍の死亡者については、ここではじめて総数が示されている。「一般労務者」の総数を約一〇万とするのは、あまりにも少なすぎる。少なくともこの二倍は徴用して使役していたはずであるから、日本軍はアジア人労務者の人数を正確に把握していなかったといえる。

実際、一九四三年八月に第二鉄道監兼泰緬鉄道の建設指揮官として着任した石田英熊中将は、アジア人労務者について「鉄道監部の方ではその総数も解らず、逃亡者も解らず、すべて不明である」[石田、一二五頁] と戦後に記して、把握のしようがなかったのだと弁解している。

したがって、かりに一般労務者の概数を約二〇万とし、死亡率三〇％とすれば、約六万名が死亡したことになる。連合軍側でいう捕虜約一万二三九九名、日本軍約一〇〇〇名の死亡者を、この一般労務者の推計約六万名の死亡者に加えると、合計でおよそ七万三四〇〇名の命が失われたことになる。ただし、一般労務者には逃亡者が続出していたから、実際にはその死亡者数は六万名よりも少なかったかもしれない。いずれにせよ、哀れにも非戦闘員である一般労務者の死亡率がきわめて高かったのは、抵抗する手段をもたず、組織をもたないもっとも弱い立場にあったからであろう。

ナコーンパトム病院

泰緬鉄道が一九四三年一〇月に完成し、列車が運行されるようになって、翌年二月に日本軍はチョンカイ（チュンカイ）俘虜収容所を解散している。現在、ここは連合軍の墓地になっている。チョンカイ収容所にいた健康な捕虜はふたたび日本で労役につくため、シンガポールに送還された［ゴードン、二六九頁］。まだマラリアの症状の出るゴードンらのグループは、ナコーンパトム俘虜収容所に収容された。ここには病院があった。

一九四四年三月、日本軍は捕虜を収容する野戦病院を、ナコーンパトムにわざわざ建設している。日本軍は、ナコーンパトムに野戦病院を建設したいと一九四三年一二月一五日にタイ側に申し入れ、翌年三月にはそれを完成させて、日本兵一〇〇名と白人捕虜一八〇〇名を収容していた。野戦病院の責任者である林中佐がカーンチャナブリーへ転任するため、一九四四年四月三日、県庁のナコーンパトム県知事に別れの挨拶に行ったとき、応対に出た県副知事と会話をしていた。林中佐は、〝野戦病院は増築中であり、現在捕虜を二六〇〇名収容していて、来月には四〇〇〇名になる〟［Bok. Sungsut 2. 5. 2/6］と副知事の質問に答えている。傷病兵となった捕虜に、治療手当てをする余裕がようやく出てきたのであろう。

ナコーンパトムに設置された俘虜（捕虜）病院。

仲間から引き離されて送りこまれた捕虜の感想は、「ナコーンパトム収容所にただよっていた雰囲気は無気力である。俘虜たちは、それぞれの所属部隊から引き離されて、あたたかい友人たちの交わりから抜き出されてここへ送られてきた。そこで、ここには共同社会の意識が完全に欠如していた」［ゴードン、二七四頁］というものである。ただ、ここでは強制労働がなく、食糧はごくわずかではあるが、良かった。また、「収容所の管理運営はイギリス軍の軍医将校の指揮のもとになされていた。俘虜将校、幕僚の中には有能なオーストラリア軍の脳外科医、A・E・コウツ大佐もいた」［ゴードン、二七五頁］。ともあれ、泰緬鉄道の建設工事でようやくみいだせる日本軍の人道的処置であった。

慰霊塔と連合軍墓地

泰緬鉄道完成直前に着任した石田英熊司令官は、建設工事現場の視察途中、捕虜や労務者の墓標が林立している墓場や、ニーケの捕虜病院の惨状を見て、死者の霊を慰める

メークローン川鉄橋のたもとに建てられている日本軍鉄道隊の慰霊碑。半世紀を経過して傷みが激しい。右が表側，左が裏側。

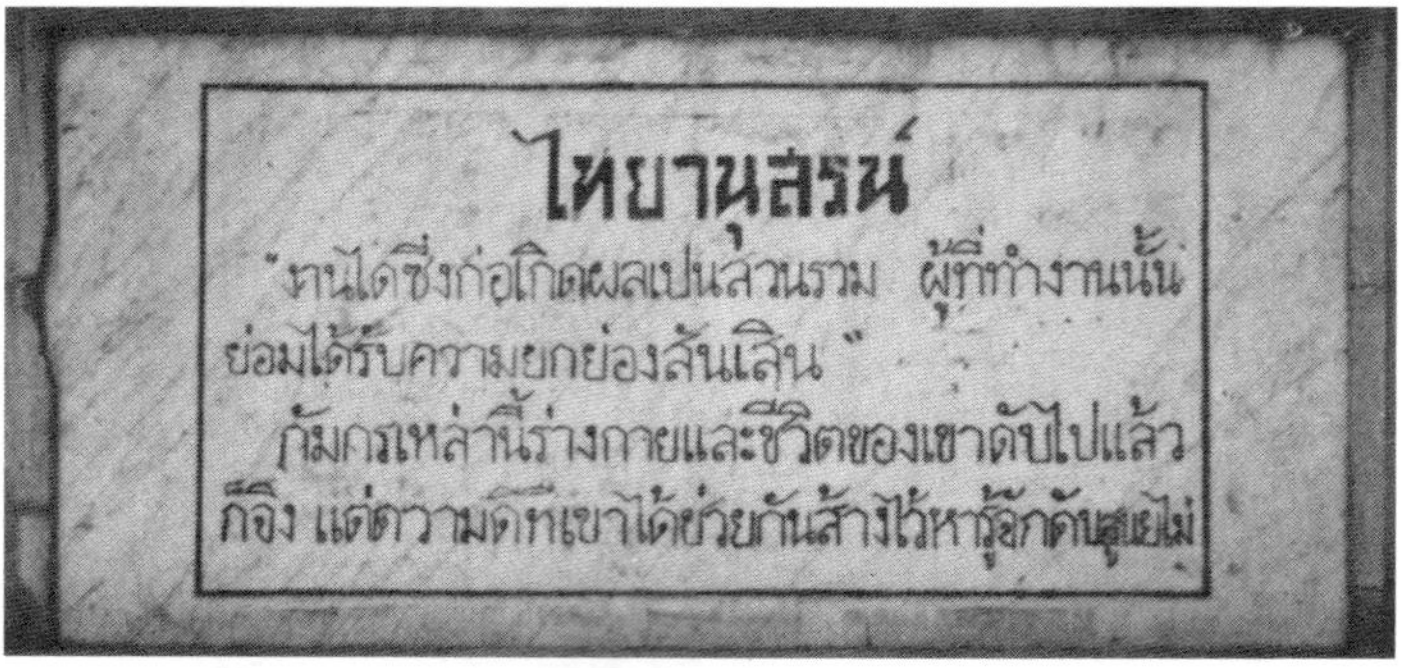

タイ語碑文。ピブーン時代の旧綴字法が用いられている。

ベトナム語碑文。ここ数年のあいだに文字が消えかかっている。

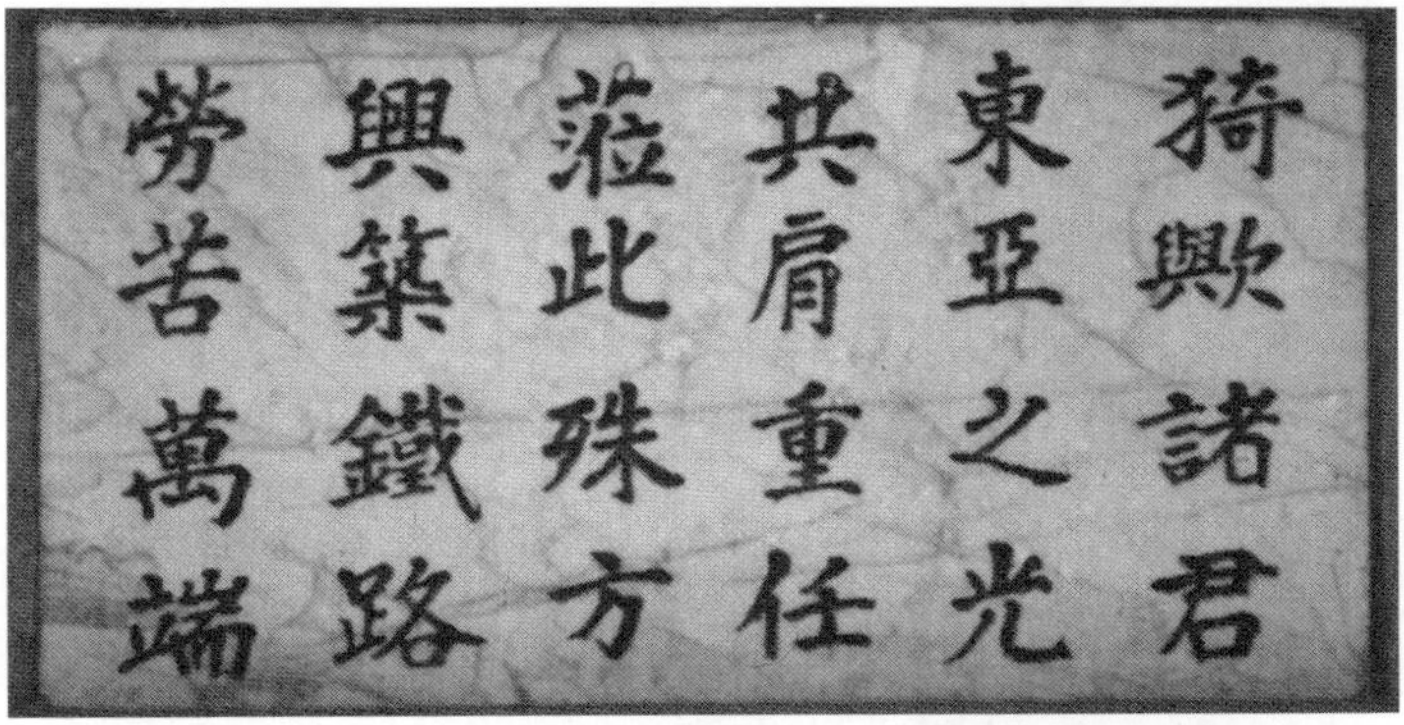

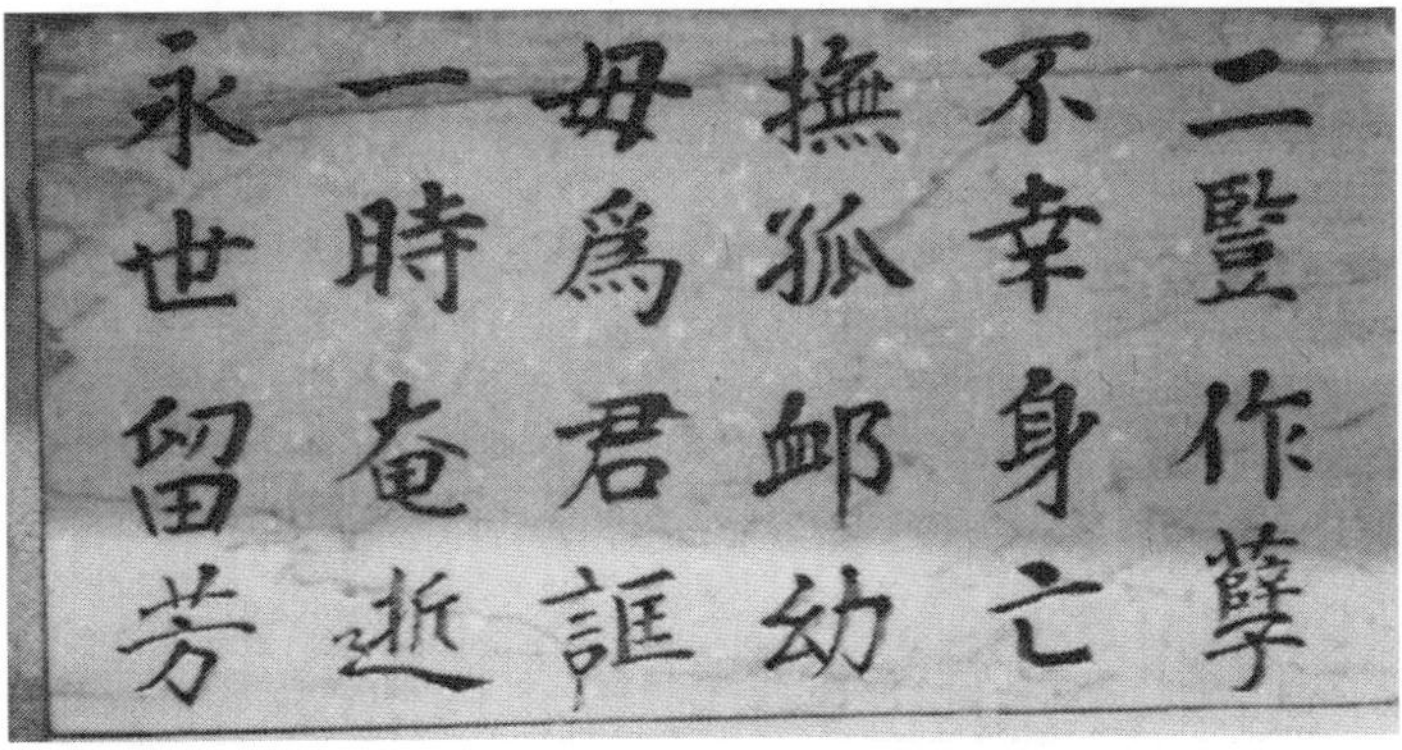

中国語碑文（2枚）。

BUAT K RMATAN ARWA
HNYA KAUM MUSLIMIN
KETIKA BERKERJA DISINI.
ALLAH AKAN BALAS
JASANYA.

マラヤ語碑文。文字の欠けているところは当時の砲弾の跡。

タミル語碑文。大きく損傷しているのは当時の爆撃によるもの。

英語による碑文。文字が判然としなくなっている。

カーンチャナブリー市内にある連合軍墓地。

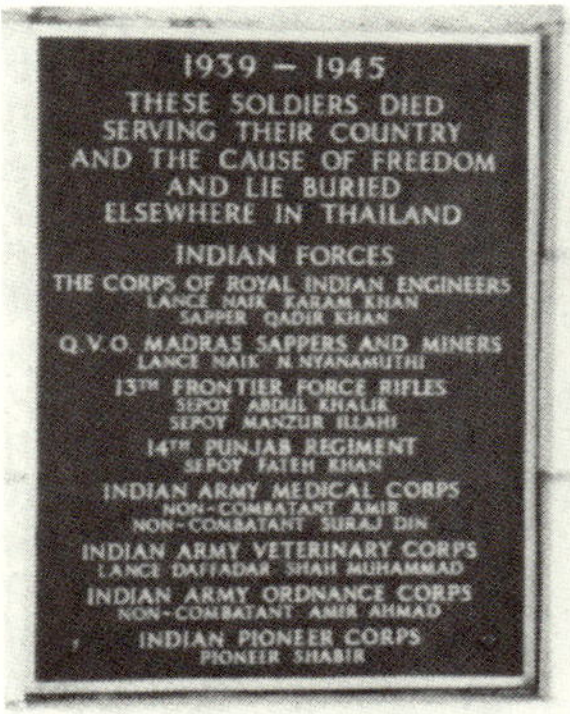

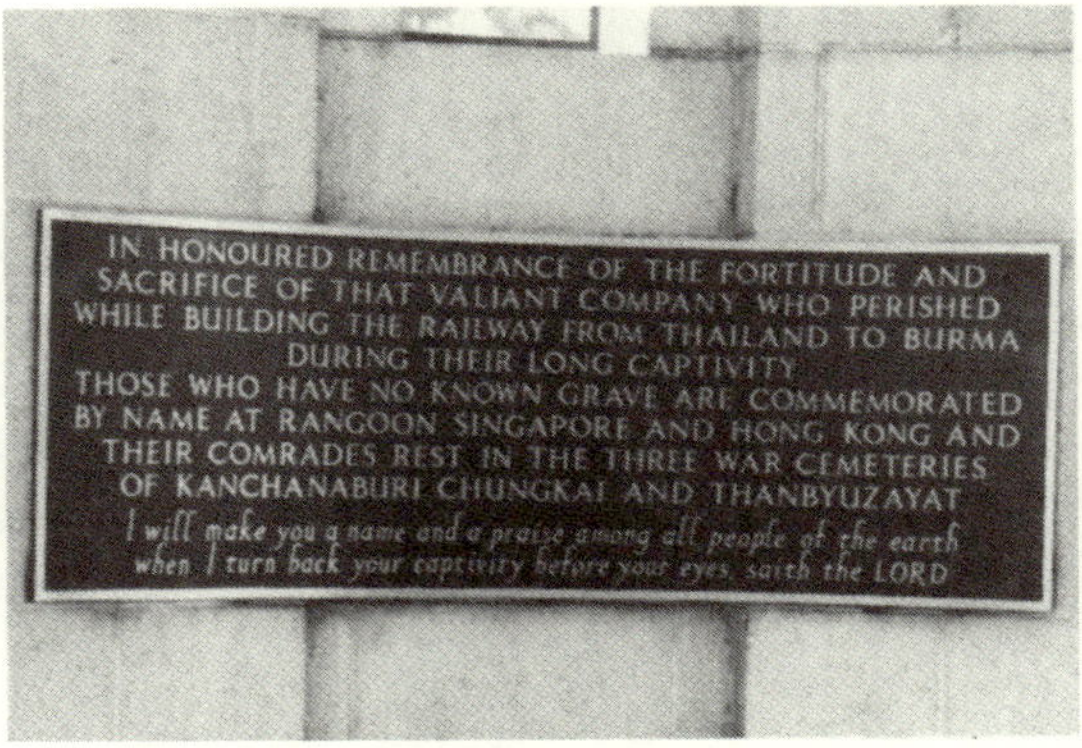

カーンチャナブリー市内の連合軍墓地入口の墓碑銘。

必要を痛感したという。石田はいろいろ考えたすえ、タイ側ではメークローン川鉄橋の河畔に慰霊塔を一九四三年一二月に、ビルマ側ではタンビュザヤにパゴダを四四年一月に、それぞれ建設し、慰霊祭を実施した。

現在もカーンチャナブリーの「戦場にかける橋」のたもとに残る慰霊塔には、「泰緬甸連接鐵道建設間不幸病ヲ得テ斃レタル南方各國勞務者及俘虜ノ爲メ此ノ碑ヲ建テ恭シク其ノ靈ヲ慰ム　昭和十九年二月　日本軍鐵道隊」と刻銘され、慰霊塔の周囲をかこむ四壁には、タイ語、中国語、ベトナム語、マラヤ語、タミル語、英語による石碑がはめこまれている。一部に当時の連合軍の空襲による弾痕で剝がれた箇所があるが、各言語の碑文はつぎのような内容になっている。

タ　イ　語：「『全人に裨益する事業は、その事業にたずさわった人々が当然賞賛されるべきである』。かの労務者たちが、その身命を失ったのは事実として、彼らが協力して築きあげた麗しい行動はけっして消え去ることはないであろう」。

中　国　語：「ああ諸君　東亜の光　共に重任を肩にし　この殊方［異地］にのぞむ　鉄路を興築し　労苦万端　病魔にとりつかれ　不幸にして身亡ぶ　残された孤児の面倒をみるという約束は　君がため偽りを言うつもりなし　一時にわかに逝きしとも　永世に芳を留めん［功績は永遠に残るでしょう］」。

ベトナム語：「泰緬鉄道建設時に死亡したベトナム人労務者の御霊を記念する」。

マ ラ ヤ語：「この地で労働せしムスリムの人々の魂に敬意を表す。アラーの神はその労苦に応え給う」。

タ ミ ル語：「自らの職務に殉じていった□□□□［弾痕のため読解不可能］の魂が永遠に安らぎを得ますように」。

英　　語：「戦争捕虜の死者を追悼して。一九四四」。

中国語で刻まれた文言は、押韻をした漢詩の格調は高く、教養ある人の作であることが推測される。また、英語がもっとも簡略な文言である。

この慰霊塔は、日本軍の命令によって、捕虜のなかから選ばれたグループが設計製作したものである。この慰霊塔ひとつをみても、泰緬鉄道建設にいかに多くの国民・民族が関わりをもったかがわかる。

アジア太平洋戦争後、泰緬鉄道沿線の各地に散在していた連合国捕虜の墓地は、カーンチャナブリー市内と鉄橋を渡ったチョンカイ（チュンカイ）地区の連合軍墓地に集められた。そしてタイ側の連合軍墓地は、一九四六年一月一日にシンガポールで締結された、タイ政府とイギリス政府およびインド植民地政府との間で調印された和平合意文書のなかで、タイ側が土地を提供し、永久保存が定められている［Foran, p. 314］。カーンチャナブリー市内の連合軍墓地には、イギリス人捕虜三五六三名、オランダ人捕虜一八九六名、オーストラリア人捕虜一三六二名、マラヤ人一一〇名、インド人一二名、ニュージーランド人二名、カナダ人一名、ビルマ人その他不明者三六名の計六九八二名の墓碑銘が整然と並び、その死を悼み、誉れを賛える言葉がそれぞれに、ひとつひとつの墓碑銘に刻まれている。ビルマ側のタンビュザヤにある連合軍墓地には、イギリス人捕虜一七二八名、オーストラリア人捕虜一一六三名、オランダ人捕虜六二一名の合計三五一二名の遺体が葬られてある。

10　タイ国内外のアジア人労務者

建設の工期短縮命令

一九四二年秋に本格的にはじまった泰緬鉄道建設は、当初、四三年末を完成予定にしていた。しかし、いったんインドに退却したイギリス軍は、アメリカ軍の強力な支援を受けて、ビルマに潜入して反攻を開始した。一九四二年夏には、わずか一七〇機内外にすぎなかった在インドの英米空軍が、四三年初頭には四〇〇機内外に増強されていた。主戦力をB24、P38などの精鋭機に改編したアメリカ空軍が主体になって、一九四三年一月のビルマ来襲機数は延べ二〇〇〇機にのぼった。また地上においても、一九四二年一一月の末から英印軍の第一次アキャブ反攻がはじまり、翌年二月中旬、英印軍のウィンゲート旅団が突如としてインパール方向から北ビルマに侵入し、ミッチーナ線を数か所において爆破し、さらに東進の気勢をみせていた。この英印軍の侵入は、次期大反撃のための大がかりな準備作戦であることがしだいに明らかになってきた［服部、四一五頁］。

ビルマへの英印軍の反攻企図に対して、大本営は一九四三年二月に「昭和十八年度帝国陸軍南西方面作戦指導計画」を策定し、状況によってはインド東北方面に地上進攻作戦を実施する意図を明らかにした。計画のなかで、ビルマ方面では「主決戦を英印軍に求め、アラカン山系隘路口附近に之を撃滅する。之が為、交通、築城の施設を整備し之が確保に留意す。本作戦の時期を本年雨期明け（十月）以降と予想し、ビルマに於て使用し得る総兵力を六乃至七箇師団と予定す」［服部、四一八頁］と説いた。雨期明けを待ってインド東北のマニプールに進攻する、いわゆるインパール作戦に向けての準備である。ところが、「馬来《マライ》方面より緬甸《ビルマ》に向ふ海上輸送亦漸次至難となり、他に陸上交通路の求むべきもの無く、この侭にして次期雨期を迎へんか、緬甸に対する交通はまったく杜絶し、該方面に於ける積極作戦は勿論、其防衛すら不可能となり、更に本建設自体亦至難となるべきを判断せらるるに至り、一九四三年二月上旬大本営は遂に本建設工期四ケ月の短縮を命令せり」［俘虜関係中央調査委員会、一五頁］。大本営は、南方軍鉄道主任参謀柘植中佐および第二鉄道監部高級部員水沢大佐を東京に呼んで、状況聴取のうえ、総軍司令官に一九四三年八月末の泰緬鉄道完成を命じ、かつ第二鉄道監に高崎祐政少将を任命した。前任の下田宣力少将は泰緬鉄道視察の帰途、乗っていた飛行機がタイ－ビルマ国境の山中に墜落し、一九四三年一月二三日に死亡していた。

　当時、工期短縮案の無謀さを説いていた南方軍の鉄道参謀広池俊雄は、一九四三年一月にシンガポールの参謀部に出頭を命ぜられ、結局、問答無用を言いわたされてタイに戻っていった［広池、二〇七頁］。広池はこの件で「不可能」と反論したのが原因で、一九四三年三月五日にタイを去り国内勤務についている。この理不尽に対して、国鉄出身の軍属技師二松慶彦《ふたまつよしひこ》は、「敵、即ち人力と知力相手の戦いは、或いは不可能を可能にする方法もあろうが、自然を相手にする土木工事には、技術上の計算から時間を考慮の外に於ては不可能を可能にする方法はない。日本の軍隊が技術の問題を軽視した悪弊がここにもはっきりとあらわれて、軍隊では技術官である両連隊長がこの命令を受諾したことは、全く無理強いだと云う外はない」［二松a、一一九頁］と述べている。このように二松は、精神主義に毒されていた日本の軍隊を批判し、理不尽であっても上部からの命令には絶対服従しなければならない自分たちの上官に、同情を寄せていた。

「不可能を可能にせよ」という言葉は、鉄道隊が津田沼から出陣する日の、陸軍大臣東条英機の訓示のなかにあった言葉である。広池は、シンガポールの南方軍で「不可能」という言葉を使ったため、帰国してからは大本営でひどく叱られたと述懐しているが［広池、二〇六頁］、泰緬鉄道建設当時、ほかにも精神主義を表現する言葉があった。それは、〝イギリスは泰緬鉄道を五年で完成させるというのをあきらめたが、日本軍はそれを一年で完成させる〟という、士気を鼓舞するためのスローガンであった。広池は、タイ交通省でイギリスのプランを見たというが、五年で完成するプランだったとは述べていない。だが、かつての鉄道隊員の回想録にしばしば登場するこの言葉は、たしかに隊員を奮起激励していたのである。

イギリスの計画は定かではないにせよ、作為的に流されたスローガンには、イギリスを凌駕し、イギリスに打ち勝つために、一刻も早く泰緬鉄道を完成させようとする精神主義がこめられていた。この精神主義について、「結局、物が不足だから精神力でそれをカヴァーしていくというと、つまり人間をあまり大事にしないということになる。人間を大事にすることができないような環境に永くおかれていると、人間を大事にしないでいい論理だかが要求されてくる。考え方がそっちへ向いてしまうと、ちょっとした用意でなんとか対策の立つことまで顧みなくなる。そして生命を粗末にすることが勇気の同義語にされて、お互い牽制してしまったりする」［飯塚、二〇四頁］と、飯塚浩二は精神主義が非人道主義にいたる欠陥を指摘している。

泰緬鉄道の緊急性は、ビルマに進攻した日本軍総勢四個師団九万五〇〇〇名、三年半にビルマに派兵された日本軍将兵延べ三三万名［根本、二六五頁］の命運にかかわることであり、ビルマ作戦を命じた大本営にとっては深刻な問題であった。大本営鉄道課長の加藤大佐は再三にわたり南方に出張し、一九四三年六月には、大本営運輸通信長官の若松中将がバンコクに出張した。同年八月の完成が無理とわかるや、大本営は臨時軽便鉄道の構築を命じていたが、石田英熊輸送司令官は軽便鉄道の無力さを力説し、絶対反対を具申していた。南方軍司令官もそれに同意して、軽便鉄道案を中止させたといういきさつがある。かわりに軽便鉄道は、クラ地峡横断鉄道の建設としてはじめられた。

泰緬鉄道建設が世界に悪名を馳せる結果となるのも、無理に無理を重ね、精神で克服しようとして陥った非人間性のゆえであった。大本営の工期短縮命令に応じるためには、もはや技術や精神だけではどうしようもなかった。残る方法が、労務者や捕虜を増員しての人海作戦であった。鉄道隊は、急ぎ労務者をかき集めはじめた。時はちょうど、熱帯の雨季到来を告げるころであった。

タイの華僑労務者

日本軍はさっそく、労務者を左記の要領で、肉体労働者すなわち中国語でいう〝苦力《クーリー》〟の募集と器材の購入を、タイ側の日泰政府連絡所長に依頼した［Bok. Sungsut, 2. 4. 1. 2/12］。つぎの文書の「泰陸武」というのは、前にも述べたように「泰國駐在帝國大使館附陸軍武官」の略号である。これらの文書は手書きの日本語で、カーボン紙で複写がとられ、タイ側に提出されている。旧字体と常用漢字が入りまじった文章は原文のままである。

泰陸武第三七號（極秘）

人員器材追加整備ノ件照會

昭和十八年三月二日

泰國駐在帝國大使館附武官　山田國太郎（印）

日泰政府連絡所長　殿

日本軍ハ泰緬連接鐵道建設促進ノ爲至急左記ノ通リ人員器材ヲ整備致シ度ニツキ之ガ徴収方ニ付便宜供與相

煩ハシ度右照會ス

左　記

徴集人員器材希望数

一、苦力總数　一三、〇〇〇人

内　譯

石工又ハ石工心得　五五〇人

木挽　一、〇〇〇人

鍛冶屋　一〇〇人

土工　一一、三五〇人

計　一三、〇〇〇人

二、土工、木工、石工、器具（苦力携行ノモノヲ含ム）

圓匙（平鋤唐鍬、鋤簾及之ニ類スルモノヲ含ム）　五、〇〇〇

鶴嘴若クハ十字鍬及之ニ類スルモノ　五、〇〇〇

石工具　六〇〇

鋸類　六〇〇

斧類　二、〇〇〇

鉈類　一、〇〇〇

鎌類　一、〇〇〇

三、地方醫　約二〇名

右ハ爲シ得レバ「マラリヤ」治療ニ経験ヲ有スルモノヲ徴集致度

四、費用

當部隊ニ於テ支拂ウ

（了）

この件に関する日タイ合同会議が一九四三年三月一三日に開かれ、日本側からは大使館付駐在武官補佐官岸並喜代二中佐、野口中尉、稲垣少尉が出席、タイ側は泰緬鉄道建設実行委員会委員長チューイ・パンチャルーン大佐らが出席した。石工五五〇人は非常に困難だが、そのほかはタイ側が広告募集することになった。また、医師二〇人も、せいぜい半分の人数しか集まらないだろうとタイ側は予測していた。日給は一人当たり二バーツ以上、週給制とし、六か月契約とするが、職種によっては幅をもたせることになった。タイ人の雇用が困難であれば、中国人などの外国人を雇用することになった［Bok. Sungsut, 2. 4. 1. 2/12］。

つづいて同年三月三一日にも日タイ合同会議が開かれ、日本側は、①一九四三年四月一〇日までに労務者を集めてほしい、そして四月末までに送りこんでほしい、②日給一人二バーツ、旅費として一人一バーツ支払う、という条件を出した。そして日本側は、〝とくに熟練労働者を二〇〇〇人、四月中に募集できないか〟とたずねているが、タイ側からは〝不可能〟という返答を受けている。そこで、日本側は〝泰国中華総商会を通じて募集するように取り計らってほしい〟と要請し、〝タイ官憲の行政権力で強制できないか〟とたずねている。タイ側は〝中華総商会にこのような内容で命令する権限はない〟と答え、また、中華総商会のほうにも〝強制的に労務者を集める権限はない〟と答えた。すると日本側は、〝中華総商会はタイ国内の中国人に絶対権力を有しているから、それを行使すれば早くて簡便に労務者が徴集できるではないか〟という理由をあげている。しかしタイ側は、〝中華総商会はた

華僑労務者の集団であろうか，帽子をかぶりズボンをはき，比較的こざっぱりした身なりをしている。

んなる商業団体であって誤解しては困る〟と反論し、〝中華総商会のことはさておき、要は労務者が集まればいいのであろう〟と議論を戻して答えていた［Bok. Sungsut, 2. 4. 1. 2/12］。

日本軍はタイが国家圧力で中華総商会を動かし、現実論で発動するよう要請したのに対し、タイは形式論で反論しているが、実際、泰国中華総商会は民間の団体であって、タイ政府が命令するのは法や行政に関してであり、日本軍の要請をタイにある華僑の民間団体に命令する立場にない。また、泰国中華総商会は、現実がどうであれ、タイ国内で絶対権力をもつものではない。タイにとっては国家権力が唯一であり、泰国中華総商会がタイ国内の華僑に対してであれ、絶対権力をもつことは許されないのである。堂々と反論し筋をとおしながら、日本軍の要求にこたえるタイ側の交渉は、独立国家タイの矜持を感じさせる。

一九四三年四月五日の日タイ合同会議で、タイ側から泰国中華総商会側の条件が提示された。その内容はつぎのとおりである［Bok. Sungsut, 2. 4. 1. 2/12］。

一、日給（土工の場合）三バーツ、三日に一度の支給

二、二五人に一人の小組頭、四組（一〇〇人）に一人の中組頭、二〇組（五〇〇人）に一人の大組頭をつけ、それぞれ順に日給の額を増やす。

三、一〇〇人に四人の料理人をつけ、食事は日に五回。食糧の運搬に便宜をはかる。茶碗・箸は持参。釜は用意してほしい。

四、赴任手当て、疾病手当てとして各一バーツ。

五、死亡の場合は慰謝料二〇〇バーツ。

六、枕、ゴザは持参、蚊帳は支給。

七、酒、アヘンの販売を許可し、移動販売店を置く。

八、前渡し一人一〇バーツを泰国中華総商会に支払い、泰国中華総商会は家族に届ける。

九、労務者は、

バンコク	七〇〇〇名
ナコーンパトム	五〇〇名
スパンブリー	五〇〇名
ラーチャブリー	五〇〇名
合　計	八五〇〇名

を予定し、不足分は他県から集める。

ここにあげられたアヘンは、飲用するとマラリアにかからないと華僑たちは信じていた。薬石のつもりである。泰国中華総商会の提示条件は日本軍が示した条件とかなりの開きがあるため、四月五日の午後七時に泰国中華総商会の幹部が日本大使館に呼びだされ、直接交渉が行なわれた。幹部には、泰国中華総商会主席の陳守明や、タイの有名なウィスキー「メコン」の醸造会社社長である張蘭臣らが含まれていた。いっぽう、同日のうちに警察局幹部とバンコク県知事、トンブリー県知事も泰国中華総商会の陳守明と会い、中国人労務者（土工）をバンコク・トンブリー地区で九八五〇人雇いあげてほしいと要請していた。陳守明はそれに対して、〝できるだけ努力する〟と答えている。タイ側は、〝残り一五〇〇人はナコーンパトム、スパンブリー、ラーチャブリーの各県知事が集めるから〟と説明していた。陳守明はそれに対し、日本側がさきほど示した条件はつぎのような内容であった、と明らかにしている［Bok. Sungsut, 2. 4. 1. 2/12］。

一、労務者一万人、うち、苦力（土工）八〇〇〇人、木工・石工二〇〇〇人
二、日給は土工二・七〇バーツ、木工・石工三・五〇バーツ。
　土工は一日当たり三立方メートル掘り、それ以上掘った場合は一立方メートルにつき特別手当て二九サターンを支給。木工・石工も働きに応じて勤勉手当てを支給。超過勤務手当てを一〇～二〇％支給。危険区域での労働には危険手当て。
三、食事代として一日五〇サターンを支給。実質三・二〇バーツの支給。
四、道具は持参、持参者には五～一〇サターン支給。
五、茶碗・箸、蚊帳、布類は持参。
六、傷病は日本側が治療。

七、死亡の場合は慰謝料支給。
八、仕送りに便宜供与、前渡金は適宜応じる。
九、日本側が飲み物、酒、コーヒーを販売。
一〇、一日当たり一〇〇〇人を送りこむ。

泰国中華総商会としては、もちろんこのような条件では折り合えるはずはなく、とりわけバンコクの労賃が値上りをしていることを理由に、日泰同盟連絡事務局（Krom prasanngan phanthamit）に交渉を依頼していた。日泰同盟連絡事務局を仲介に数回の交渉ののち、結局、以下のような条件で妥結した［Bok. Sungsut, 2. 4. 4. 2/12］。この「日泰同盟連絡事務局」とは、日本側がタイに新しく「タイ駐屯軍」（「義」部隊）を設置したのに対応して、タイ側も三月一八日に「日泰政府連絡所」を改組してできた、タイ側の組織である。「日泰同盟連絡事務局」は「同盟國連絡事務局」とも呼ばれ、日泰政府連絡所と同じく、タイ国軍最高司令部に帰属していた。

一、日給（土工の場合）　　三バーツ
　二五人に一人の小組頭　　四バーツ
　一〇〇人に一人の中組頭　　五バーツ
　五〇〇人に一人の大組頭　　八バーツ
二、バーンポーンとカーンチャナブリーに苦力《クーリー》のための食糧と道具の倉庫を設置。トラック・船舟を毎日無料で物資輸送用にあてる。
三、タバコ、マッチ、酒、アヘンその他の販売許可をもらい、苦力に売る。

四、土工用の道具は雇用主が準備する。
五、中国人とタイ人労務者が一緒に作業することがある。
六、飲料水は雇用主が準備する。
七、医師は雇用主が無料で手配する。
八、雇用主は給料支給の利便のため、人数の証明書を組頭に渡す。
九、石油類の販売許可を申請し、組頭が苦力に売る。
一〇、雨の日は日給一人一バーツを支給。

一九四三年四月二一日には、野口中尉が泰国中華総商会を訪問し、

一九四三年四月二四日　六〇〇人
　　　　　　二六日　六〇〇人
　　　　　　二八日　六〇〇人　　二四〇〇人
　　　　　　三〇日　六〇〇人
　　　五月　一日
　　　　　　～　　毎日　五〇〇人　　六〇〇〇人
　　　　　一二日

の苦力を送りこむよう要請していた。

翌四月二二日には、バーンポーン事件以来、外国人立入禁止地区になっているカーンチャナブリー県に、タイ警察局は日本軍が送りこむ一万三〇〇〇名の外国人労務者の入境を許可していた。つまり、日本軍は一万三〇〇〇名

第 24 表　タイ国内の華僑労働者送り出し人数と日本軍の受取人数（1943 年）

（単位：人）

受入月日	泰国中華総商会	日本軍		
4 月 17 日	467	467		
19 日	381	381		
21 日	460	660	バンコク	460
			バーンポーン	200
24 日	423	889	バンコク	423
			ワット・ギウラーイ	466
25 日		約 500	（ラーチャブリー）	
26 日	366	1,166	バンコク	366
			ナコーンパトム	400
			カーンチャナブリー	400
28 日	359	1,059	バンコク	759
			カーンチャナブリー	300
	210 1)			
30 日	785	785		
4 月 28 日	405 1)			
4 月 28 日	210 1)			
5 月　2 日	550 2)	550		
4 日	611	611		
6 日	787			
8 日	806			
合　計	7,421	7,068		

注：1）カーンチャナブリーで渡された数
　　2）バンコクのワット・テープシリンで渡された数
出所：Bok.Sungsut, 2. 4. 1. 2/12 をもとに作成。

を要請していたことになる。泰国中華総商会は五月二日と五月一〇日付をもって、カーンチャナブリーへの苦力の送り出しを、また日本軍の稲垣中尉は受けとった側として、それぞれ第24表のような数字をタイ側の連絡窓口である日泰同盟連絡事務局に報告している。いずれも、バンコクとその周辺地域の華僑である。

表中の数字は途中で切れているが、一か月後の一九四三年六月一二日になり、タイ内務大臣から日泰同盟連絡事務局宛に、四月一七日より五月二六日をもって苦力の送り込みは終わり、総数一万一五七名を送りこみ、日本側の要請数より二二七名多いと通知していた [Bok. Sungsut, 2. 4. 1. 2/12]。そうすると日本軍の最終的な要請数は、一万一五七七名から二二七名を差し引いた一万一三五〇人であったことになる。

タイ国内の労務者追加募集

苦力《クーリー》の要請は、これだけでは終わらなかった。一九四三年五月二八日の日タイ合同会議で、日本側は、陸軍駐在武官補佐官岸並喜代二中佐、中村少佐、野口中尉らが波多野通訳を通じて、労務者をさらに二万人ほどほしいと申し出た。タイ側からは、〝農繁期でタイ人は集めにくく、マラヤ人の労務者はどうか〟という発言があった。日本側は、〝鉄道建設に必要な労務者は全部で四万五〇〇〇人で、ビルマから一万人、マラヤから一万五〇〇〇人、残りの二万人をタイで集めたい〟と説明している。タイ側は、〝前回の一万三〇〇〇人は応募で集めた労務者ではなく、ほかの仕事に従事していたのを徴集した労務者であり、一万三〇〇〇人のところ一万人しか集まらず、三〇〇〇人不足しているのはそのせいである〟、と労務者募集の困難さを語っている。日本側は二万人でも一万人でも結構と、トーンを落としながらも焦燥感を隠していない [Bok. Sungsut, 2. 4. 1. 2/12]。

一か月待ってもタイ側からなんの連絡もなかったのか、日本側はとりあえず苦力の不足分の募集を要請する文書をタイ側に送っているが、その内容はつぎのとおりである [Bok. Sungsut, 2. 4. 1. 2/12]。この文書でも、労働力と砕石を緊急に求める焦りが感じられる。

（極秘）（至急）
泰陸武第一九〇號

苦力募集及砕石供出ノ件

昭和十八年六月二十六日

泰國駐在帝國大使館附武官　山田國太郎（印）

日泰同盟連絡事務局長　殿

泰緬鉄道建設ニ関スル御協力ニ對シテハ感激シアル所同鉄道ノ迅速ナル完成ハ作戰上焦眉ノ急務ナルヲ以テ五月中旬以来主任者ヨリ連絡ノ上協力方願出アル苦力ノ不足分三千名竝ニ砕石十五萬立方米ノ供出ニ関シテハ更ニ之ガ實施ヲ促進セラレ度

鉄道建設部隊側ニ於テハ完成促進ヲ苦慮シアリテ萬一完成遅延ノ場合ハ其ノ責ヲ苦力及砕石ノ供出遅延ニ負ハスベキ状況ニ在ルヲ以テ貴方ニ於テモ種々困難ナル事情アリトハ存ズルモ同盟精神ニ基キ特ニ配慮アリ度

いっぽう、一九四三年六月に入ると、日本軍は労務者二万三〇〇〇人の雇上げを要請してきた。日泰同盟連絡事務局はふたたび泰国中華総商会に募集を依頼することになり、タイ国軍最高司令官の許可を受けている。タイ内務省は六月一四日に関係部局長会議を開き、前回と同様にバンコク県知事が泰国中華総商会と連絡をとることになった。要請を受けた泰国中華総商会は、各県の県知事を通じて中央部タイと南タイを主として、支部のある二四県の泰国中華総商会支部代表者を六月三〇日に集めて会議を開き、バンコク・トンブリー地区から一万三〇〇〇人、地方から一万人の中国人労務者を送りこむプランを立てた。

その後、日泰同盟連絡事務局は労務者二万三〇〇〇人のうち、一万人はタイ人労働者とし、タイ国内の華僑労働者を一万三〇〇〇人とした。そして、バンコク・トンブリー地区八三〇〇人、地方四七〇〇人を泰国中華総商会に要請してきた。しかし、さきに華僑労働者一万一五七七人を送りだした泰国中華総商会は、バンコク・トンブリー地区でそれほど募集する余力がないと回答して、結局その数は五三二〇人となった。砕石作業は業者が請け負うことになった [Bok. Sungsut, 2. 4. 1. 2/12]。

タイ人労務者

タイ人労務者は、タイ内務省の計画した予定数一万人が、内務省で追加したり各県が増員したりして、第25表のような人数および日程で各県から送りだされることになった［Bok. Sungsut, 2. 4. 1. 2/12］。

ぞくぞくと送られてくる労務者のうち、まずラーチャブリーの労務者については、承知しなければ開発村に送りこむと言われ強制されて送られてきたことがわかり、日本軍は一九四三年八月四日、日泰同盟連絡事務局に対して志願者だけにするよう要請している。一方、南タイのヤラーからの労務者五五〇名は、現地の泰国中華総商会支部が財政的にも実際面でも積極的に協力して募集したので、県は同商会支部に感謝状を贈っていた。その労務者五五〇名は、チュンポーンで作業するものと思っていた。ところが、労務者たちを乗せた日本軍用特別列車三〇〇八号は、八月一〇日にチュンポーンで彼らを下車させず、バーンポーンに停車して下車させたため、労務者たちが騒ぎだした。日タイ合同憲兵隊が鎮圧に向かっている、という電報がカーンチャナブリー県知事から打電されている。

この「日タイ合同憲兵隊」（タイ側では「タイ日合同憲兵隊」）とは、日本軍がタイに進駐してから終戦までおかれていた、文字どおりの組織だったようである。タイ国立公文書館には、一九四二年一月九日から四四年九月四日までの、日タイ合同憲兵隊に関するタイ語による報告書約一二〇〇枚が保存されているが、その内容は、昼は日本兵による自動車や人力車の交通事故、夜は酔いどれ日本兵とタイ人女性とのトラブルについてのものが多い。

そして、実際に送られてきた労務者の人数と受けとった月日は、第26表のようになっていた。この表は、日本軍が作成した日本語のものである［Bok. Sungsut, 2. 4. 1. 2/12］。第26表の受領労務者数は、第25表の送り出し数よりも一五五八名少なくなっている。それでも、ほぼ予定どおりの人数を日本軍は受けとっていたといえる。しかし、

第25表　タイ人労務者の県別送り出し人数（1943年）

（単位：人）

県名＼月日	7月 27日	28日	29日	30日	31日	8月 1日	2日	4日	5日	6日	8日	9日	10日	11日	12日	13日	14日	16日	18日	20日	22日	24日	計
バンコク			500		500		500	350		350	300		600		600		600	600	600	600	400	400	6,900
トンブリー			500		300		100	250		250													1,400
パトゥムターニー				330																			330
サムットソンクラーム		150																					150
ナコームパトム																							550*
ラーチャブリー																							640*
ペッチャブリー		120																					120
スパンブリー								380															380
サラブリー									150														150
アユタヤ													896										896
アーントーン		220																					220
シンブリー						100																	100
チャチューンサオ		460																					460
プラーチーンブリー																180							180
チョンブリー												100	100	100	100								400
ナコーンサワン	259			301																			560
ピサヌローク			240																				240
ピチット						300																	300
ヤラー（南部タイ）																							550*
計	259	950	1,240	631	800	400	600	980	150	600	300	100	1,596	100	700	180	600	600	600	600	400	400	14,526

注：* は時期不明、別の文書から推察して8月9日ごろと思われる。
出所：Bok. Sungut, 2. 4 1. 2/12 をもとに作成。

第7図　タイ人労務者を送りだした中部タイの各県

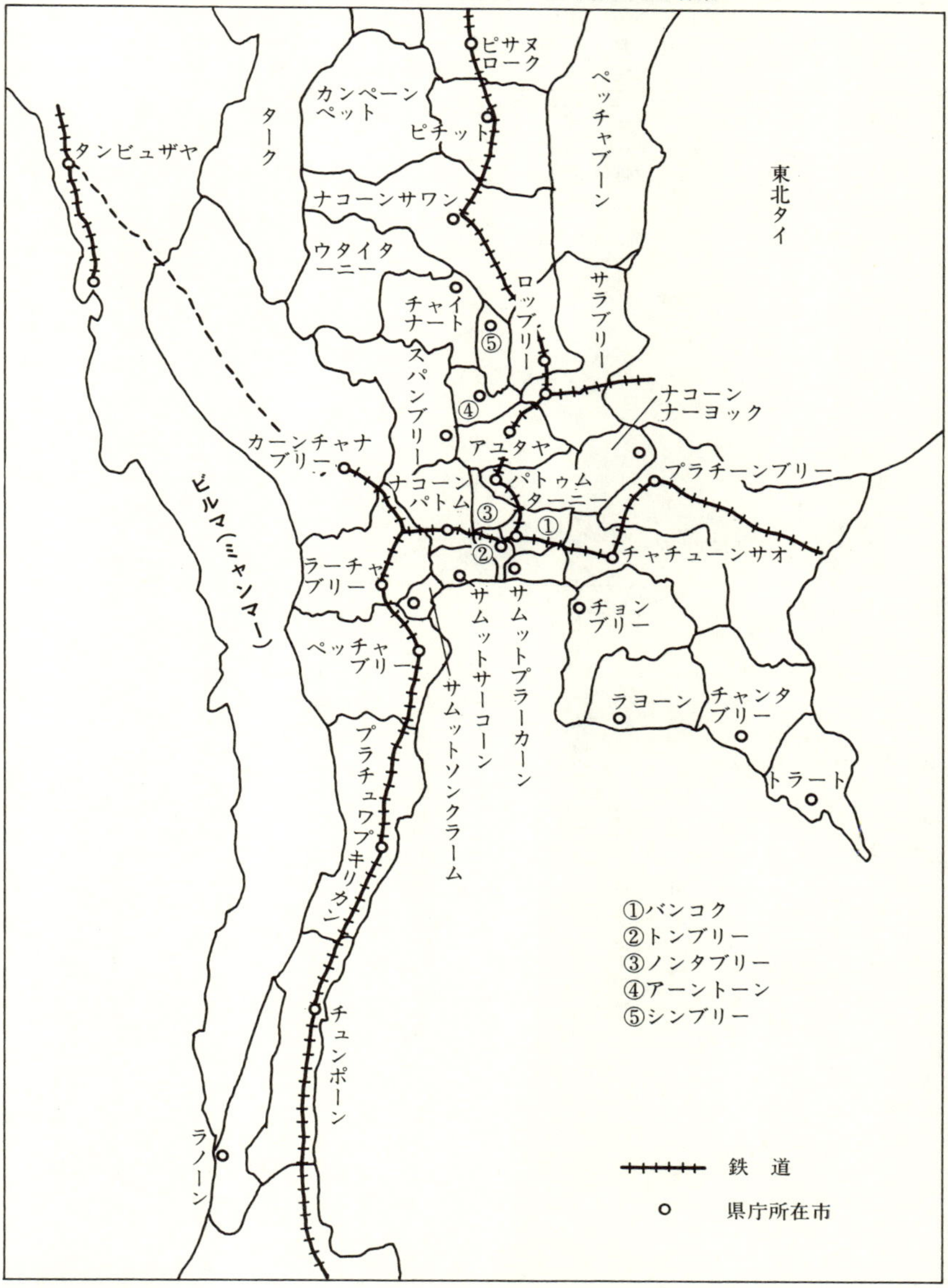

出所：筆者作成。

第26表　泰國勞務者募集状況（自昭和18年7月15日至8月31日）

募集月日	募集地	受領数	バーンポーン迄		ワンヤイ迄	
			逃　亡	到　着	逃　亡	到　着
7月15日～31日	バンコクと近隣各県	4,063	47	3,590	985（入院25名）	2,580
8月 1日～10日	バンコクと近隣各県	3,573	231	3,342	2,094（入院1名）	1,247
8月11日～20日	バンコクと近隣各県	3,109	432	2,677	1,492（入院4名）	1,181
8月22日	バンコク	215	45	170	25	145
24日	バンコク	300	77	223	60	163
26日	バンコク	352	22	330	220	110
28日	バンコク	445	141	304	254	50
30日	バンコク	272	15	257	224	30
30日	ナコームパトム	467	244	223	154	69
31日	チャチューンサオ	172	22	150	133	17
合　計		12,968	1,702	11,266	5,641	5,595

出所：Bok, Sungsut, 2. 4. 1. 2/12より。

それから工事現場へ向かう途中が問題であった。第26表にみられるように、逃亡者が続出しているのである。

バーンポーンには泰緬鉄道の建設基地がある。ワンヤイは、このバーンポーンから一二五キロ奥地に入った地区であるが、そこへ行くには密林地区を通過しなければならない。結局、カーンチャナブリーの作業現場に到着したときには、残った労務者は募集した人数の半分以下に減ってしまい、日本軍はつぎのような書簡をタイ側に送らざるをえなくなった［Bok. Sungsut, 2. 4. 1. 2/12］。

泰陸武第三一六號

苦力供出ノ件回答

昭和拾八年九月拾六日

泰國駐在帝國大使館附武官　山田國太郎（印）

日泰同盟連絡事務局長　殿

九月十一日附第六一六一號ノ二四六八號ヲ以テ申越ノ件別紙ノ通リ回答ス

尚不足苦力ノ募集ハ一時中止致度ニ付承知アリ度

このなかで「別紙」と呼んでいるのは、第26表の「泰勞務者募集状況」をさしている。

華僑労務者の追加募集

中国人労務者は一九四三年七月一五日から八月三一日までに、各県から第27表のように送りだすことになった。日本軍に届ける前に逃亡した者、日本軍が送りかえした者を省くと、表中の右側の数字になる［Bok. Sungsut, 2. 4. 1. 2/12］。

泰国中華総商会は一九四三年九月一日、陳守明主席名で第28表のような人数の労務者を日本軍に送りとどけた、と報告していた。この労務者の数字は、バンコク・トンブリー地区の中国人労務者の数であろう［Bok. Sungsut, 2. 4. 1. 2/12］。偶数日を選び、約三〇〇名ずつ送りこんでいた。

泰国中華総商会はさきに送りこんだ労務者の劣悪な環境として、宿舎の不足で土間に寝ざるをえないこと、移動の多さ、バンコクまで行かなければならない、疾病者の治療施設不足、という待遇の悪さをあげ、タイ内務省に待遇改善の要請を依頼することも忘れなかった。

当時の泰国中華総商会主席陳守明は、タイの抗日運動「自由タイ」に資金援助していたことが戦後に明らかにされているが、日本が敗れた日の翌日の一九四五年八月一六日、バンコク市内で何者かに射殺されている。四二歳の若さであった。一九四五年八月一六日は、タイ政府が、四二年一月二五日にタイが英米に対して発した宣戦布告が無効であると宣言した日であった。タイではこの日が終戦記念日になっている。

第 27 表　タイ国内華僑労務者の追加募集
（1943 年 7 月 15 日～8 月 31 日）
（単位：人）

	県　　名	予定数	実　数
1.	バンコク・トンブリー	5,320	5,320
2.	パトゥムターニー	380	380
3.	サムットソンクラーム	330	229
4.	ナコーンパトム	798	798
5.	ラーチャブリー	985	985
6.	ペッチャブリー	260	259
7.	スパンブリー	666	671
8.	サラブリー	330	329
9.	アユタヤ	520	522
10.	アーントーン	220	210
11.	シンブリー	100	100
12.	チャチューンサオ	730	673
13.	プラーチーンブリー	344	264
14.	チョンブリー	900	897
15.	ナコーンサワン	507	466
16.	ピサヌローク	240	236
17.	ピチット	269	208
18.	ヤラー	550	550
	合　　計	13,449	13,097

出所：Bok. Sungsut, 2. 4. 1. 2/12 をもとに作成。

第 28 表　バンコク・トンブリー地区の華僑労務者
（単位：人）

1943 年 8 月	2 日	652
	4 日	405
	6 日	454
	8 日	226
	10 日	318
	12 日	360
	14 日	318
	16 日	308
	18 日	349
	20 日	346
	22 日	215
	24 日	300
	26 日	352
	28 日	445
	30 日	272
	合　計	5,320

出所：Bok. Sungsut, 2. 4. 1. 2/9 をもとに作成。

特殊技術者の募集

泰緬鉄道が完成した一九四三年一〇月二五日から一か月後、こんどは機械修理に熟練技術を有する技術者約一〇〇名を募集する広告が出された。バンコクで発行され、当時は日本側が買収していた日系中国語新聞『中原報』は、一九四三年一一月三〇日付の紙面広告でつぎのような文面を掲載した［Bok. Sungsut, 2. 4. 1. 2/9］。

聘請機器工人及其他雜工啓事

茲有某機關擬聘請機器工人（車牀工、鍛冶工、機器修理工、機器装置工、汽爐工、電氣工、木工等多名）暨其他雜工及此等各工徒弟、擬聘請人數總共百餘名、工作地點爲北碧附近、概不論國籍、待遇從優。有意應聘者

希従速到本報對面中原有限公司接洽

十一月二十五　　　中原報　代啓

列車の脱線転覆事故があいつぎ、その修復や汽車の故障修理に大量の専門技術者を必要としたのであろう。勤務地はカーンチャナブリー（文中の「北碧」）、国籍は不問、優遇する、とある。

さらに、一九四三年一二月一九日には日泰同盟連絡事務局に対して、日本軍がバンコクで募集する技術者の内訳をつぎのように通知している[Bok. Sungsut, 2. 4. 1. 2/9]。

泰陸武第四七六號

特殊技術者募集ニ關スル件通牒

泰國駐在帝國大使館附武官　山田國太郎（印）

昭和十八年十二月十九日

日泰同盟連絡事務局長　殿

日本軍ニ於テハ泰緬鐵道運營ノ爲特殊技術者ヲ盤谷ニ於テ左記ノ通リ募集致スベキニ付諒承相成度

左記

職名	技工	技工手傳	工手
仕上	五名	一〇名	
鈑金	五	一〇	
ガス工	二	三	
電氣溶接	二	三	

旋盤	一〇	一〇	
鍛冶	一〇	一五	
機械修理	五	一〇	
内燃機	五	五	
電氣	五		
大工	五	一〇	
諸機運轉	一	二	
倉庫手			三〇名
炊夫			一〇
事務員			二
通譯			一
計	五五	七八	四三

總計　一七六

日本軍の期待どおりに、こうした特殊技能者が集まったかどうかは不明である。

ビルマ人労務者

日本軍は、ビルマ（ミャンマー）の首都ラングーン（ヤンゴン）を一九四二年三月八日に占領し、六月四日には第一五軍のもとに軍政を布告した。そして、同年八月一日に、バー・モウ（バ・モオ）博士を長官とするビルマ行政府を発足させていた。

泰緬鉄道の全線四一五キロのうち、ビルマ側には西側の建設区間一六〇キロがあった。南ビルマのタンビュザヤは、泰緬鉄道の西の起点として一九四二年六月二八日にゼロ距離標の打込みが行なわれていたが、同地は日本軍占領時代のビルマ人には悪名高く、もっとも恐れられたところであった。

ビルマ側の労務者について、太田常蔵はつぎのように記している［太田、二四三〜四四頁］。

昭和一七［一九四二］年一一月に開始された泰緬鉄道建設工事に関する労務者については、当初建設部隊において直接現地募集の方法をとったが、所要の員数を確保することが困難だったので、一二月中旬、建設部隊は、行政府に対して労務者供出を依頼した。行政府長官は、直ちに長官直轄の下に、労務者募集福祉委員会を結成して、募集を開始した。募集地域は結局、マグイ、タヴォイ、モールメン、タトン、ペグ、トングー、インセン、ヘンサダ、バセインの諸県とした。募集の結果は、一八［一九四三］年二月末までに計一万三九五〇人であった。この成績は、予定期間を経過しても、ようやく要求数の半ばに達したに過ぎず、また輸送中の逃亡者も極めて多く、芳しくない有様であった。昭和一八年三月一日、関係部隊、軍政監部、行政府関係者の参集を求め、奉仕隊編成について打ち合わせをなし、翌二日、林集団命令として、『泰緬甸連接鉄道建設奉仕隊編成派遣要領』を定めた。

そして、太田の数字を追ってまとめると、その結果はつぎのような数字になる［太田、二四四〜四七頁］。

第一次募集　三万人の建設奉仕隊を予定。三万二一八四人の募集を得た。

第29表　1943年3月以降のビルマ人労務者供出数

（単位：人）

第一期	1943年3月下旬から4月上旬	32,184
第二期	同年5月中旬から6月上旬	17,615
第三期	同年7月下旬	21,985
	建設奉仕隊要員　延人員	71,784
	別に応募労務者　延人員	13,950
	計	85,734

出所：井上，4ページより作成。

第二次募集　二万一〇〇〇人を予定。五月六日以降に募集。一万七六一五人を得る。

第三次募集　七月初旬以降、二万人を募集。応募者数は二万一〇六九人。

井上忠男がまとめた報告書『泰緬鉄道建設に使用した現地人労務者の状況』のなかで、彼も、一九四三年二月末までに応募した労務者が一万三九五〇人として、太田と同じ数字をあげている。さらに、ビルマ軍政監が編成管理官、行政府長官が担任官となり、一九四三年三月三日にバー・モウ長官室において、バー・モウ長官臨席のもとに打合せが行なわれ、その結果、第29表のような労務者の供出を行なうことになったという。タイ側と同じくビルマ側でも、大本営の建設工期の四か月短縮命令が出された直後の、大々的な募集であった。

また、井上は、「奉仕隊員は必ず無事帰還させること、帰還者の実績により、その後の募集も容易ならしめることに配慮し、逐次、交代制を取り、また作業頭に二万の労働力を確保するごとく常時おおむね三万人の建設奉仕隊員を準備した」[井上、四～五頁]と、当時の状況を伝えている、ビルマ人労務者は交替制をとっていたという。また、ビルマ軍政監部でローム出張所長代理として、一九四三年六月中旬から八月一日まで、ビルマ人労務者の募集にあたった浅井得一博士の言葉を引用して、「たとえばある村に三名の割り当てがきたとすると、これに応ずるようなならず者あるいは浮浪者のような人間がいつもいて、村の人たちから相当の餞別をもらって出発し、できるだけ早い機会に逃げ帰り、次の募集のときにまた出てくるというからくりがあることを聞き、この対策を立てた」[井上、六頁]という、交替制の虚をつく、住民の側のささやかな忌避の態度と抵抗する知恵が描写されている。

貨車に乗せられて送られてきたアジア人労務者。

しかし、交替制というが、ビルマ〝汗の軍隊〟に加わったビルマの作家リンヨン・ティッルウィンは、約束の六か月がきて帰還したいと申し出たら、ビンタを食らったという話を書いている〔ティッルウィン、三四〇頁〕。つねに日本兵に監視されていて、まず脱走は不可能な状態におかれていた。ティッルウィン自身は、一九四二年五月末からしだいに奥地のタイ国境の工事現場に連行され、泰緬鉄道完成後に脱走している。一年以上も労務者として働いていたことになる。当時のビルマ人労務者について、石田英熊中将は、「ビルマの奉仕隊は三か月交代であった。そのため当初は素質も良かったがしだいに素質減退し、輸送途中又は作業場より逃避するものも激増したのである」〔石田、一三頁〕と記している。

ビルマ〝汗の軍隊〟

連合軍側の統計によれば、ビルマ側の泰緬鉄道建設現場には、一九四二年七月から四三年一月までにビルマ〝汗の軍隊〟と呼ばれるビルマ人労務者が徴集され、一九四三年三月から四四年八月までは泰緬鉄道建設奉仕隊として徴集されて

第30表　ビルマ人泰緬鉄道建設奉仕隊

（単位：人）

募集次	予定員数	各地より送られた人数	途中脱走者	モールメン到着人数	モールメンでの脱走者	不適格送還者	タンビュザヤに送りこまれた人数
1.	30,000	26,000	4,045				21,964
2.	21,000						11,174
3.	20,000						9,279
4.	15,000						7,747
5.	15,000	9,174	3,135	6,039	1,035	256	4,747
6.	10,000	7,317	2,985	4,332	291	103	3,938
7.	10,000	20,475	6,546	13,929	1,676	319	11,933
8.	10,000	6,112	3,661	2,457	402	52	1,995
9.	10,000	8,184	4,732	3,452	1,697	14	1,740
10.	10,000	8,624	3,552	5,092	801	66	4,222
11.	10,000	10,743	5,067	5,676	495	174	5,007
12.	5,200	4,291	1,658	2,653	685	102	1,846
13.	5,100	4,519	1,224	3,145	438	35	2,722
14.	5,000	4,907	1,240	2,667	101	46	3,522
合　計	177,300						91,836

出所："U AUNG MIN : formerly Deputy Director of Labour in the Japanese sponsored Burma provisional...," SEATIC, p. 26 より。

いた［SEATIC, p. 26］と述べ、第30表のような統計をあげている。

ビルマ〝汗の軍隊〟とは、時期的にみて、労務者募集福祉委員会が募集した一万三九五〇人の労務者をさすのであろう。一九四二年五月末にはやくもこの〝汗の軍隊〟に加わったリンヨン・ティッルウィンは、〝汗の軍隊〟を、①自分の意思によるもの、②金を受けとって他人の代わりにやってきた者、そして③意思などまったくなく、強引に捕えられてきた者、彼らがもっとも多数派であった、と三つに分類している［ティッルウィン、一〇頁］。そして労務者たちは、一般労務者、分隊長、班長、それに宣伝主任といった格づけにかかわりなく、一律に一人当たり二五チャットくらい支給されていたという［ティッルウィン、一二頁］。

ビルマ行政府のバー・モウ長官は、「われわれの側の仕事はタキン・バ・セイン労働相が担当した。彼は大がかりなチームを組織して労働分遣隊を徴募、組織して国境の密林に送りこんだ。これが戦前タキン党が組織していた政治有志団体の名を借りた、いわゆるレッ・ヨン〝強腕隊〟と呼ぶものであった。後にこれは正規軍〝血の軍隊〟ツウエ・タッと並び称されて、チュエ・タッ〝汗の軍隊〟と呼ばれた」と述べている［バー・モウ、三〇一頁］。〝汗の軍隊〟とは、ビルマにとって由緒ある組織だったのである。

バー・モウ長官によれば、鉄道第五連隊の隊長佐々木万之助大佐は、第一年度に二万六〇〇〇人の労務者を要求してきたという。それが第30表の第一次募集に該当するのであろう。バー・モウ長官はできるかぎりの労働力を提供するかわり、一定期間がすぎた労務者には家族の呼び寄せを許可する、雇用期間はすべての必需品を配給し、保護を受ける、という条件をつけたという［バー・モウ、三〇一頁］。だが、日本軍はそのいずれの条件にも応じた形跡はない。

一九四二年末には副首相および労働相らがタンビュザヤを訪れ、一万名にのぼる〝汗の軍隊〟が適正な条件のもとで就労しているのを、実地に視察して報告していた。

そして視察報告から、「遠く離れた小さなキャンプでは、状況は原始的でひどかった。そのような小さな労働キャンプは密林の奥深くにあったため、労務担当官や視察団が入って行くことができなかった。そのような人の訪れぬ場所では、日本軍の監督官は労務者たちをあたかも奴隷のように扱い、工事のためには近在から何の補償もせず、何でも取りあげ、全く奴隷監督のように振舞ったのである」［バー・モウ、三〇三頁］。このような状況を知ったバー・モウ長官は、「これは戦時中にビルマ人に対して行なわれた最もいまわしい犯罪のひとつ」と日本軍を非難している。

さらにバー・モウ長官は、一方のビルマで行なわれていた労務者の徴募において、賄賂を要求して目こぼしする、脅迫とゆすりをする悪徳役人の犯罪を指弾し、中央政府の長官として、恐ろしい大量犯罪を未然に防げなかったことに遺憾の意を表明している。

第30表によるビルマ人泰緬鉄道建設奉仕隊は、最初の第一次から第三次募集までの予定人数がそれぞれ、さきに太田があげた三万、二万一〇〇〇、二万の数字と合致する。募集は、第30表の統計によればその後もつづき、これが一九四三年三月から四四年八月までつづいていたとすると、ほぼ一か月半ごとに募集していたことになる。泰緬鉄道が完成してもなお大量の労務者を必要としたのは、工事が突貫工事でずさんなため、補修工事がつねに必要であることと、完成後にはじまるイギリス軍の空襲により、線路や施設がつぎつぎと破壊されていたからである。

第30表による数字は、ビルマでもタイの場合と同じく、募集人員に対して送りこめたのは約半分という結果であったことを示している。だが、バー・モウは、「ある労務担当官の話によると、徴募した中の四分の三は現場まで到着しなかった」［バー・モウ、三〇三頁］という話を伝えている。また、合計九万一八三六名という数字は、井上のあげた人数八万五七三四名よりかなり多いが、それに近い。初期のビルマ〝汗の軍隊〟一万三九五〇名を加えると、ビルマ人労務者の延べ人数は約一〇万六〇〇〇人ということになる。しかし、三か月交替、六か月交替といった説もあるので、一〇万六〇〇〇ものビルマ人が同時に作業していたかどうかはわからない。この泰緬鉄道建設工事従事者にどれほどの死者が出たかは不明である。

労務者の生活

労務者の待遇について、日本軍鉄道隊はつぎのような説明をしている。「労務者は現地に着くと、宿舎は例の竹小屋ながら、ちゃんと受け入れ側の小隊の手で作られている。夫婦者は簡単だが、しきりの付いた個室だ。炊事設備は設けてあるし、食糧まで鉄道兵が忙しい中を、兵站から受け取って運んである。酒保もあるし、タイ人の

貨車のなかは二段積みに荷物を積みこみ，人間は屋根に坐る。風にあたって涼しいが，日差しがきつく，鉄板の屋根は熱い。

露店も、鉄道隊監督のもとに店開きしている。労務者のやるのは、調理だけだ。まるでお客扱い。俘虜と比べて、優遇しているようにみえるが、これとて建設隊の指導方針は、一視同仁だったのだ」〔広池、二四一頁〕。さらに広池は、捕虜には収容所という管理機関があるが、労務者にはこれがないので、鉄道建設隊が無理してその役を引き受けていた、と説明している。しかし、労務者はまったく異なった体験をしていた。

労務者として一年あまり建設工事に従事した、ビルマ人作家リンヨン・ティッルウィンの著書は、一般労務者のおかれた状況を語る唯一の書である。彼の著書によると、ビルマ側で働く労務者の一日は、朝の整列が六時、労務者の分隊長や班長は五時までに起床して班員を起こす。朝食は夕食の残りを沸かしたお湯で流しこむ。タバコやお茶が飲めるのは、モン人の行商からの買置きがあったときだけ。ひとりでも朝の集合に遅れると、日本人の監督は分隊長や班長にビンタをくらわせ、軍靴で蹴りとばす。そして、「当の労務者には大きな石を頭上に支えもたせ、長時間立たせる。この罰を受けた労務者は、そのうちガタガタ震えだし、ドサッと倒れる。それでも終わらない。二度三度とやらされるのである。時にはもっと残酷なしごきも行なわれた。遅れた労務者にロンジー［腰布］の裾をからげさせ、足を開かせる。拡げた股の下で竹に火をつける。生きたまま火刑をうけるわけだ」［ティッルウィン、一〇三〜〇四頁］。体罰というより拷問の数々があげられている。

そして、ティッルウィンの作業キャンプには、一般労務者用の小屋が六棟あり、一棟に三〇〇人くらいが住んでいた。三〇〇人というのは日本軍が詰めこんだからで、実際は二〇〇人あたりが適当な広さだったという。そして三〇〇メートル離れたところに小屋がひとつあり、そこに二〇〇人ほどの捕虜が住んでいた。イギリス軍の捕虜ということだったが、イギリス人、オーストラリア人、オランダ人とほんの小数のインド人を見かけていた。捕虜たちの生活や行動のすべては、軍規にもとづく部隊行動そのままだった、と観察している。「階級に従って上の者が下の者を順々に指揮する。食事の時、作業に出かける時、作業から引き揚げる時、作業中も軍隊そのまま、整然として居る」［ティッルウィン、一〇五頁］。一般労務者ときわだった違いを指摘している。

また、労務者たちには鉄道工事の賃金が支給されていたが、捕虜にはなかった。「私たちは週一度、賃金を貰った。労賃としてうけとった赤寺院の札（パゴダが赤く印刷された一〇チャットの軍票）を握りしめた労務者たちは、モン族の行商人から各種の炒豆、黒砂糖、南京豆の砂糖漬、安物の中国菓子、キンマ、ローソク、マッチ、刻み煙草、煙草の葉、お茶の葉っぱ、松明、モチ米から作った酒など、欲しい物を買うことができた」［ティッルウィン、一〇六頁］。だが、捕虜たちは何も買えず、労務者が買食いをしている様をじっと指をくわえて見ているばかりだったという。捕虜たちのボロボロの軍服、穴だらけの靴、顎ひげ、頬ひげがボウボウ、腹部が突き出ていてもアバラ骨が見え、足がやせ細ってしまって膝が張りだして見えたなかで、将校だけが元の体格から少し衰えた程度、という体格の差を目ざとく指摘している。

労務者と捕虜の間には条件の違いがあったともいう。「日本軍は捕虜に対して朝食と夕食用に米、塩、ジャガイ

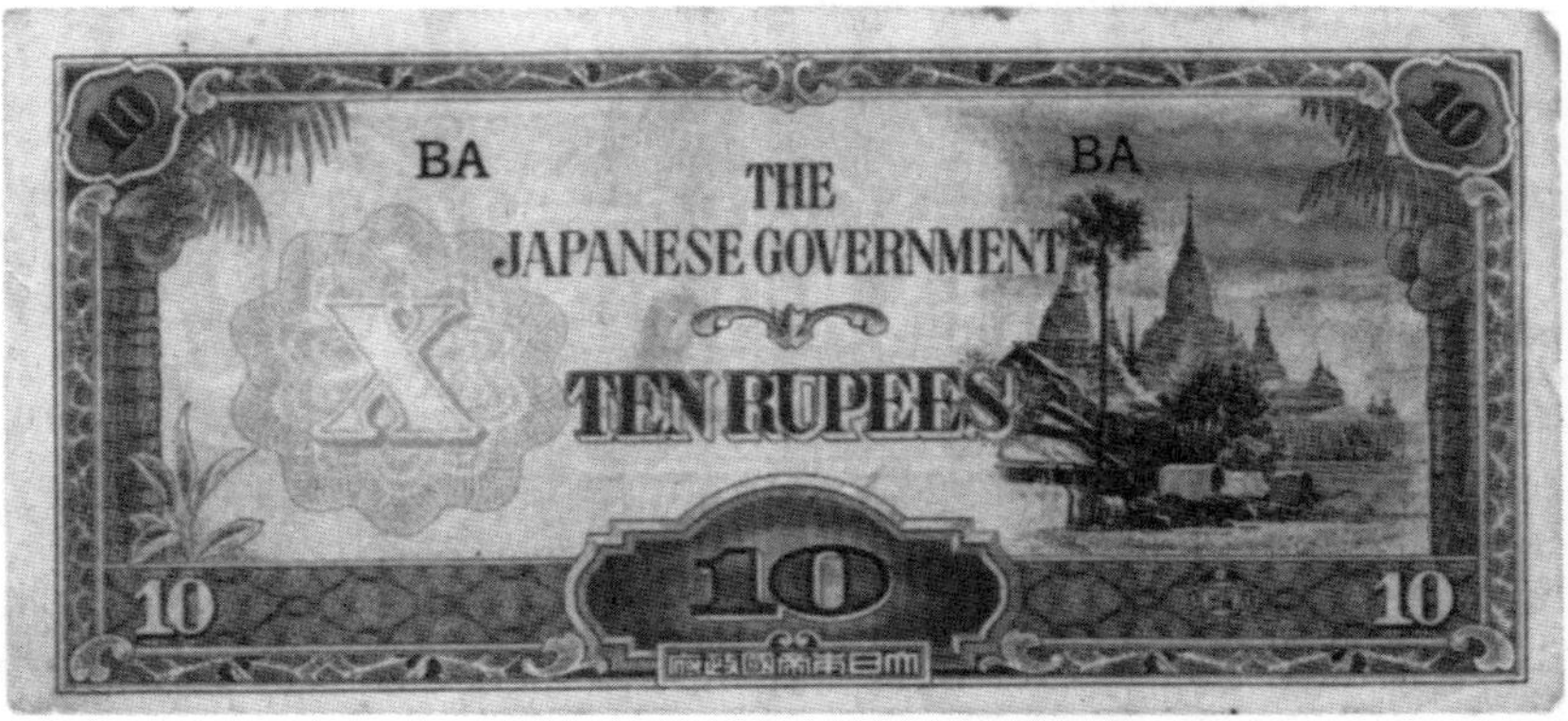

上：「赤寺院の札」と呼ばれていた，ビルマで使用されていた日本軍票。赤いインクで印刷されていたので寺院の絵が赤い。これには10ルピーと印刷されてある。

下：「バナナ紙幣」と呼ばれたマラヤで使用された10ドルの日本軍票。バナナの絵柄があるのでこう呼ばれた。「バナナ紙幣」とは価値のないものの代名詞となる。

モ、豆、砂糖などを糧秣から出して数に応じて支給した。〔中略〕日本人は、自分たちの手におちた捕虜たちにわざと充分に飯を与えないようにしているようだ。塩のような、人間に不可欠なものも、わざと減らして与えているようであった」〔ティッルウィン、一〇六〜〇七頁〕。ということは、労務者は給与をもらって食事その他のまかないを自分たちでしていたが、捕虜には日本軍が食事を与えていた、という待遇の違いである。

拷問と暴行、疫病

ビルマ人をまず驚かせたのは、日本軍のなかで日常的に行なわれている、ビンタという頬を殴る懲罰であった。ビルマ人労務者五〇〇人の集団から六人が逃走したとき、日本軍将校が怒気に満ちて日本兵を叱りとばし、怒鳴りちらしながら、一五〜一六人の兵のなかから軍曹にビンタを浴びせているのも見ている。労務者に対し、真正面からの空手打ちやビンタ、軍靴での足蹴り、それに、竹棒や竹の杖、木の枝などをふりかざして、労務者たちを牛や水牛でも追うようにヘイヘイと叱りつけながら作業現場へ追いたてていくのは、日常茶飯事であったようだ。

労務者の誰かが規則を犯した場合には、水責め、虫責めの拷問が行なわれていた。その様子を、ティッルウィンはつぎのように描写している。「日本兵はまず縄でしばり殴りつけながら、森の入口、兵舎の前、川のそばなどへ連れて行く。縛ったままで川の中にほうりこむ。水にむせ気を失うまで二、三人の日本兵が上から踏みつける。失神すると岸へひっぱりあげ、腹や胸の上で跳びあがって踏みつける。意識が戻るともう一度川の中へ浸けられ、同じことがくりかえされる」〔ティッルウィン、一五五頁〕。「森の入口へ引っぱって行く。まず後手に縛りさらに両手首を別の縄でくくる。同じように両足首も縛る。こうしてから体を木に縛りつける。身にシャツやパソー、ドンゴロスをつけていればひとつ残らずはぎとる。こうして素っ裸にした労務者を罪が重いと判断すると、三日から七日間も水も食物も与えずさらしものにしておく。縛られたままの労務者は空腹で飢えるばかりではない。蚊、虻《アブ》、赤蟻などに咬まれ血を吸いとられるという苦しみもなめさせられる。もちろん大小便立ったまままたれ流しだった。三日も縛られたままだった労務者はいましめを解かれても歩けない。仲間が連れて帰るが小屋へ帰っても一四、五日間は寝たままで起きあがれない」[ティッルウィン、一五六頁]。息をのむような光景がくりひろげられていた。

また、工事現場のキャンプでは人も動物も死なない程度に食事が与えられ、力の限り働かせられたという。象と組んで働くときは、一四、五名の労務者たちが象とともに必死で力を出したという[ティッルウィン、一二九頁]。象とところが、ほとんどの労務者はかなり熱が出てもキャンプの小屋で寝たがらなかった。その理由は、労務者が発熱し作業に出ないと、即座に日本兵はその労務者に食事を与えるべからず、と命じたからだった。小屋には三日以上休んではいられない。三日たち四日になると、ジャングル内の病院に送られることになる。「病院に送られることは、もう帰ってこないというに等しい。多くの労務者が送られたまま帰ってこなかった。一〇〇人に一人も帰らないのを、みなは知っていた」[ティッルウィン、一二八頁]。「病院」と呼んでいるが、治療を施すわけでもない。ただ病人患者を、一か所に集めて放りこんでおく小屋のことである。

熱帯の密林地帯ではつねにマラリアの脅威にさらされ、怪我の傷口から菌が入り肉をむしばみ腐らせる、熱帯性の潰瘍も恐ろしい。さらに雨季に入ってから、ビルマ側の建設現場からコレラが流行し、またたくまにタイ側に伝染していった。そして天然痘が発生していた。「鶏や小鳥のように労務者が死んでしまったり、病棟へ送られてしまうのをみるのはまったく辛く苦しいことだった」[ティッルウィン、一三八頁]と、ティッルウィンはいく人もの病人や死の現場を見て慨嘆しているが、気のふれた病人をも震えあがらせ、一瞬気をとりなおさせるのは、皮肉にも「日本兵が来た」という言葉であったという。

アジア人労務者と隣合せで働いていた連合軍の捕虜による証言のなかでは、つぎのような表現がみられる[ブラックマン、二八七頁〕。

アジア人労働者に対する日本の扱いは、ヨーロッパやアメリカ人捕虜に与えられた待遇よりも、はるかにひどいものであった。たとえば、コレラに苦しむインドネシア人苦力は、しばしば共同墓穴に放り込まれて、生き埋めにされた。ほかの苦力たちは、いつも殴られ、屈辱を受けた。女性たちは辱められたり、暴行されたりした。表面上は冗談だとして、殺菌剤を眼に吹きかけられた労働者たちもいた。ある日本人医師にいたっては、診察している苦力たちが病気であろうとなかろうと、彼らを荒々しく張り倒した（その医師には、なんら殴る意味などなかったのである）。西欧の捕虜たちは、この非人道的な行為を見て衝撃を受けた。しかし日本人医師はそのヨーロッパ人たちに、「クーリーは人間以下で何の顧慮も与える価値がない」とあっさり説明したのである。

そして、ある収容所で、歩けない労働者に「得体のしれない赤い液」を注射し、注射された全員が数分以内に死亡した話、病気の苦力に大きな缶に入った茶色の砂糖を与え、その砂糖を食べた人々は、その日のうちに苦しみもだえ死んだ話、コレラが発生すると、しばしば日本人は、死体のみならず治癒不能と思われる人々を火葬にすることで、疫病の伝染をくい止めようとした話などが、戦後の戦争裁判所で証言として明らかにされている。日本側のタテマエ論とは、あまりにも隔たりが大きい。

しかも、日本軍の作業隊の回想録のなかからアジア人労務者の姿を求めると、やはり変わりはてた姿だった。鉄道隊の作業班の状況も語られている久保田一雄の文を、すこし長くなるがここに引用しておこう〔甲四会、九八～一〇〇頁〕。

昭和一八〔一九四三〕年五月初旬、メクロン〔メークローン〕橋は竣功して、機関車の牽引する重列車が奥地へ進んで行き、開通式が終わった頃、第三作業隊は第一小隊を先発として第四大隊の担任区域のタンピイに移動した。私たちの第二小隊はターマカームからメクロン河の支流ケオノイ〔クウェーノーイ〕河を舟艇で遡航して移動した。ターマカームはカーンチャナブリーの町外れであったが、折柄の雨の中を発動機船にのって河を上って行くと、激しい水流や濁った河水に上流から流れてくる物の中にマレー人らしい労務者の死体を見た時は、誰の顔も恐怖と不安に蒼ざめて誰も口をきくものはなかった。両側には空に突きさささるように巨大な樹木が鬱蒼と繁り、怪鳥の鋭い叫びが密林の奥から聞こえて来て、いよいよジャングル地帯に入ったことが解ってきた。やがて船は岩山が川岸に迫っている地点に着いた。〔中略〕

……夜があけた。二、三の者を除いて全員が小隊長を先頭に作業に就いた。また雨が降り出して、作業場への道は連日の雨に足首の入る程のぬかるみになっていて、地下足袋が滑った。ふと林の中を見ると人間がごろごろと転っている。全部死体である。マレー人や印度人の労務者たちで、少し死臭が立っている。雨が降りつづいていて四辺は死んだように静かで、林の奥はほの暗く何となく無気味であった。悲惨そのもので、私達の行く末も何となく暗くなる思いがした。作業が忙しくて死体の埋葬もなおざりになっているらしい。

日が経つに従って私たちも食糧が不足し始めた。野菜が来なくなり、肉も少くなった。乾燥野菜も底をついた。遂に野草を求め、野鳥をうち落して食糧を補った。こんな状態が続くと、私たちもこの山の中で生命を失うのではあるまいかと不安になった。

やがて私たちはタンピイ付近から更に奥地へ前進した。食糧は相変わらず不足していた。雨季に入ったためかアメーバ赤痢、チブスの患者が増加して、俘虜の出動率が低下して来た。そのうちに労務者の中からコレラらしい病人が出て大騒ぎになった。彼等は衛生観念がうすいから生水を飲んでいた。国境付近で発生したコレラがケオノイ河を下ってきて、タンピイ付近まで来たのである。私たちも心配して宿舎に帰ると私たちは急いで消毒水で足を洗った。生水の飲用は厳禁され、河での水浴も禁止された。俘虜の中からもコレラの患者が出たが、治療薬が不足して軍医たちも困惑する事態となった。作業隊にも病人がではじめた。

雨は昼となく夜となく降り続いていた。水浸しの足許のため、水虫が出来て、やがて熱帯潰瘍となったものも少なくなかった。そんな悪い状況の中でも作業は休めなかった。天幕生活のある夜、虎が近くに出没したことがあって、要心のため夜中焚火をしたが、ぬれた衣類を乾かすのにも役に立った。俘虜や労務者が死ぬと、病原菌の伝染を防ぐためその死体を焼却したが、薪の収集に困る程死者が多く出ることもあり、薪は雨にぬれて燃え難いこともあった。

上流からの死体が呼ぶ不安感、周囲のジャングルが迫る威圧感と孤立感、作業に出かけて見たアジア人労務者の死体、奥地の食糧不足、伝染病の流行、雨季のなかの作業などが、日本側から描かれている。しかし、自らが苦しみ戦友の鬼気迫る光景を語る捕虜の手記や回想録の描写にくらべれば、他人事という距離が感じられ、立場の違いの余裕を感じさせる文である。

マラヤ・ジャワからの労務者

泰緬鉄道建設工事の最盛期に、タイ国内の華僑労務者やタイ人労務者合わせて約三万人、ビルマからの労務者約一〇万六〇〇〇人が従事していたのに加えて、マラヤからの労務者が従事していた。しかし、マラヤ人労務者に関する記録はきわめて少ない。マラヤ人労務者という場合、エスニックにマラヤ人という場合と、マラヤから来たインド人を含む場合がある。判別を困難にしているのがタイ語の民族呼称である。タイ語で「客」という意味の「ケーク（Khaek）」という語は、マラヤ人もインド人もペルシャ人もアラブ人も含み、「ケーク・マラユー」といえばエスニックなマラヤ人、「ケーク・インディア」といえばタミル人を含むインド人、と細別している。タイ語の公文書のなかで表現されている語は、おおむね「ケーク」だけである。また、タイ人にとっては、マラヤ人とジャワ人の判別はほとんど不可能である。

マラヤ人労務者が日本軍によってマラヤから運ばれてくるのが、タイの機密文書で最初に確認できるのは、一九四三年四月一二日である。同年二月には、すでに大本営によって泰緬鉄道の工期短縮の命令が下されていたが、その二か月後のことであった。南タイ線の日本軍用特別列車によって七五〇名が輸送されてきて、バーンポーンで下車、徒歩でカーンチャナブリーに向かって県の北部に移動している、という報告が県知事から内務省に送られ、おそらくはマラリアの瘴癘地に送りこむのだろう、という推測をしている［Bok. Sungsut, 2. 4. 1. 2/6］。

四か月後の一九四三年八月一〇日、ペッチャブリー県からの報告では、「昭南」（シンガポール）からカーンチャナブリーに汽車で送られてくる中国人労務者・マラヤ人労務者は、ほぼ毎日のようにあり、しかも多数にのぼるが、汽車が停車するたびに彼らは脱走しているという。行った先には重労働と強制が待っていると唆す者がいて、カーンチャナブリーに到着すると、集団脱走してしまう場合もあるという。そして、その脱走者たちが鉄道沿線のペッチャブリー市にふらふらと入ってきて物乞いをしたりして、その数がしだいに増えて公序良俗を乱しているという［Bok. Sungsut, 2. 4. 1. 2/6］。

マラヤから運ばれてきて脱走し、浮浪者となっているという報告を受けた日泰同盟連絡事務局は、内務省に対して、外国人労務者を拘束している県は日泰同盟連絡事務局に報告させるよう要請し、日泰同盟連絡事務局がマラヤからの労務者について日本軍に連絡する、という通達を出した。ところが、この通達が、放浪する外国人労務者は警官が逮捕して日本軍に引き渡すようにする、と誤解されてしまった。これは国家の施策に大きく違反する、という国軍最高司令官ピブーン元帥からの電話が一九四三年九月一三日にあり、日泰同盟連絡事務局は最高司令部において、その処置についての厳しい釈明を求められている [Bok. Sungsut, 2. 4. 1. 2/6]。

外国人労務者の入境については、日本側からタイに通知許可を得た様子はない。日本軍が連合国捕虜をタイ国内に連行した場合も、同様である。ただし、さきにあげた「日泰共同作戦ニ關スル協定」の第四条第二項「軍用資材、糧秣及勞力ノ蒐集及利用」において、タイは労務者の徴集と利用について便宜を供与し、援助することになっている（五一頁参照）。また細部協定の第一三条で、「泰國ハ日本軍隊、軍需品及所在日本陸海軍指揮官ノ特ニ定ムル軍人軍屬ニ對スル關税入國税及各種港税ヲ免除ス」と、日本の軍人軍属は免税と規定されてあるものの、外国人労務者の入国に関する規定はみいだせない（五二頁参照）。

日本軍が徴用して連行する連合国捕虜の入国、外国人労務者の入国に関して、タイは黙認していたのである。外国人労務者に関する規定がない以上、日本軍が徴用してタイに無許可で入国させた労務者は、タイがその身柄を拘束した場合、日本軍に引き渡す義務はない。不法入国者としてタイ側の裁量で処理できるわけである。タイ側が身柄を拘束しているアジア人労務者を日本軍に引き渡すのは、いらぬお節介になる。むしろ、隣国からアジア人労務者を徴用する日本軍をタイの首脳がどうみていたのか、アジア人労務者に対する日本軍の処置に、タイ側の首脳は無関心ではなかった。

マラヤのゴム園労務者？

戦後にマレーシアの対日賠償問題が生じてから、日本の外務省は法務省に対して、泰緬鉄道建設におけるアジア人労務者の状況調査を依頼している。法務省法務大臣官房司法法制調査部参与の井上忠男は、『泰緬鉄道建設に使用した現地人労務者の状況』という報告書を、敗戦から一八年後の一九六三年一〇月三〇日に書いていた。そのなかで、「泰緬鉄道建設作業促進のため労務者の組織的供出が命ぜられたが、その状況は詳かでない」と述べながら、『馬来軍政ノ概要』(第一復員省史実部編)を引用して、つぎのように記している。「昭和一八[一九四三年]七月頃から泰緬鉄道工事を促進する必要により、マライから一〇万の労務者を供出することを指示された。当時一〇万を出すことは、邦人進出商社の着手した重要国防資源の供出事業から引き抜かなければならぬ状態で、重ねての供出命令によって強制的に供出したが、民心把握の上において頗る遺憾の状態を発生した」[井上、五頁]。「一九四三年七月頃から」というのは時期としていささか遅いが、マラヤ進出の日系商社が経営する事業の従業員が対象になっていた。

邦人進出商社の重要国防資源とは、戦前から盛んであった日系商社のゴム栽培と鉄鉱業がある。一九三七年には、日本の鉄鉱石輸入の約半分はマラヤ三州で生産されていた[袁、六五頁]ほどである。おそらくは、この二大産業に従事している労務者をごっそりと、泰緬鉄道建設の労務者へ徴用していったのであろう。『馬来軍政ノ概要』は第一復員省史実部が編集しているから、戦後に記述されたものである。

一九四三年七月ごろからというのは、タイや連合軍の記録より三〜四か月も遅い。記憶の誤りであろうか。また、どこが労務者の供出を指示したかは書いていないが、おそらく南方軍であろう。「一〇万の労務者」は、ここに掲げる第31表のマラヤ人・タミル人七万五〇〇〇人のことか、あるいは第32表のマラヤ人七万八二〇四人をさすのであろうか。「重ねての供出命令によって強制的に供出した」と、過去形で記述されているから、マラヤ人・タミル人の大量供出が行なわれたのは間違いあるまい。井上は、「昭和一八年一〇月中旬、鉄道完成までの間に所命の一〇万の労務者が全員工事現場に到着し、作業に従事したとは想像し難い」[井上、五頁]と疑問を呈している。

実際、一〇万のうちのまず三分の一がどこかの地点で逃げだしたとすれば、約七万が到着して作業に従事し、厳しい自然条件のなかでの過酷な労働で三分の一が死亡し、残り三分の一が帰還できたのである。「民心把握の上において頗る遺憾の状態を発生した」というのは、逃走者の多さか、死者の多さか、あるいは強制供出を行なった日本人への怨嗟や反抗のゆえか、どのような状況をいうのか定かでないが、ただならぬ状況が生じていたようである。戦後の連合軍側の調査によれば、泰緬鉄道建設の労務者として送られてきたアジア人は第31表のとおりで、さらに詳しい分類を行なったと思われる統計では、第32表のとおりである。

第31表　泰緬鉄道建設のアジア人労務者

（単位：人）

1943年3月から44年3月のあいだ	
マラヤ人・タミル人（マラヤより）	75,000
1944年初頭には	
ジャワ人	7,500
中国人（タイより）	5,000
計	87,500

出所：SEATIC, p. 6をもとに作成。

この第32表でも、最初に送りだされているのが一九四三年四月であるから、タイ側で最初に確認したのと時期が一致する。七万人もの「第一回マラヤ労務者団体」というのは、英語の 1st Malayan Labour Party の和訳だが、どのようなグループだったのか第32表ではまったく不明である。しかし、さきの『馬来軍政ノ概要』のなかでの、「邦人進出商社の着手した重要国防資源の供出事業から引き抜かなければならぬ状態」という表現から推察すれば、日本がマラヤで経営していたゴム栽培か鉄鉱石の採鉱という、資源開発事業を行なっていた日系企業の従業員以外にはなかろう。だからこそ、まとまった団体の労務者であり、ただちに七万人もの員数を送りだせたのである。第32表のジャワ人、泰国中華総商会、インドシナ労務者を引いたマラヤ人労務者の総数は、七万八二〇四人となる。マラヤのクアラルンプールに司令部をおいていた南方軍野戦鉄道司令部の司令官石田英熊少将が、「馬来苦力は逃げたり帰ったりしたが、延数九万に達して居る」［石田、一三頁］と手記に記していることも、多数のマラヤからの労務者送り出しを裏づけるものである。

一九四三年四月から九月にかけての半年間に送りだされているのは、二月初旬に大本営から四か月の工期短縮

第32表　マラヤ・ジャワ・タイ・仏領インドシナから送りだされた民間人の数と死亡者

（単位：人）

グループ	送りこまれた数	死亡者数	送りこまれた期間
第1回マラヤ労務者団体	70,000	28,928	1943年 4～ 9月
第2回マラヤ労務者団体	2,300	383	1944年11月～45年 5月
特別雇用された労務者	727	12	1943年12月～45年 5月
労務者家族	2,100	186	
マラヤ鉄道従業員	1,057	77	1943年 8月～44年 7月
マラヤ電力局従業員	166	16	1944年 3月
マラヤ一般従業員	839	31	1944年 1月～45年 8月
救急隊従業員	660	10	1943年12月～44年12月
臨時救急隊従業員	53	3	1943年 9月
監督官	214	10	1943年 9月
マラヤ郵便局従業員	88	1	1943年10月～45年 8月
ジャワ人労務者	6,173	2,806	1944年 1月～44年 3月
ジャワ人従業員	1,335	88	1943年12月～44年12月
泰国中華総商会	5,200	500	1943年12月～45年 2月
インドシナ労務者	200	25	1944年 3月
合　計	91,112	32,996	

原注：上記の数字から，7,906名は終戦前に自分の故郷に帰還していった。28,594名は脱走。残る21,616名が1945年9月末現在で帰還を待っていた。

出所：SEATIC, p. 25をもとに作成。

を命ぜられて、泰緬鉄道建設工事に拍車をかけなければならない時期にあたっており、タイ国内でも苦力の募集をしていたのと同じ時期である。地元のタイやビルマの労務者は逃亡者が多く、緊急に労務者が必要とされる時期に、マラヤからの労務者の供給をはかったのである。カーンチャナブリー地区はいつもより一か月早い雨季を迎え、赤痢、マラリアのほかにコレラが発生し、先に送りこまれた連合軍捕虜やビルマ人がつぎつぎと倒れて、作業量が急速に低下しているころである。

第32表の労務者全部の死亡率は三六％となり、三人に一人が死亡するという高率であったことがわかるが、マラヤ人のみの死亡率は約三八％、「第一回マラヤ労務者団体」の場合は四一％という、おそるべき高い死亡率であった。ジャワ人労務者にいたっては四五％、ほぼ二人に一人は死亡したことになる。地元のタイやビルマ出身であれば、いちはやく逃亡して故郷に帰還することも可能であっただろうに、土地に不案内なマラヤ人やジャワ人にはそれが難しかった。

ジャワ人従業員には、日本軍の訓練を受けた「兵補」の人たちも含まれていたようである。当時、保線を担当していた日本人関係者へのインタビューによれば、日本の軍歌を歌い、カタコトの日本語を話すジャワ人が、駅員助手としてあちこちで従事していたという。マラヤの鉄道員や電力局従業員は、鉄道関係の技術者であったと思われる。また第32表に示された、一九四四年以降に送られていった人々も、そうした種類の仕事に従事する人々ではなかっただろうか。

ところで、第32表の原注にもあるように、戦後にタイに残留していたのは二万一六一六名であった。これらの人々は、タイ側の文書では国際赤十字によって保護され、アメリカに残されている記録映画では連合軍の上陸用舟艇で帰還している。

第33表　華僑労務者の合計数

（単位：人）

1943年4月17日から5月26日まで	11,577
1943年7月15日から8月31日まで	13,097
1943年12月から45年2月まで	5,200
合　計	29,874

出所：第24表，第27表，第32表などより作成。

また、泰国中華総商会の斡旋で送りこまれた労務者は、第24表、第27表などによる先に送りこまれた人々と第32表の人数を合計すると、第33表の数字のようになる。これら約三万名の華僑労務者は、泰国中華総商会の斡旋に負うところが大きかった。

連合軍側の統計には登場していないが、ベトナム人労務者も作業に従事していたことは、一九四四年二月に日本軍鉄道隊が立てた慰霊塔の墓碑銘に、タイ語、中国語、タミル語、マラヤ語、英語とともにベトナム語の文章も見られることからわかる。また、「各国別労務者の比率［パーセンテージ］をみると、鉄九第四大隊（矢部部隊）の場合マレー人六七％、中国人二五％、タイ人八％。また同大隊第七中隊弘田小隊（総数四五二人）ではマレー人四・五％、インド人八八・一％、ベトナム人一・七％、中国人三・四％、タイ人二・三％である」［広池、二四三頁〕というように、わずかながら作業に従事していたことが確認できる。いずれにせよ、地元出身の人よりも国外の人々のほうがはるかに多かった。

11　クラ地峡横断鉄道

一九四三年二月上旬に大本営が発した泰緬鉄道建設の工期四か月短縮命令は、建設作業に大量のアジア人労務者の投入、捕虜の追加投入を強いていた。建設工事の工期短縮は、鉄道輸送の能力を三分の一に減らしての計画であった。そして、泰緬鉄道の輸送能力の削減を補う手段として急に浮上してきたのが、南タイのクラ地峡を横断する鉄道の建設であった。

クラ地峡はシャム湾とインド洋にはさまれた、マレー半島のなかでもっとも狭くなっている区域である。ビルマのビクトリア・ポイント（コータウン）とタイのラノーンの間に、深く内陸に入りこんだ入り江になっている箇所クラブリーから、シャム湾のチュンポーンまでの直線距離にして五五キロは、一九世紀以来、スエズ運河、パナマ運河についで、いく度か運河掘削の国際的な関心を呼んできた。ここに運河ができあがると、マラッカ海峡を通過してシンガポール経由でシャム湾や南シナ海に入る必要がなくなり、少なくとも一〇〇〇キロ以上は短縮される。しかし、ペナン、マラッカ、シンガポールを自由貿易港にして植民地を経営していたイギリスにとって、クラ地峡に運河が掘削されると、これら海峡植民地に寄港する必要がなくなり、その利用度が激減することになる。そうなれば、海峡植民地の死活問題であった。だからこそイギリスは、一八九七年の秘密協定でクラ地峡の運河掘削をタイが勝手に他国に許認可するのを禁じ、その期間が一三年つづいていたのである。

日本軍もまた、このクラ地峡に着目した。切迫したイギリス軍との攻防に泰緬鉄道建設と雁行して約九〇キロの横断鉄道建設が手っ取り早く、占領地ビルマへの武器弾薬や物資輸送に不可欠になってきたからだった。しかし、この建設事業は、日本ではまったくといってよいほど語られていない。タイ側の公文書だけが、クラ地峡横断鉄道建設のいきさつを伝えている。

現地調査とタイ側の疑心

大本営が南方軍に対して泰緬鉄道の四か月工期短縮を発令したのは、一九四三年二月上旬のことであった。その一か月後、同年三月二日に、大使館付武官山田国太郎少将はつぎのような文書を、タイ側の日泰政府連絡所に送っている［Bok. Sungsut, 2. 5. 2/10］。

泰陸武第三五號

出張間便宜供與依頼ノ件

泰國駐在帝國大使館附武官　山田國太郎　(印)

昭和十八年三月二日

日泰政府連絡所長　殿

三月三日ヨリ約二週間ノ豫定ヲ以テ将校ノ指揮スル十七名ヲ「チュンポン」ヨリ「ビクトリヤポイント」方面ニ出張セシムルニ付便宜供與相成度

日本軍は、北野部隊に所属する岡崎中尉と一六名の兵および通訳を、シャム湾岸のチュンポーンからインド洋岸のラノーンをへてビルマ領のビクトリア・ポイントまで、地形調査に派遣したのである。この一行は、一九四三年三月四日午後二時、インド洋岸から深く入り江に入ったクラブリーに到着し、同日のうちにラノーンに到着している［Bok. Sungsut, 2. 5. 2/11］。

日本側の水上輸送部隊の隊長石毛《いしげ》少佐も、一〇名の兵をともなってビクトリア・ポイントへ向かった。石毛少佐は、一九四三年三月五日にはチュンポーンに到着し、チュンポーン県知事に会っていた。石毛少佐は県知事に対し、つぎのように説明している。〝今回の旅行の目的は、ビルマへの輸送経路を調査するためである。バンコクから「昭南特別市」（シンガポール）を経由してビルマに物資を輸送するには、汽車では足りないので、船でチュンポーンまで運び、チュンポーンで陸揚げしてクラブリーまで運び、ふたたび船でビクトリア・ポイントまで運ぶことを考えている。そこでクラブリーの水深を測りにきた〟と［Bok. Sungsut, 2. 5. 2/10］。つまり、インド洋側のマラッカ海峡とアンダマン海をなるたけ回避し、さらに海路シンガポールからビルマのラングーンまでの距離を短絡させて、建設中の泰緬鉄道を補充する、もう一本の輸送路線を建設するためであった。

また、同年三月六日には実際にクラブリーの水深を計測し、ラノーンに到着し一泊して、翌日にはビクトリア・ポイントに渡っている［Bok. Sungsut, 2. 5. 2/11］。三月二八日には、ビクトリア・ポイント駐屯部隊の隊長発谷《はったに》大尉と六名の兵がクラブリーを訪れ、地理調査をしながらチュンポーンへ向かい、ふたたびビクトリア・ポイントに渡っていった［Bok. Sungsut, 2. 5. 2/11］。

これらの調査隊の行動は、タイ側で逐一報告されていた。報告書はいくつもの写しが作成されて軍の内部や政府部内に配布され、タイ側の関心をひいていた。日泰同盟連絡事務局のチャイ・プラティーパセーン局長は、石毛少佐の説明には納得せず、県知事の報告書に「何をもくろんでいるのか説明も聞かずに、盲目的に協力するのは奴隷ではないか、どんな計画を立てているのか、われわれに説明すべきである」[Bok. Sungsut, 2. 5. 2/11]と書込みをして、不快感をあらわにしていた。そして、同局長は、ナコーンシータンマラートに司令部がある第六方面軍に、南タイにおける日本兵の行動を観察して報告するよう要請した。日本軍が新たな輸送路を確保すべく調査活動をしていることは見当がついても、チュンポーン-クラブリー間に横断鉄道を敷設しようという日本軍の意図には、タイ側はまだ気づいていなかった。

一九四三年三月三一日に、日本側は杉原大佐、山本中尉、加山通訳、タイ側は鉄道局長チャロー・シーサラコーン大尉を含む四名の会合がもたれた。そこでは、つぎのような議論がたたかわされた。日本側は、〝南タイ線で毎日運行する日本軍用特別列車三本のうち、一本がタイ側によって削減されようとしている〟と述べ、そうした処置に対し、〝われわれは兵員輸送のための泰緬鉄道は工事中であり、海上輸送だけでは不十分であるから日本軍用特別列車三本は今後とも必要である〟、と強く抗議している。タイ側は、コメの輸送と機関車用の燃料にする薪の不足を理由にあげている。席上、日本側は〝貨車三九〇輌の借上げ要請に早くこたえてほしい〟と迫っているが、タイ側は〝貨車も機関車も客車もわずかしかなく、日本側はよく知っているはずではないか〟と反論している。日本側は、〝タイの国内外にある日本の汽車、タイの汽車、インドシナの汽車、マラヤの汽車を調査するから、タイ側も協力してほしい〟と申し入れている[Bok. Sungsut, 2. 5. 2/14]。

この対話からは、泰緬鉄道の話があげられてはいても、クラ地峡横断鉄道の建設計画はまだ話題にのぼっていない。しかし、シンガポールを経由してビルマ戦線に向けられる兵員と物資の海上輸送を、泰緬鉄道およびクラ地峡横断鉄道で代替しようとする意図が日本軍にあり、多くの列車を新たに編成する必要があったことがうかがえる。日本軍としては、貨車三九〇輌はそのために必要であり、日本から持ちこんだ汽車はもちろんのこと、現地のタイ、ビルマやマラヤの汽車をも、その目的に投入するつもりであった。

日本軍のチュンポーン-ラノーン間の調査はその後もつづき、一九四三年四月一一日、久保田中佐と兵九名がチュンポーン-クラブリー間を調査、四月二二日、日本軍の将校二名、兵五名が同じ場所を調査、四月二六日、日本兵がラノーンを調査、写真を撮った、とタイ側は観察を怠らず報告している [Bok. Sungsut, 2. 5. 2/14]。日本軍は、海路アンダマン海を通過するルートを少しでも短縮するためにビルマへの輸送路を開拓しようと、あわただしく調査をつづけていた。

建設工事の交渉

そして、一九四三年五月一三日には日タイ合同会議が開かれた。この会議には、日本側は大使館付駐在武官山田国太郎少将、副官岸並喜代二中佐、石田部隊の鋤柄《すきから》政治《まさはる》大佐、久保田中佐、シンガポールの司令部から塩谷（階級、地位不明）が出席し、タイ側からは日泰同盟連絡事務局副局長のピシット・ドゥッサポンディサクン中佐、タイ側の委員長チューイ・パンチャルーン大佐が出席した。タイ側は、日本側から提案されたばかりのクラ地峡横断鉄道建設に関する協定案に基本的に賛成する態度を示し、日本軍の鉄道建設に協力すると言明した [Bok. Sungsut, 2. 4. 1. 3/3]。

つづいて、タイ側だけの関係部局会議が五月二二日に開催され、ここでは、建設用の借款を日本側は返済できない恐れがあるからタイ側の協力を求めてきたという発言と、戦後に鉄道の施設を譲渡して帳消しにするかもしれないという危惧が表明された。いずれにせよ、日本に借款を与えるのは回避できない状況にあり、そうなれば法的な規定をもうけて保障を義務づける必要があると強調された。そして、この鉄道建設が戦略用専用であり、戦争がこれから先どのような状況で終結するか予測がつかない状況では、今後買収するか否かも簡単にはいえない、という発言があった［Bok. Sungsut, 2. 4. 1. 3/4］。

クラ地峡横断鉄道の建設が泰緬鉄道の場合と異なるのは、泰緬鉄道が日本軍の機密としてタイ側にほとんどまったく通知されていないのに対し、建設工程をタイ側に明らかにし、全面的にタイ側の協力を求めて、その作業の進捗はつねにタイ側に明らかになっていた点である。クラ地峡横断鉄道建設予定路線は、すでにあった南タイを結ぶ唯一の道路に沿った地区であるため、泰緬鉄道のように機密にすることはまったく不可能でもあった。

クラ地峡横断鉄道建設協定

日本側からの提案があったわずか二週間後の一九四三年五月三一日には、『「クラ」地峡横斷鐵道建設ニ關スル協定』が結ばれている。これほどの大事業をはじめるにあたり、タイでは普通、案件の検討に際して一年以上の時間がかかる。しかし、このように異例のはやさで協定が結ばれたのは、ひとえに日本側に切迫した事情があったからにほかならない。協定の内容はつぎのとおりである［Bok. Sungsut, 2. 4. 1. 3/3, 和文タイプ打］。

軍事極秘

「クラ」地峡横斷鐵道建設ニ關スル協定

日本軍作戰上ノ必要ニ基ク「クラ」地峡横斷鐵道（之ニ連接スル船舶揚塔施設ヲ含ム以下同ジ）建設ニ關シ日泰協同作戰ニ關スル協定第四條及第六條ニ基キ左ノ如ク協定ス

第一條　泰國ハ本鐵道建設ノ爲左ノ如ク協力シ且ツ援助ス

泰國ノ與フル協力若クハ援助ノ爲ニ要スル經費ハ特ニ定ムルモノノ外日本軍ニ於テ支辨ス

(1) 鐵道建設用地ノ無償供出
(2) 鐵道建設ノ爲泰國鐵道自動車及港灣ニ對スル各附加施設實施ノ容認及用地ノ無償供出
(3) 勞働者ノ採用ニ協力及技術員等所要人員ノ供出
(4) 左記建設及運搬用資材等ノ供出

左　記

(イ) 枕木及電柱
(ロ) 橋梁、驛舍、棧橋及軍用倉庫用等木材
　但シ鐵道建設用地上及其ノ沿線ニ於ケル建設ノ爲所要ノ立木ハ無償供出ス
(ハ) 「セメント」砂利及煉瓦
(ニ) 建設及連絡用輪轉材料及小車
(ホ) 局地小運搬具及小運搬用動物
(5) 所要ノ修理及製材ノ爲「マカサン」工場「ラノン」製材所利用ノ容認
(6) 居住ノ便宜供與
(7) 建設ニ要スル資金ノ調達ニ協力

第二條　泰國ハ前項ノ外日本軍鐵道建設部隊ノ作業ニ對シ所要ノ援助及便宜ヲ供與ス
第三條　日本軍ハ本鐵道建設後戰爭終了迄作戰ニ適スル如ク自ラ之ヲ使用經營ス
　右ノ爲所要ノ細部ニ關シ兩國鐵道當事者ハ相互援助ス
第四條　泰國ハ專任連絡委員ヲ設ケ本協定ニ基ク細部ニ關シ日本軍鐵道建設指揮官ト協定ス
　右　協定ス

昭和十八年五月三十一日

在泰日本陸軍最高指揮官　中村明人

泰國軍最高指揮官　ピブン・ソンクラーム

さらに、一九四三年六月一五日には細部協定が結ばれた。その内容はつぎのとおりである［Bok Sungsut, 2.4.1.3/3, 手書き謄写印刷］。

「クラ」地峡横断鐵道建設ニ關スル協定第四條ニ依ル第一次細部協定

第一條　協定第一條中ノ泰國ノ協力若ハ援助ノ爲ニ要スル經費ヲ日本軍ニ於テ支辨スル件ハ次ノ通リ定ム

(一) 資材ノ價格ハ日本軍及泰國側建設委員相互間協議ニ依リ決定スルモノトス

(二) 協定第一條(4)《ママ》項(イ)《ママ》(ロ)(ハ)ノ資材ニ對シテハ毎月ノ決定供出數量完納ノ都度日本軍鐵道建設指揮官ヨリ代金ヲ支拂フモノトシ(ホ)ノ資材ニ對シテハ日本軍鐵道建設隊長ヨリ代金ヲ支拂フモノトス其ノ支拂期間其他ニ付テハ泰國側現地代表者ト打合セノ上決定ス

(三) 協定第一條(4)項(ニ)ノ資材ニ對シテハ昭和十七年九月十一日調印ノ「泰國鐵道ニ於ケル日本軍軍事輸送ノ賃金及料金支拂ニ關スル協定」第六條ニ依リ日本軍鐵道建設指揮官ヨリ三ケ月毎ニ支拂フモノトス

第二條

(一) 協定第一條(1)項ノ建設用地ハ日本軍鐵道建設指揮官ヨリ泰國側ニ提出スル線路圖ニ準據スルモノトス上記鐵道用地内ノ樹木ノ伐採及家屋取拂工事ハ路盤工事施行者之ヲ實施スルモノトス

上記鐵道用地ハ鐵道建設工事ノ完成後必要ナル圖面類ノ各工事施行者ニ於テ調製シ日泰兩者ニ於テ夫々

保有スルモノトス

(二) 協定第一條(1)項ノ建設ノ爲ノ使用地ハ日本軍鐵道建設作業隊長ト泰國側現地代表者トニ於テ協議ノ上之ヲ定ムルモノトス

但シ上記使用地ノ使用開始日使用終了日使用土地地域等ヲ記載セル書類ヲ日本軍及泰國側立會ノ上ニ於テ調製シ日泰兩者ニ於テ夫々保有スルモノトス

(三) 上記鐵道用地及建設ノ爲ノ使用地ヨリ發生スベキ家屋移轉費及果樹伐採其他ニ對スル損害賠償費ハ總テ泰國側ニ於テ負擔スルモノトス

第三條　協定第一條(2)項ノ泰國在來鐵道在來自動車道及港灣ニ對スル各附加施設實施ニ際シテハ日本軍鐵道建設作業隊長ト泰國側現地代表者トニ於テ其ノ都度協議ノ上之ヲ定ムルモノトス

第四條

(一) 協定第一條(3)項ニ依リ泰國ハ別紙第一ニ依ル勞働者ノ採用ニ關シ出來得ル範圍内ニ於テ協力スルモノトス

但シ傭人賃金員數供出時期等ノ細部ニ關シテハ日本軍鐵道建設作業隊長ト泰國側現地代表者トノ協議決定ニ依ルモノトス

(二) 協定第一條(3)項ニ依リ泰國側ハ技術員等所要人員ヲ以テ日本軍鐵道建設作業隊長ト連絡セシメ且「チュンポン」驛擴張工事ニ任ゼシムルモノトス

尚　擴張工事ノ設計ニ當リテハ日泰相互協議ノ上決定スルモノトス

實施スベキ作業ノ概要左ノ如シ

(イ)　路盤構築作業

(ロ) 軌條敷設作業

(ハ) 信號機保安設備其ノ他

上記ノ作業實施ニ要スル資材及器具類ハ泰國側ニ於テ手配スルモノトス

但シ泰國側ニ於テ資材及器具類入手困難ナル場合ハ日本軍之ヲ援助ス

上記作業ハ日本軍側ヨリ正式圖面ヲ泰國側ニ交付セル日ヨリ九十日以内ニ完了セシムルモノトス

第五條　協定第一條(4)項ニ依ル建設及運搬用資材ヲ供出シ又ハ使用ヲ供スベキ數量、時期ノ概要別紙第二ノ如ク其ノ細部ニ付テハ日本軍鐵道建設指揮官ト泰國側建設委員トノ協議ニ依リ定ムルモノトス

第六條　協定第二條ニ依リ泰國ハ前項ノ外日本軍鐵道建設部隊長ノ建設作業ニ對シ所要ノ援助及便宜ヲ供與スベキ事項ヲ差當リ次ノ通定ム

(一)「マライ」ヨリ輸送スル日本軍ノ徴用セル建設作業從事員ハ言語習慣ヲ異ニスルヲ以テ泰人トノ接觸ニハ日本人ノ介入スルモノトス

(二)「チュンポン」「クラブリー」間ニ於ケル泰側既設通信線路ニシテ建設工事ノ爲支障アル場合ハ日本軍建設ノ通信線路ニ添加スルコトアルベシ

通信線路ノ添加ヲ行フ場所、時期等ノ細部ニ關シテハ日本軍鐵道建設作業隊長ト泰國側現地代表者協議ノ上決定スルモノトス

右ニ要スル費用ハ日本軍側ニ於テ負擔スルモノトス

(三) 泰國側ハ「チュンポン」「カヲファーヂ」ニ至ル間ニ於テ自動貨車ノ連續通過ニ耐ヘ得ル如ク道路ヲ補修スルモノトス、道路ノ補修ヲ行フ場所完成期限等ノ細部ニ關シテハ日本軍鐵道建設作業隊長ト泰國側現地代表者トノ協議ニ依ルモノトス

右ニ要スル費用ハ日本軍側ニ於テ負擔スルモノトス

(四) 泰國側ハ「チュンポン」ニ於テ所要ノ電力ヲ供給ス

(五) 泰國側ハ日本軍ノ鐵道建設作業隊ノ現地ニ於ケル糧秣特ニ生肉、生野菜等ノ取得ニ關シ便宜ヲ供與スルモノトス

(六) 泰國側ハ輪轉材料ヲ日本軍ノ建設スル鐵道内ニ進入セシメ日本軍ノ建設作業ニ便宜ヲ供與スルモノトス

本件ニ付テハ其ノ都度協議スルモノトス

附記

此ノ細部協定ハ昭和十八年五月三十一日調印セラレタル「クラ」地峡横断鉄道建設ニ關スル協定ノ第四條ニ依リ差當リ必要ナル細部ニ關シテノミ行ヒ其ノ他ニ關シテハ必要ノ都度協定スルモノトス

右 協定ス

昭和十八年六月十五日

泰國側委員長 チョーイパンチャルン大佐

日本軍建設指揮官 石田 少将 (印)

別紙第一

協定第一條(3)項ニ依ル労働者ノ採用ニ關シ日本軍側ヨリ泰國側ニ協力ヲ要求スルモノ左ノ如シ

種別	人數	摘要
鑿岩夫	約一五	

鑿岩機修理工	〃六	概ネ昭和十八年七月一日ヨリ同年十一月末迄トシ差出場所ハ「チュンポン」トス
自動貨車修理工	〃二〇	
石工	〃五〇	
発動機工	〃一〇	
大工	〃五〇	
鍛冶工	〃三〇	

別紙第二

協定第一條(4)項ニ依リ泰國側ヨリ日本軍ニ供出又ハ使用ニ供スベキ資材ノ數量時期左ノ如シ

1. 供出資材

品名	寸法形状	供出數量	供出期					
			六月	七月	八月	九月	十月	十一月
煉瓦	建築用	三〇、〇〇〇ケ		五、〇〇〇ケ	二〇、〇〇〇ケ	五、〇〇〇ケ		
瓦		一四、〇〇〇枚			一〇、〇〇〇枚	四、〇〇〇枚		
セメント		一五〇瓩		一五〇瓩	(七月十五日迄ニ全數)			
コンクリート管	暗渠用 長一、〇米内径一、〇米	一、五〇〇本		五〇〇本	一、〇〇〇本			

2. 貸與資材

品名	寸法形状	貸與數量	貸與期					
			六月	七月	八月	九月	十月	十一月
砂利運搬専用車		五〇輛	五〇輛					
輕便軌條	七瓩~十五瓩附属品共	五、〇〇〇米	五、〇〇〇米					
トロリー	土工用（台付）	一〇〇輛	一〇〇輛					
牛車	馭者付	一〇〇台	五〇台	五〇台				
積船	積載十瓩以上船頭付	八隻	八隻					
曳船用機船	五馬力 十五馬力船員付	三隻	三隻					
木舟	長五米-十米	二〇隻	二〇隻					

右各資材ノ差出場所ハ「チュンポン」トス
但シ木舟、積船、機船ハ「クラブリー」附近トス

マレーシア連邦が太平洋戦争後に要求した対日賠償問題に関連して、法務省法務大臣官房司法法制調査部参与の井上忠男が調査した報告には、「マライ軍政部は、クラ鉄道建設のため、昭和一八年七月以後において二万名の労務者の供出を指令された」［井上、八頁］とある。クラ地峡横断鉄道は、泰緬鉄道と同じタイの地で、タイ政府を相手に交渉しなければならなかった。だがこれは、泰緬鉄道の鉄道隊とは別の部隊によって建設された。

一九四三年の六月に入ると、鉄道建設は鋤柄政治大佐の指揮のもと、マラヤから中国人とマラヤ人の労務者二〇〇〇人が運ばれ、それに加えてタイ人労務者一〇〇〇名が雇われて働いていた。日本軍は、タイ人労務者はあまり働かないという理由で請負に切りかえ、マラヤからの労務者を増やそうとしていた。日本兵は約二〇〇名あまり、トラック乗用車約四〇台が持ちこまれ、チュンポーン警察署の北に宿舎を設けていた［Bok. Sungsut, 2. 5. 2/10］。建設区間は、テナセリム山脈を横断する、チュンポーンと終着駅カオファーチーとを結ぶ約九〇キロである。この間に七か所の駅を設け、三一の橋を建設しなければならなかった。

このときの日本軍の動きを報告したチュンポーン駐屯のタイ側少佐は、最近の日本兵は以前にくらべて態度が温和になり、憲兵もタイ－日間に問題を発生させないよう取締りを厳しくして、非常に良くなったと報告している。日本軍がタイ側に注意を払い協力的で友好的になったという態度の変化は、南タイを統括する第六軍管区司令官から最高司令官に送られた、一九四三年七月九日付の報告にもみられ、「好意は好意で報いるが、悪意は悪意で報いるのが目下の事態にふさわしい」［Bok. Sungsut, 2. 5. 2/10］と書いている。中村明人駐タイ司令官によって日本軍将兵に与えられた訓令が、地方駐屯の日本兵にも浸透し、態度の変化となって表現されていた。タイ側は、こうしたことまで公文書の形で報告していた。

鉄道建設の労務者

建設工事は一九四三年六月一日にはじめられ、同年一二月二五日に完工式を挙行しているが、実際には一九四四年六月ごろから使用可能になった［井上、八頁］という。突貫工事のずさんさと、線路と枕木を留めるイヌクギが抜かれたり、といった破壊工作もあったようである。

クラ地峡横断鉄道建設には、鋤柄大佐を隊長とするクラ地峡鉄道建設隊が編成され、そのなかにはつぎのような組織があった［井上、一〇頁］。

企画主任　今井中尉
第一作業地区隊長　八木少尉
第二作業地区隊長
宣撫班長　星野中尉
（下士官　三、雇員　一四）
医療班長　オリマサミ軍医大尉
労務者病院　三（チュンポーン、一〇キロ地点、クラブリー）

鉄道建設作業は、日本人が土木工事を請け負っていた。現地の労務者を雇用したのは、錦城班、西本班、鹿児班の三班であった。労務者の募集はタイ側との協定締結にさきだって、一九四三年四月下旬ごろからはじまっていた。なかでも錦城班が主力になって、タイ、インド、マラヤ、華僑の労務者二万二〇〇〇名から二万五〇〇〇名を使用して、下部建築作業に従事していた。全部で約三万名の労務者が雇用された。労務者の供給は南方産業が、その輸送は日産会社と東急バス会社が担当していた。給与は一メートルいくらという出来高による契約給がとられ、日額二バーツ内外、最高四バーツであったという［井上、八〜一一頁］。

建設作業は民族別の作業班に分けられた。錦城班が請け負った作業地区は、六〜七地区に分けてはじめられた。各地区には、労務監督の日本人および現地人の副監督がおかれ、その上に現場総監督がおかれていた。労務監督の

もとの労務者の数については、

一九四三年	六～　七月	三～　六キロ地点	五〇〇名
	八～　九月	二六～三二キロ地点	一二〇〇名～一三〇〇名
	一〇～一二月	七〇～八〇キロ地点	一二〇〇名～一三〇〇名

という数字があげられている［井上、一〇頁］。錦城班の場合、二万二〇〇〇～二万五〇〇〇名の労務者を使用していたと、井上は記している。

一九四三年一〇月初旬のチュンポーン県内には、日本兵用キャンプ五か所と労務者用キャンプ一二か所が鉄道建設従事者のために建設されており、また、すでに道路があるので、輸送手段はさまざまであった。これらを各時期の報告書から整理すると、第34表のようになる［Bok. Sungsut, 2. 5. 2/10］。

一九四三年一〇月一二日付のインド洋岸にあるラノーン側からの報告では、つぎのような数字があげられている［Bok. Sungsut, 2. 5. 2/11］。

	将校	下士官・兵
五一キロ地点タップリー村		一五人
一〇キロ地点ナムチュート村	三人	一五人
八キロ地点	不明	一〇〇人
二七～三〇キロ地点（カオファーチー）	七人（中佐一、大尉一、中尉三、少尉二）	四〇〇人

チュンポーンでは一九四三年一〇月初旬までに、労務者はマラヤ人が一六名増えたが、中国人一二〇名とマラヤ人三〇〇名の計四二〇名が病気になり、バダンブサール（パダンベーサー）からマラヤに帰国していったのを確認している。工事のほうは、チュンポーン県内の路盤工事はすでに終わり、枕木と線路の敷設が一二キロ地点まで進んでいた [Bok. Sungsut, 2. 5. 2/10]。

また、一九四三年一〇月二五日付の報告書でもほぼ同じ状況で工事が進められており、枕木と線路の敷設が二三キロ地点まで進んでいた。工事の進捗に応じて労務者のキャンプ地がクラブリーに近づいていき、チュンポーン県内の労務者の人数は減少していった。一〇月二六日、タイ陸軍の地元の部隊が調査したところによれば、建設工事に従事する日本兵の数をチュンポーン県内で一二〇〇名、ラノーン県内で九〇〇名、合計二一〇〇名としている [Bok. Sungsut, 2. 5. 2/10]。工事は昼夜を通じて行なう突貫工事であった。そして、クラ地峡横断鉄道は一九四三年一二月に完成した（第8図参照）。一二月二五日には、現地チュンポーンで地元タイの要人を招いて完工式が行なわれている。

第34表　クラ地峡横断鉄道に従事する軍人と労務者および輸送手段

（単位：人，台，輛）

		1943 年		1944 年		
		10 月初旬	10 月中旬	1 月下旬	8 月上旬	8 月中旬
日本軍	将校	50	50	45		
	下士官と兵	400	400	2,500	1,200	1,200
	インド兵	–	–	100	600	600
	ジャワ兵	–	–	–	60	50
労務者	中国人	2,000	1,200	300	500	500
	マラヤ人	2,440	1,050	470	2,000	2,000
	タイ人	750	380	400	300	300
	計	5,190	2,630	1,170	2,800	2,800
トラック・自動車		193	204	563	130	151
オートバイ		2	4	4	6	5
足踏みトロッコ		3	3	2	–	–
自転車		約 100	約 100	50	–	–
機関車		–	–	4	4	4
牽引車		–	–	7	1	1
貨物車		–	–	–	［不明］	［不明］

出所：Bok. Sungsut, 2. 5. 2/10 をもとに作成。

第8図　クラ地峡横断鉄道全線図（90キロ）

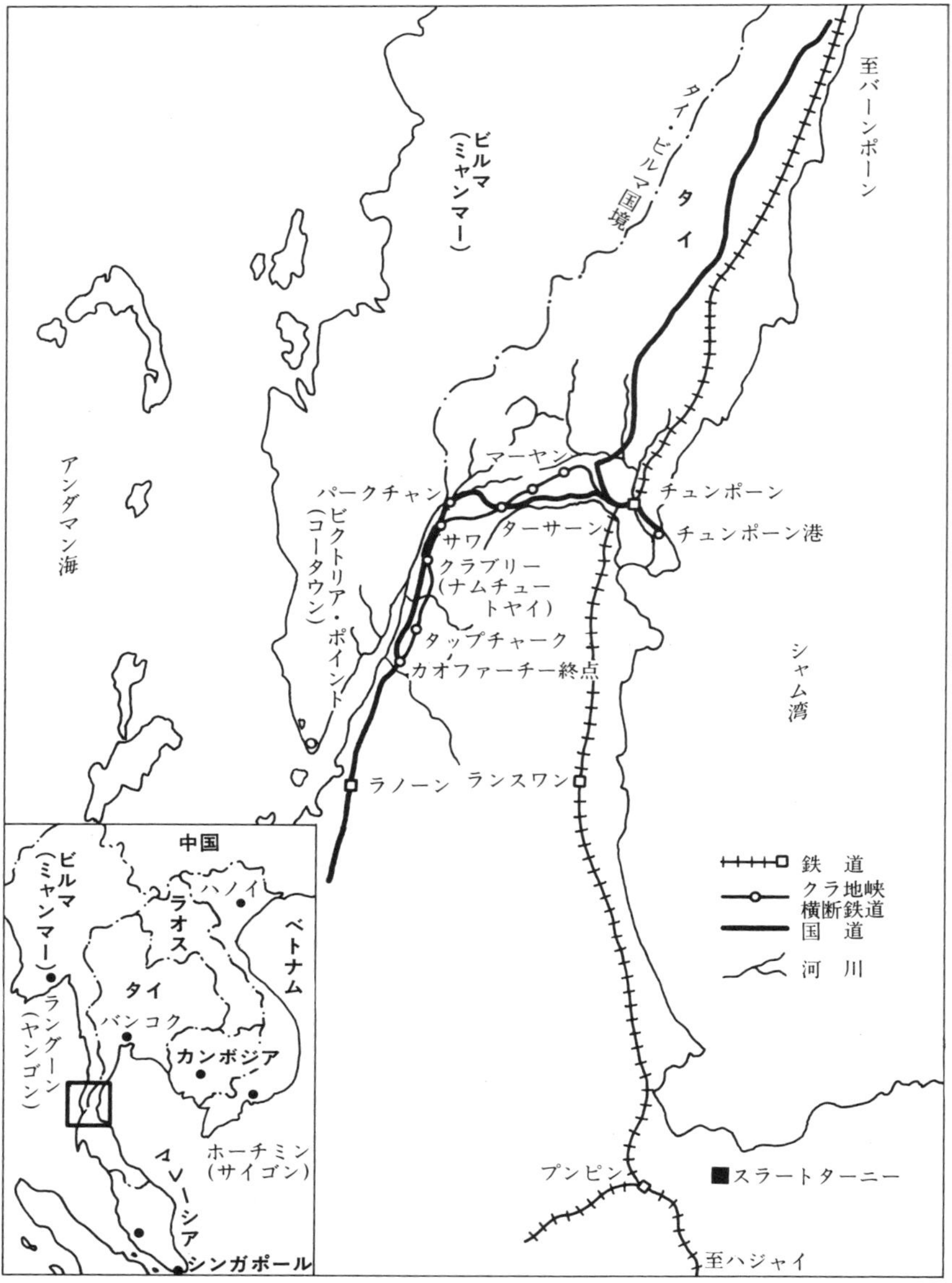

出所：筆者作成。

クラ地峡の位置を示す大看板。チュンポーンへ向けてトラックが漁船を運んでいるのは，ここが地峡であるから可能なのだが，右側の道路はかつて鉄道も敷かれていたはずである。今は形跡もない。

ゲートのタイ語は「マラヤ半島で最狭の個所50キロ」「タイ－ビルマ（写真の右側）国境」と表示している。チュンポーンからここクラブリーまでの50キロがクラ地峡である。インド洋から深く切りこんだ入り江がタイとビルマ（ミャンマー）の国境となっている。当時，ここから入り江のタイ領（写真の左側）をさらに南へ40キロほど鉄道が伸びていた。

一九四四年一月二四日のチュンポーン県知事の報告では、鉄道工事とチュンポーン港建設工事の要員として日本兵二五〇〇名、将校四三名、ほかにインド国民軍の兵一〇〇名がいた。鉄道が全線に敷かれ、走行可能な状況であったが、何か所かはまだ砂利を敷いたり、土盛りをしなければならなかった［Bok. Sungsut, 2. 5. 2/10］。

この時期、シンガポールから約一〇〇人の看護婦を含む衛生部隊が、チュンポーンに到着していた［Bok. Sungsut, 2. 5. 2/10］。そして、一九四四年四月七日には、日本軍はチュンポーン市内に野戦病院を建設し終わり、患者約一〇〇名を収容できると語っている。また、六月二三日、チュンポーン県知事と日本軍の森大尉憲兵隊長および横山大尉らとの対話で、日本側は、シンガポールの南方軍司令部からの命令で、日本軍が病院を拡張したいと申し出ている［Bok. Sungsut, 2/213］。約一〇〇名の看護婦は大いに目立つ存在であったから、タイ側の報告書に記載されている。だが、敗色濃くなり、海上輸送が困難になるこの時期に、日本からはるばると一〇〇名もの看護婦が派遣されてくるとはとても考えられない。あるいは、従軍慰安婦であったかもしれない。

一九四四年八月一一日のチュンポーン県知事の報告によれば、日本兵一二〇〇名、インド国民軍の兵六〇〇名、ジャワ兵六〇名がおり、日本軍将校の名前は司令官白滝《しらたき》少将、副司令官山本中佐、中野主計少佐ら一五名がみられ、まだ名前のわからない将校がいるという。また、装甲車四台、大砲を乗せた車が六台、その他があった。この時期の労務者は鉄道建設というより、むしろ線路補修工事や運搬人夫として働いていた［Bok. Sungsut, 2. 5. 2/10］。

一九四四年一一月には連合軍の爆撃機二〇機が飛来して、チュンポーン駅をはじめ、倉庫、クラ地峡横断鉄道などを爆撃し、大きな被害をもたらした。連合軍によるクラ地峡横断鉄道への最初の爆撃であった。さらに、翌一九四五年三月一九日午後二時から午後六時まで、連合軍の四発爆撃機が三〇機飛来し、以前よりも激しくチュンポーン駅、クラ地峡横断鉄道、港の倉庫・船舶、荷積みした輸送トラックを絨緞爆撃していったが、日本軍は線路を修復して細々と使用していた［Praphan, pp. 110-11］。

チュンポーン経由でビルマ戦線へ

一九四三年一〇月五日から一〇日までの間に、武装した日本兵一四八一名、スマトラ兵九〇名、インド国民軍の兵五五〇名の、計二一二一名がシンガポールから汽車で到着し、仮収容所で一泊すると、トラックや徒歩でクラブリーに向かった、とチュンポーン県知事は報告している［Bok. Sungsut, 2. 5. 2/10］。だが彼らは、クラ地峡横断鉄道建設の労務者として来たのではなく、ビルマ戦線に送られていった兵士たちであろう。同年一〇月二五日の報告書でも、武装した日本兵約二〇〇〇人が大砲三門とともにシンガポールからチュンポーンに降り立ち、一泊してラノーンに向かっている。一九四四年一月二四日の報告書にも、シンガポールから汽車でチュンポーンを経由してラノーンに向かう将校四名、兵二〇〇名の日本軍武装部隊が記され、同年八月七日から一九日の間には、日本兵約二〇〇名とインド国民軍の兵一五〇名がチュンポーン駅に降り立ち、ラノーンに向かった、と報告されている［Bok. Sungsut, 2. 5. 2/11］。

当時、シンガポールを経由してインド洋岸を船で北上してビルマ戦線に向かうのは、イギリス軍の潜水艦にねらわれて危険が多かった。また、泰緬鉄道が完成するのが一九四三年一〇月末のことであったから、その間、マラッカ海峡を避けることのできるチュンポーンを経由して、ラノーンから船で北上するのが、当時としてはもっとも安全確実なルートとして利用されていたのである。そして、泰緬鉄道完成後もひきつづき、このルートは兵員や物資輸送に活用されていた。

クラ地峡横断鉄道が開通してからは、チュンポーンからクラブリー向けの列車は毎日運行されているが、貨物の内容は不明である。一九四四年七月のチュンポーン発クラブリー行きの貨物車は、延べ四六四両輛もあった。また、チュンポーン港からチュンポーン駅への物資の運搬は、七月初めの二週間は昼夜兼行で行なわれていた。バンコクから船で輸送されてきたコメ六〇〇トンは、すべて汽車で運ばれていった。インドシナから来た一隻の汽船は、武器、事務用品、鉄製機械、エンジン、針金、ケーブル線を約八〇〇トン運んできて、バンコク行きの船に積みかえられ、バンコクからのコメ約一三〇〇トンを積んでシンガポールに向かった［Bok. Sungsut, 2. 5. 2/10］。チュンポーン港はインドシナとバンコクとシンガポールを結び、さらにインド洋側へと送りだす中継港の役割を担っていたのである。

チュンポーン港には日本人経営の小さな造船所があり、タグボートで引っぱる一〇～一六トン程度の船を製造していた。すでに一七隻が完成し、三隻が製造中であった。一九四四年八月二一日のチュンポーン県知事の報告では、同県に約二五ライ（一ライ＝一六〇〇平方メートル）の港が完成し、倉庫六棟と保安部の建物一棟を完成させ、日本兵五～一〇名が、重機関銃三丁、軽機関銃六丁を装備して警備にあたっていた。また、チュンポーン港には、発電機一台による電気が用いられ、燃料庫一棟、八〇メートルの見張り塔、トラック四台、乗用車一台、運搬船二七隻、タグボート三隻、高速ボート一隻があった。労務者はタイ人一〇〇名、中国人五〇名、マラヤ人一〇〇名がいた。日本軍はここに着港する大型汽船から物資を倉庫に運びこみ、さらにそれらの物質をクラブリーやシンガポールに汽車で運んでいた。石炭は約一〇〇〇トンが貯蔵されていた。

日本軍は港をさらに拡張するため、土地の借上げを要請していた。一九四四年八月七日から二週間のうちにチュンポーンに運びこまれた物資は、貨車の台数であげると日用品三一台、弾薬二台、貨車一五輛、機関車一輛、コメ一〇台、野菜一一台、板一〇台分あり、また、チュンポーンからほかの地方に運ばれた物資は、一週間で日用品一〇台分となっている。チュンポーン－クラブリー間の列車運行は毎日あった。詳しくは不明であるが、貨車約三〇〇輌とされている。チュンポーン港からチュンポーン駅へのトラックによる物資の運搬は、日中のみとなった。日本軍は、チュンポーンからラノーンまでの電話線も設けている［Bok. Sungsut, 2. 5. 2/10］。

一九四四年一一月二五日のチュンポーン県知事の報告では、チュンポーン駐在の日本軍司令官であった白滝少将がシンガポールに転勤となり、シデイ中将が着任している。また、浜田大佐がチュンポーン駐屯部隊の隊長となっている［Bok. Sungsut, 2. 5. 2/10］。

ラノーンに防衛陣地構築

一九四四年一月一七日に杉浦中尉と将校三名、兵五〇名が、クラブリーのカオファーチーからラノーンまでの自動車道建設のための調査にラノーンを訪れ、ラノーンの河口に日本兵二〇〇名を駐屯させたいと、ラノーン県知事に申し出ていた。そして、同年五月一七日には、杉浦中尉は先遣の一五名を連れてラノーンを訪れ、空き家になっているジップインソイ製材所を借りて宿舎にした。日本軍は、クラブリー川と川を隔てたビクトリア・ポイントが見える山の上に兵舎を建築したい、と要請した。同年八月九日にはジップインソイ製材所に七〇名、そしてゴム林の横の山頂の兵舎に三〇名が駐屯し、ここには少なくとも二門の大砲が据えつけられていた。ジップインソイ製材所にいた七〇名の兵はその後一〇名に減らされ、山頂の三〇名も一〇名に減らされて、ほかは市内のワット・ウパナンターラーム横の学校に移駐した。それぞれの兵員の移動は夜間に行なわれ、各駐屯地との往来は夜を選んで、ほとんど毎夜のように行なわれていた［Bok. Sungsut, 2. 5. 2/11］。インド洋からの連合軍の反攻、上陸を警戒し、さらに、住民にさとられないよう行動を隠密にしていたのであろう。

一九四四年五月一九日、ビクトリア・ポイント駐屯部隊の隊長オーワサ中尉がラノーン県知事を訪問し、六月一〇日にメルギーに移動し、その後はクラブリーのカオファーチー駐在の照井中佐が指揮官として駐屯すると説明して、別れの挨拶をしている。照井中佐は六月一七日にビクトリア・ポイントに移駐し、ビルマ側のビクトリア・ポイント、ラノーン、クラブリーのカオファーチーの、三か所の司令官となった［Bok. Sungsut, 2. 5. 2/11］。

一九四五年六月七日以降、ラノーン側とチュンポーン側の日本兵五〇名が毎日一緒になって、幅三メートル、長さ三八五メートルの半永久的な栈橋をラーチャクルートに架け、さらにそれを三八〇メートル延長する工事をつづけていた。これは海からの輸送用栈橋に使用する予定であった。ところが一方で、同年六月一五日には、クラブリーの日本兵は、カオファーチーの港からラノーンにいたる二四キロ地点の、約六キロあるクラ地峡横断鉄道の線路の一部を取りはずしてしまった。タイ側は、その理由がわからず首をかしげていた［Bok. Sungsut, 2. 5. 2/11］。

日本軍は、イギリス軍がラノーンに上陸し、クラ地峡横断鉄道を利用してシャム湾側に進攻してくるのを恐れていたのか、あるいは線路をほかの箇所の修復のため運びだしたのであろう。アジア太平洋戦争後、イギリス軍はクラ地峡横断鉄道の線路を取りはずしてマラヤへ運び去った。しかし、いま現在でも道路に沿って、線路のために架けた橋の脚桁が一部に残っているという。

12　泰緬鉄道完工のころの日本軍・捕虜・労務者

タイ側の統計

泰緬鉄道の敷設工事が開始されて約一年後、一九四三（昭和一八）年九月一五日にカーンチャナブリー県警察署は、県下に駐屯する日本兵と捕虜およびその他の労務者の数をまとめ、カーンチャナブリー県知事に報告している[Bok. Sungsut, 2. 5. 2/4]。その文章を表にまとめると、第35表のようになる。

地名はタイの行政上の郡と村の名称であるため、泰緬鉄道の駅名とは合わない。カーンチャナブリー郡には県庁があり、ここが中心地である。そこからしだいに奥地に向かい、サンクラブリーがビルマ国境に接する。サンクラブリー郡役所は駅名でいえばニーケにあたり、ビルマ国境の三仏塔峠までの距離は約二〇キロである。ターカヌンは国境から約八六キロの地点にある。国境から一〇〇キロ以内に日本兵や捕虜が集結して、タイとビルマの双方から進められてきた泰緬鉄道の建設工事が、最終段階にあることを示している。

タイ側に投入された捕虜が約五万名とすると、その二〇%が死亡したとしても、第35表にあげられた数字はかなり少ない。労務者についても、投入された総数の約半分の数字が示されているが、とくにマラヤ人の場合は死亡者の数を引いてもまだ少ない。人種・民族別に白人、中国人、マラヤ人、モン人、ビルマ人とあるのは、現地のタイ

第35表　カーンチャナブリー県内の地区別外国人数（1943年9月15日現在）

（単位：人）

地区名（タンボン）	日本兵	白　人	中国人	マラヤ人	モン人	ビルマ人
カーンチャナブリー郡						
バーンヌア	450	800	150	2,200		
バーンタイ	50	50		50		
パークプレーク	850	550	200	350		
ターマカーム	200	2,500				
チョーラケープワク	18		300			
ワンコン	125	300	400	100		
サイヨーク郡						
ルムスム	7,910	3,390	700	8,900		
シ　ン	120					
タームワン郡						
タームワン	15					
ターマカー郡						
ドーンカミン	5					
タールア	15					
バーンポーン郡						
ノーンコップ	3,300	250	15,100*			
バーンポーン	300	50				
トーンパープーム郡						
リンテイン	200	800	100	200		
ヒンダート	400	1,100	400	400		
ターカヌン	2,900	7,600	3,150	6,100	300	300
ピロック	600	1,500	600	1,100		500
サンクラブリー郡						
ノーンルー	200	400		700	100	170
プランプレー	2,500	8,500	6,000	6,200	1,200	1,900
			15,100*		1,600	2,870
合　計	20,158	27,790	12,000	26,300		
			57,870			

注：＊中国人，マラヤ人を合計した数字。

出所：Bok. Sungsut, 2. 5. 2/4 をもとに作成。

人でも可能な識別によるものであり、白人にはイギリス、オーストラリア、オランダ、およびアメリカ軍捕虜がそれぞれ含まれている。またマラヤ人のなかには、マラヤのインド人、オランダ領東インドのジャワやスマトラの出身者が含まれていたものと思われる。モン人とビルマ人は、国境を越えて連行された労務者であろう。モン人はビルマ南部に居住する少数民族で、タイ国内でもカーンチャナブリー、ラーチャブリーに住み、バンコク近郊にもその子孫が住んでいる。モン人はタイ人やビルマ人よりも古くから、この地に住んでいる民族でもある。タイ側のニーケまでは、日本兵、捕虜、労務者の合計数は一〇万五八一八名となる。

一九四三年九月二七日にカーンチャナブリー県が日泰同盟連絡事務局に報告した外国人の人数は、第36表のようになっている [Bok. Sungsut, 2. 5. 2/4]。この表は、第35表の九月一五日からわずか二週間あまりのうちに、日本兵が約五〇〇〇名、白人捕虜が約一万五〇〇〇名、現地人労務者が一万名増えたことを示している。このことは、タイの官憲が知りたいと考えている数字が、正確に把握するにはなかなか困難であることを示している。

そして、一九四三年一一月二五日にカーンチャナブリー県が日泰同盟連絡事務局に報告した文書を表で示すと、第37表のようになる。

泰緬鉄道の建設は、一応は一九四三年一〇月二五日に完工しているが、まだ三仏塔峠のある国境付近に約半分の労働力を集中させている。完工後も、つねに補修工事が必要であったことが知られている。しかし、中国人は国境地域からも姿を消し、人数も激減した。契約を終えて去ったのだろうか。

第36表 カーンチャナブリー県内の外国人数（1943年9月27日現在）

（単位：人）

民族別労働者	人　数
1．日本兵	24,764
2．白人捕虜	41,750
3．マラヤ人労務者	40,900
4．中国人労務者	22,910
5．モン人労務者	1,600
6．ビルマ人労務者	2,400
合　計	134,160
大　砲	4門
対空高射砲	10門

出所：Bok. Sungsut, 2. 5. 2/4 をもとに作成。

ここで、右の一九四三年九月一五日、同年九月二七日と一一月二五日の報告を、日本兵、白人捕虜および労務者の数を並列してみると第38表のようになる。ただし、この表にはビルマ側の数は含まれていない。また、これらの数字からうかがえるのは、タイの官憲は外国人労務者について調査して、タイ人についての数字は調べておらず、あくまで県内の外国人数を把握しようとしていることである。

第37表　カーンチャナブリー県内の地区別外国人数と輸送手段，兵器数（1943年11月25日現在）

（単位：人，頭，台）

地区名（タンボン）	日本兵	白人捕虜	中国人	マラヤ人	モン人	ビルマ人	馬	自動車	大砲	機関銃	高射砲
カーンチャナブリー郡											
バーンヌア	600	2,600	300	2,400	–	–	150	130	4	–	–
バーンタイ	400	500	–	300	–	–	–	110	–	–	–
パークプレーク	650	1,200	400	1,800	–	–	50	160	–	–	–
ターマカーム	100	300	–	–	–	–	–	30	–	–	4
コサムローン	84	9,000	25	4	–	–	–	–	–	–	–
チョーラケープワク	38	–	220	–	–	–	–	–	–	–	–
サイヨーク郡							–	–			
ルムスム	980	1,590	1,200	1,450	–	–	–	–	–	8	4
サイヨーク	960	1,030	1,630	3,100	–	–	–	–	–	–	–
シ　ン	–	–	15	–	–	–	–	–	–	–	–
タームワン郡											
タームワン	20	–	–	–	–	–	30	6	–	–	–
ターロー	21	–	–	–	–	–	–	–	–	–	–
ターマカー郡											
ドーンカミン	5	–	–	–	–	–	–	–	–	–	–
タールア	15	–	–	–	–	–	–	–	–	–	–
バーンポーン郡											
ノーンオー	50	–	800	–	–	–	–	–	–	–	–
ノーンコップ	3,300	1,300	300	–	–	–	–	–	–	–	–
パークレート	3,350	250	900	8,900	–	–	–	–	–	–	–
バーンポーン	400	50	–	–	–	–	–	–	–	–	–
トーンパープーム郡											
リンテイン	100	200	200	300	–	–	–	–	–	10	–

ヒンダート	250	700	200	600	–	–	–	–	–	20	–
ターカヌン	2,100	4,700	500	4,800	–	–	–	–	–	215	–
ピロック	500	1,500	–	1,400	–	–	–	–	–	4	–
サンクラブリー郡											
ノーンルー	400	200	–	1,500	700	1,000	–	–	–	70	–
プランプレー	11,100	9,700	–	10,200	1,350	3,000	–	–	–	855	–
合　計	25,423	34,820	6,690	36,754	2,050	4,000	230	436	4	1,182	8
				49,494							

出所：Bok. Sungsut, 2. 5. 2/4をもとに作成。

第38表によれば、月日をへるごとに日本兵はしだいに増えているが、労務者全体の数は八万五六六〇名、一〇万九五〇名、八万四三二四名という増減がみられる。白人捕虜は一万名あまり増えたのち、二か月後には七〇〇〇名ほど減少している。中国人労務者は激減した。逆にマラヤ人労務者は激増し、その後四〇〇〇名ほど減っている。いっぽう、モン人やビルマ人が漸増している。泰緬鉄道が完成するころ、タイ政府は自国内で働く外国人の数字を把握しようと努めているが、この表の数字を当時の建設労働者の実情を表現したものとすれば、日本兵を含め一二～三万のヨーロッパ人とアジア人の外国人が、カーンチャナブリー県のなかのクウェーノーイ川の流域に集中して、作業していたことになる。わずか一県にこれほどの外国人が集中するのは、タイにとっては異常事態である。

ついでにタイ側で調査している日本軍の動向をみると、第35表の、サイヨーク郡ルムスム村の日本兵七九一〇名が第37表では約一〇〇〇名に激減し、同じくビルマ国境に近いプランプレーの二五〇〇名が一万一〇〇〇名と五倍にふくれあがっているのは、奥地への工事の進捗に合わせ、泰緬鉄道の仕上げと防衛のための兵力が奥地に送りこまれたためであろう。馬、自動車、高射砲、大砲がカーンチャナブリー郡に集中しておかれていたのは、ここには鉄道工場があったからだった。プランプレーとターカヌンに集中する機関銃は、破壊工作をねらって侵入する連合

第38表　カーンチャナブリー県内の外国人（1943年9～11月）

（単位：人）

年　月　日	日本兵	白人捕虜	中国人	マラヤ人	モン人	ビルマ人
1943年9月15日	20,158	27,790	12,000 (15,100)	26,300	1,600	2,870
9月27日	24,764	41,570	22,910	40,570	1,600	2,400
11月25日	25,423	34,820	6,690	36,754	2,050	4,000

出所：第35表，第36表，第37表より作成。

軍の工作者を対象にしたのであろうか。第37表のなかの「自動車」は、トラックがほとんどであった。

日本側の証言

石田英熊の戦後の手記によれば、当時、もっともわからなかったのは労務者であったという。「ビルマ側はビルマ政府の派遣する奉仕隊員であり、佐々木〔万之助〕大佐は最も厳格に監督して、その数も明らかなる様であるが、泰側は即ち第九連隊側は約十万もいるというけれども、鉄道監部の方では、その総数も解らず、逃亡者も解らず、死亡者も解らず、全て不明である。それも、労務主任が一定せず、時に閑散な部隊長を使用し、時に臨時の部員が担当する等、支離滅裂であった」〔石田、一二五頁〕と、管理運営のずさんさを理由にあげている。南方軍第三野戦鉄道司令部（在クアラルンプール）司令官であった石田が、一九四三年八月四日に第二鉄道監を兼任するようになると、労務部を確立して労働力温存の仕事を開始した。まず、労務者や捕虜の衣服用として、東南アジアを探しまくってようやく麻袋を入手することができ、一人三枚あて渡す程度に配布したという。

石田は、使用人員が最大となったのは一九四三年中期で、一五万ではなかったかという。泰緬鉄道建設の人員数が不明である最大の原因は、苦力《クーリー》すなわち労務者の数が判明しないこと、判明しないのは逃亡者が多いのと、事務担当者が頻繁に交代して記録に正確を欠くこと、移動やほかの部隊に労務者を渡すことがあったことをあげてい

枕木を運ぶアジア人労務者。左の人物は米袋を服にして，裸足の左足には潰瘍が生じて，布を巻いている。

る。そして在任中には、とうとう実数を把握できなかったという。くわえて、終戦時に記録などを焼却してしまったとも石田は述べている［石田、五頁］。

したがって、連合軍の調査もその明確な根拠はなく、石田が戦争裁判で取調べを受けたとき、個人の想像として第39表のような概数を示しているにすぎない。そしてこの表によれば、捕虜の人数については、タイ側による一九四三年九月の調査の倍にもなり、これは連合軍側の数字に近く、ほぼ実数に近いものと思われる。また、労務者は、同じくタイ側の調査は四万から六万の幅があり、石田の概数もその範囲にある。さらに、ビルマ人、モン人を合わせたタイ側の概数が四四七〇名から四〇〇〇〇名となるから、表中の「緬甸苦力」三〇〇〇名は少なすぎる。いずれにせよ、労務者はマラヤ人と華僑が占めていて、地元のタイ人とビルマ人の数は少ない。すでに帰還したあとになるのだろうか。

石田はまた、一九四二年末より四三年一〇月の泰緬鉄道開通時までの病死者の概数を、第40表のように示している。しかし、一九四六年の戦争裁判において、イギリス人

第39表　石田英熊が示す日本人・俘虜・労務者（1943年9月）

（単位：人）

1．日本人	10,000
2．俘　虜	60,000
3．馬来，支那，泰の苦力	40,000
4．緬甸苦力	3,000
合　計	113,000

出所：石田，5ページより。

第40表　病死者の概数

（単位：人）

	石田が示す人数	検事が示す人数
日本人	1,000	
俘　虜	7,000～8,000	13,000
苦　力	10,000	33,000

出所：石田，5ページより。

検事が主張する病死者の数とは大いに異なっている。検事が示す捕虜の病死者数はほぼ実数に近いが、労務者の数についてはやはり把握できていなかったようである。

泰緬鉄道建設と牛肉

一九四三（昭和一八）年七月五日、日泰同盟連絡事務局側とタイ農務省家畜局とが会合を開き、日本軍が牛一五〇〇頭を購入したいとふたたび要請してきている件に関し、検討していた。家畜局側は、日本軍が牛を大量に購入するので売買のバランスが崩れてしまい、統計も作れない状況で、せめて種牛の保存のためにもなんとか規定を設けて規制してほしいと訴えている。日泰同盟連絡事務局のほうは、日本軍の牛一五〇〇頭の購入はかなりオーバーに見積もった数字であるが、カーンチャナブリーとチュンポーン方面では日本側に分けるだけの牛があるかどうか、やはり牛の頭数の統計がほしいと要請している［Bok. Sungsut, 2/104］。

また、日泰同盟連絡事務局の担当官ウィラート・オーソッターノン少佐の調査でも、つぎのように報告されている。つまり、多くはナコーンパトム、ラーチャブリー、スパンブリー、ペッチャブリー、プラチュワプキリカンから集められてきている牛を、カーンチャナブリー駐屯の日本軍が、インド人の仲買人を通じて日に三〇〇～四〇〇頭をほぼ毎日買いつけているという。さらに、そのなかには雌牛や子牛もたくさん含まれているため、関係当局でしかるべき規制をしないと、今後に牛の数の減少を招く恐れがある［Bok. Sungsut, 2/104］。このように報告しているのをみても、日本軍が当時大量に牛を買いつけていたことがうかがえる。

さらに、一九四三年九月七日の日泰同盟連絡事務局とタイ内務省と業者を交えた会合では、つぎのようなことが話されている。内務省のほうでは、スパンブリー、ナコーンパトム、ペッチャブリー、ラーチャブリー、カーンチャナブリー、プラチュワプキリカンの六県の牛に関する統計はあるが、役牛、食用牛の区別をしていないので、日本側にどれだけの数の牛をまわせるかはわからない、と日泰同盟連絡事務局に答えている。また、家畜商業会社の代表は、まず日本軍がバーンポーン（ラーチャブリー県）やカーンチャナブリーでインド人の仲買人からてんでに牛を買うのをやめる条件で、内務省の許可さえあれば、

カーンチャナブリー	二〇〇頭
ナコーンパトム	二〇〇頭
ラーチャブリー	四〇〇頭
ペッチャブリー	五〇〇頭
プラチュワプキリカン	二〇〇頭
合　計	一五〇〇頭

を集めて日本軍に卸すことが可能だと説明した。そして、バーンポーンとカーンチャナブリーの日本軍はさらに、一日に二七頭分の捌いた牛肉をほしがっている［Bok. Sungsut, 2/104］、ともつけ加えている。さらに、日本軍は、購入した牛を当初は政府経営の屠殺場に運んでいたが、運ぶのが面倒で駐屯地の近くの森のなかで屠殺しているようだ、という内務省側の発言があると、日本軍はチュンポーンに屠殺場を設けたいと日泰同盟連絡事務局に要請している、という事務局の報告もあった［Bok. Sungsut, 2/104］。

一日に三〇〇～四〇〇頭の牛の買付けや二七頭分の牛肉というのは、日本軍の食糧用と泰緬鉄道建設労働者の食

糧用と思われる。いっぽう、チュンポーンはシャム湾に面した漁港で、チュンポーンからクラ地峡を通ってインド洋岸のラノーンに出るための最短距離の位置にある。そしてここでも、日本軍は一九四三年五月からクラ地峡横断鉄道の建設を開始していた。

また、同じ一九四三年九月七日に行なわれた日タイ合同会議には、タイ側からは日泰同盟連絡事務局長のチャイ・プラティーパセーン大佐以下六名と、日本側からは大使館付駐在武官である山田国太郎少将と稲垣大尉、それに波多野通訳が出席して、日本軍の食糧調達についてタイ側と協議していた。日本軍は駐タイ日本軍が一か月に必要とする食糧を、つぎのような数字をあげて説明している［Bok. Sungsut. 2/104］。

一、米穀	バンコク	七トン
	泰緬鉄道建設現場	九〇トン
	チエンマイ	三〇トン
	クラブリー	二三トン
	合　計	一五〇トン（のちに一日分の額と訂正）
二、生牛	バンコク	六九〇頭
	泰緬鉄道建設現場	九六〇〇頭
	チエンマイ	三〇〇〇頭
	クラブリー	二三〇〇頭
	合　計	一万五五九〇頭
三、生豚	バンコク	二一〇頭

泰緬鉄道建設現場	二七〇〇頭
チエンマイ	九〇〇頭
クラブリー	六九〇頭
合　計	四五〇〇頭

日本側は、〝泰緬鉄道の建設現場では十数万の労働者が働いているから、これだけ必要になるのだ〟と述べ、〝一人が一か月に牛一頭の一〇分の一を消費するという計算だ〟と説明する。タイ側は、〝それにしても数字が大きすぎるのでもういちど計算しなおしてほしい〟と要請して、日本側も〝承知した〟と答えている［Bok. Sungsut, 2/104］。

なお、日本側はこの一週間後に行なわれた九月一五日のタイ側との会合で、さきに山田少将があげた米穀の需要数合計一五〇トンは一日当たりの分量であって、月額にすると四五〇〇トン（一五〇トン×三〇日）が正しい、と訂正している。

日本側のあげた牛肉の消費量という計算方法から、将兵、捕虜・労務者を含む日本軍関係者の人数を逆算して推計すると、だいたいつぎのようになる。

バンコク	六九〇〇名
泰緬鉄道建設現場	九万六〇〇〇名
チエンマイ	三万　名
クラブリー	二万三〇〇〇名
合　計	一五万五九〇〇名

第41表　タイ国内地区別人員数と食糧需要量

地区別	人員数	（人）	1日所要高（キロ）		1ヶ年所要高（トン）	
			生野菜	乾野菜・他	生野菜	乾野菜・他
盤《バン》　谷《コク》	軍人軍属	7,000	4,795	70	1,750.2	25.6
	俘虜苦力	1,000	555	10	202.6	3.7
泰緬鉄道	軍人軍属	15,000	10,275	150	3,750.4	54.8
	俘虜苦力	45,000	24,975	450	9,115.9	164.3
チエンマイ	軍人軍属	16,500	11,220	165	4,095.3	60.3
	俘虜苦力	50,000	27,750	500	10,128.8	182.5
クラ地峡	軍人軍属	1,500	1,020	15	372.2	5.5
	俘虜苦力	25,000	13,875	250	5,064.4	91.3
合　計	軍人軍属	40,000	27,310	400	9,968.2	146.0
	俘虜苦力	121,000	67,155	1,210	24,511.6	441.7

注：原文は日本語タテ書き，漢数字を用いている。
出所：Bok. Sungsut, 2/169 より。

これを、一九四三年九月三〇日ごろの統計と思われる、日本軍が書き残しタイ側で保存されている第41表の資料と比較してみると、つぎのようなことがいえる。

バンコクとクラ地峡の日本軍将兵、捕虜、労務者の総数に関しては大きな差はないが、泰緬鉄道建設現場の推計数九万六〇〇〇名に対し、第41表では軍人・軍属と俘虜を加えた人数六万、チエンマイの推計数三万に対し、同表では六万六五〇〇名と大きな差がみられる。ただ、全体の人員数が推計で一五万五九〇〇名なのに対して第41表では一六万一〇〇〇名だから、日本軍のいう牛の消費量による計算で得た日本軍将兵の数は、第41表の数とほぼ近い。いずれにせよ、西の泰緬鉄道建設現場、北のチエンマイ、南のクラ地峡という地区が、タイ国内の日本軍が勢力を寄せていた地区だったことになる。

日本軍は、〝ビルマに向かう部隊が食用に牛一〇〇〇頭を購入したいといっているが、どうしたらよいか〟とタイ側に相談している。タイ側は〝役所を通じて購入すること、地方で購入する場合も、数が大きければ中央の官庁を通じて地方の県に連絡したほうがよい〟と答えている。そして九月一五日の会合の終わりに、日本側が「今夜、白雲荘で『すき焼き』をご馳走しますので、お越し下さい」と招待すると、タイ側は「承知しました」と答えている［Bok. Sungsut, 2/104］。

戦後になって、タイ全国津々浦々で爆発的に流行し、定着した庶民料理に「スキヤキ」がある。「スキヤキ」は日本兵が伝えたという話も聞いた。ときには一〇～二〇万という規模で、北はチエンラーイ、チエンマイから南はソンクラーやパタニーまで駐屯していた日本兵の食糧に、あるいは日本軍の指揮下で働く捕虜や労働者の栄養源として、日本軍が大量に買いつけたタイの牛が、あちこちの野営地で「すき焼きなべ」となって消費されていたのであろう。当時、カーンチャナブリーやチエンマイで、あるいはクラブリーやバンコクで、日本兵がこしらえる「すき焼き」料理の作り方と味を覚えた現地の労働者たちが、戦後になって全国に散って「スキヤキ」として伝えた、というのがタイ風「スキヤキ」の本当の由来であろう。そして「スキヤキ」は、いまやタイの国語辞典にも登場する立派なタイ語になっている。

爆撃される「戦場にかける橋」

一九四四年末のある日、ゴードンらの捕虜は、将校用の捕虜収容所があるカーンチャナブリー俘虜収容所に送られた。カーンチャナブリーの東側には泰緬鉄道の鉄道基地があり、メークローン鉄橋の近くのカオプーンには建設基地もあって、日本兵の宿舎や捕虜の収容所があった。収容所からは鉄橋が見渡せた。一九四四年末になると、連合軍の爆撃機が編隊を組んで、毎日大空を飛んできた。そして一九四四年一二月、連合軍の爆撃機数機が低空飛行でやってきて、捕虜収容所の端に停まっていた列車と収容所を集中爆撃した。収容所の捕虜約四〇名が死亡した。

その一週間後には、爆撃機の編隊が、まず鉄橋のたもとの高射砲台を空襲し、つぎに一機また一機と急降下して橋を通過する。その寸前、爆弾を投下して、橋桁をつぎつぎと破壊していった。「そのたびに小高い丘の上に腰を

1943年末に撮影されたメークローン鉄橋の航空写真。北側の鉄橋と南側の木橋の2本の橋がはっきりと写っている。木橋の側の整然としたバラックは俘虜収容所。

おろしている痩せこけた俘虜の一群から歓声があがった。［中略］誰ひとりあの鉄道橋に愛着を感ずる者はいなかった。橋は、憎悪の象徴となっていたのである——あれは日本の軍事力の象徴であった」［ゴードン、三一五頁］。

メークローン鉄橋は、連合軍の格好の爆撃目標になっていた。一九四四年一一月二九日から翌年七月二八日まで、アメリカ空軍とイギリス空軍による一〇回の爆撃を受けた。そして一九四五年二月一三日、一一桁の橋桁のうち三桁が破壊された。平行して架けられてあった木橋のほうも破壊された［Bradley. p. 62］。第四特設鉄道橋梁隊にいた軍属の久保田一雄は、そのときの出来事をつぎのように綴っている。

もうすぐ正午だという時刻に、ケオヤイ［クウェーヤイ］河の西南チョンカイ山の方角から敵機のB24が突如橋梁の上に進

空襲で破壊された「戦場にかける橋」。

入して来た。いつもより低空で飛んで来た敵機は高射砲のないことを知っていたらしい。私は橋梁の上で作業をしていたが急いで橋梁を走った。第一弾が河の中に落下した時、私はまだ橋を渡り切っていなかった。水沫が私の背中に落ちて来た。私は夢中で河岸を土手の方へ走った。後方で爆弾の炸裂音がして激しい爆風が体を吹き倒した。土か石か或いは木の枝か、何か重い物が私の上に投げかけられた。逃げなければ射たれる、早く防空壕に入りたいと思うが身体は自由にならなかった。ある時間をおいて炸裂する爆弾の音に、身体を上下にふるわす振動を感じながら、どうしても起上ることが出来なかった［甲四会、一〇二～〇三頁］。

B24は戻ってきて、つぎに機銃掃射をはじめ、久保田は脚部に盲管銃創を受けた。

廃墟と化した駅や橋

ゴードンらの一行は終戦の直前に、列車に乗せられてカーンチャナブリーからバーンポーン、ナコーンパトムを通過して、バンコクの東北約一〇〇キロにあるナコーンナーヨックという町に移されている。彼らはその途中で、いくつもの連合軍の空襲の跡を見ている。

「線路際には連合軍空軍による爆撃の跡が幾つもあった。鉄道の接続駅や軍隊の集結所などが廃墟と化していた。線路は数か所で分断されていた。汽車が臨時迂回線にはいることがしばしばあった。時おりビルマ行の汽車が増援兵を満載して通過するのを待ち合わせなければならなかった。増援部隊の日本兵の顔はひどく若く見えた。一度、騎兵旅団の行軍にも行き合った。中国からはるばるやってきたのだ。いったい全体これほど遠くまで何か月かかったことだろう。馬は痩せこけていた。手綱や鞍の革は、つぎはぎだらけであった。破れたままのもあった」［ゴードン、三二〇頁］。ゴードンはいつのころか日付を記入していないが、ナコーンナーヨックに移されるのはもう終戦も近いころである。ビルマへ日本軍はまだ増援部隊を送っていたのである。途中、ターチーン川を列車で渡ることになるが、鉄道橋が破壊されていて、「列車を降り細い一枚板の上をすり足で小刻みに歩き渡った」［ゴードン、三二五頁］。積荷は渡し舟で運搬していた。

バンコクから汽車に乗せられ、途中で下車すると、そこから徒歩で二四時間歩いてナコーンナーヨックに彼は到着している。まだ半分しかできあがっていない宿舎が割り当てられ、造成中の基地の真ん中にいた。収容所は山陵のふもとにある小さな丘の下にあり、日本軍は最後の決戦場をここに定めていた。そして数日後、ゴードンらはここで終戦を迎えている。

日本に送られる捕虜

一九四四年五月二四日のイギリスの建国記念日が過ぎたころ、ノーンプラードゥクの俘虜収容所では、病人を除いて日本へ送られる部隊が編成された。四五六名の部隊が組まれ、シンガポールに戻された。一か月後にはシンガポールから、アダムスらが四〇〇〇トンの石炭貨物船「日置丸」に乗せられ日本へ向かった。船底にはくず鉄、ゴム、スズを積んでいて、石炭庫の上に二段の棚が船の幅いっぱいにつくられていた。部屋はオーブンの中にいるような熱気だった［アダムス、一二六～二七頁］。「われわれの船団は約一六隻の徴用輸送船で編成されていたが、その護衛は小さな戦艦と数隻の捕鯨船を改造した艦であったが、すこし足りないのではないかと思った」［アダムス、一三一頁］という。

ボルネオ沖で護衛艦の一隻は潜水艦に撃沈された。ボルネオの北方沖で、ジャワからの七七〇人の捕虜と転進する日本軍部隊、現地から引き揚げる日本人婦女子を積んだ、大きい輸送船とタンカーの船団に合流した。船団がフィリピンのマニラ湾に入ったのは、一九四四年六月八日であった。この船団はフィリピンから台湾に向かう南シナ海で、ふたたびアメリカの潜水艦の攻撃を受け、ようやく台湾の高雄に入港した。高雄を出て台湾海峡を航行中に、アダムスは、日本の海軍士官がラジオを聞かせてくれたので、ドイツの降伏を知った。「六月二四日の日暮に九州を目の前に見ることができた。もうアメリカの潜水艦の攻撃を受けることもあるまいと安心して寝ていた時、ジャワから捕虜を運んできた輸送船が攻撃を受け、二隻のタンカーからもモクモクと黒煙が吹き出した」［アダムス、一五一頁］。

そして、六月二六日に門司港に到着すると小部隊に分けられ、アダムスら二〇〇名は大牟田の俘虜収容所に入れられた。大牟田の俘虜収容所は、正式には福岡俘虜収容所第一七分所といった。ここには、フィリピンのルソン島の戦場で捕虜となったアメリカ兵が多数送られてきていた。アダムスらの一行は、大牟田の炭坑で鉱夫として労働させられた。

日本軍の傷病兵

アダムスは家業が肉屋であったという理由で、タイの農民から買いあげた挽牛一〇〇頭を、食糧用として奥地のコンコイターに運ぶ役を担っていた。コンコイターはノーンプラードゥクから二六七キロ、ビルマ国境からは約四〇キロの地点にあった。アダムスが作業に従事していたころには泰緬鉄道は完成して、機関車に牽引された列車が通過していた。

この辺りの駅の側線に兵員を乗せた列車がよく停っていることがあった。国境を越えてビルマの戦場に向かう西行きの増援部隊の兵士たちは元気で健康そうであったが、国境を越えて来た東行きの兵士たちはまったく悲惨な状態だった。列車には傷病兵が満載されていて、鋼鉄製一〇トン貨車の中では、何時間も水も食事も与えられずに閉じ込められていた。また負傷者も病人も手当てを受けている様子はなかった。捕虜たちのある者はその日本兵たちに同情し、気の毒に思って水を与えたり、タバコを差し出したりしていた。しかし、その貨車の内部の臭気はひどく、誰もが気が遠くなるほどであった［アダムス、一一二～一一三頁］。

アダムスは、日本軍の幹部たちが部下の兵士たちのこんな悲惨な状況に無関心でいるからには、自分たち捕虜の待遇に関心のないのは至極当然で、驚くべきことではないのだと悟るのだった。

また、ゴードンの一行も汽車でバンコクに向かう途中、ビルマ戦線から運ばれてきた日本軍の負傷兵を見て、息をのんだ。

ある地点で私たちの列車は引込み線にはいり何かを待たされた。かなり長い停車であった。同じ線路の前方にも列車が停っているのに私たちは気づいた。それは日本軍の負傷兵を移送中の列車であった。それらの不運な兵隊たちは、まったく負傷兵だけであって、軍医や衛生兵の看護も手当てもないまま運ばれていた。[中略]彼らの状態は見るに堪えかねた。誰もが愕然として息をのんだ。私はそれまで、いや、いまもって、あれほど汚ない人間の姿を見たことがない。戦闘服には、泥、血、大便などが固まってこびりついていた。痛々しい傷口は化膿し、全体が膿で覆われて膿の中から無数のうじが這い出ていた。しかし、うじが化膿した肉を食うことから、壊疽を起こすのは防止されていたようだ。私たちは日本兵が俘虜に対して残酷であることを体験してきた。それが何ゆえにであるかということをいまはっきり見てとった。日本軍は自軍の兵士に対してもこのように残酷なのである。まったく一片の思い遣りすら持たない軍隊なのである。それならば、どうして私たち俘虜への配慮など持ち得ようか［ゴードン、三二一頁］。

ゴードンは、うつろな眼で遠くを眺め、貨車の壁に頭を寄りかからせて座っている日本軍の負傷兵を、使い果たされた消耗品、戦争の廃物と形容し、捕虜といえどもこれほど無残な姿はなかったという。そして、ゴードンらは発する言葉もなく、自分たちの食糧や水筒、布切れを持って、日本兵の列車へと歩みよっていた。

13 泰緬鉄道の運行と機能

泰緬鉄道完成までの工事の技術的な苦心談は、広池俊雄や二松慶彦が記述している。だが、日本軍、労務者、連合軍捕虜の総勢三〇万近い人々を投入し、多くの人命であがなわれて完成した泰緬鉄道が、実際に線路の上を列車が走っていたのか、またどれだけの機関車や貨車をもち、どのような施設をもっていたのか、途中いくつの駅が設けられていたのか、どのような機能を果たしていたのか、という鉄道本来の機能について語る当時の文献資料はないに等しい。鉄道隊が建設したあとに、運行運営を担当した第一〇特設鉄道運輸隊の従軍記が、回想録の形で断片的にこれらのことについて伝えている。また、戦中と戦後にタイの官吏や専門家が乗車したときの報告がある。こうした日本兵の回想録、タイからの報告など、断片的な記述を拾い集めてその運行の実態を構成してみよう。

当初の規模と運行状況

当初に立てられた一九四二年四月の泰緬鉄道建設計画は、翌年二月上旬の工期短縮により、土木工事をいっそう

第42表　泰緬鉄道建設規定

制定年月日	1942年4月	1943年2月上旬
備　　考	南方軍鉄道司令部で立案し，同年6月の大本営の建設準備命令もそのままこれを認めた。	大本営が工期超短縮命令を出したので，規格低下を認めた。
項　　目	数　　量	数　　量
最急勾配	10／1,000	25／1,000
最小曲半径	200メートル	120メートル
施工基面幅	4.5メートル	2.5メートル
軌条の大きさ	30K	30K
枕木の数	レール10メートル当たり10本	レール10メートル当たり10本
道床砂利の最小の厚さ	15センチ	7.5センチ
設計荷重	KS12	KS12
停車場側線の有効長	300メートル	300メートル
切取築堤斜面の法勾配	45° 以内	土質の許すかぎり急に
輸送力の設想	1日12個列車（10トン車35輌編成）	1日10個列車（10トン車15輌編成）
日　　量	3,000トン	1,000トン

出所：広池，99ページより作成。

簡略化するものに変更されたが、そのため輸送力を三分の一に削減せざるをえなかった。とはいえ、機関車が牽引する重列車の運行に耐えうる規模の鉄道であった。第42表は、鉄道参謀広池俊雄によるものをまとめたものである。表中、一九四二年四月の時点での日量三〇〇〇トンとは、マラヤ進攻作戦の際の輸送量から、ビルマ作戦では月間九万トンという輸送量が必要であると推定して算出された数字だが、結局、三分の一の日量一〇〇〇トンに輸送量を減らして道床が造成されることになった。

大本営は一九四三年七月、鉄道建設作業の犠牲者の多さを確認し、かつ並行新設道路や水路の局部的利用可能を確認し、二か月間の工期延期を命令して、犠牲者の減少をはかった。そして同年八月一六日、建設指揮官はマラリアにかかった高崎祐政少将から石田英熊少将に交代した。石田少将は、「俘虜及労務者は建設の神なり」という指導精神を掲げたという［俘虜関係中央調査会、一九頁］。だが、石田自身の手記にはそうした表現はみいだせない。

泰緬鉄道開通式で連接完了を報告する「鉄九」の今井連隊長と「鉄五」の佐々木連隊長。

ともあれ、大本営が一九四三年一〇月中旬以降に開始を予定していた、ビルマ国境を越えてインドのインパールを攻略する作戦に泰緬鉄道が間に合うように、一〇月に入ると昼夜兼行の工事が進められた。そして同月二五日には、タイ側からの鉄道第九連隊の軌道とビルマ側からの鉄道第五連隊の軌道は、ビルマ国境に近いタイ側のユンコイター（ノーンプラードゥクより約二六〇キロ）で結ばれ、開通式が行なわれた。建設作業を開始してほぼ一年後に泰緬鉄道は完工し、列車が運行しだした。インパール作戦のほうは、翌年一月七日に開始が認可されることになる。

一九四四年年頭で、泰緬鉄道によるモールメン集結物資は一二〇〇トンに達していた［広池、三七二頁］。一個師団に送る、食糧・武器弾薬・燃料・重砲・医薬品・被服などの必要物資日量一二五トンとして、インパール作戦には四個師団総兵力約六万五〇〇〇名が投入されていたから、日量五〇〇トンの補給があれば、補給には支障がないという計算であった［広池、三七二頁］。インパール作戦は一九四四年三月に開始された。インパール作戦には第一五軍のもとに三個師団が投入されたが、このほかに、雲南に連絡するビルマのフーコン渓谷に一個師団が作戦中であった。また、ベンガル湾岸付近では、第二八軍司令部のもとで三個師団が配置されていた〔服部、五九五頁〕。泰緬鉄道は、これら少なくとも七個師団、総兵力約一〇万を支える任務を負わされていた。

完成後の運行状況は、司令部の「運輸掛」だった渡辺奨技手がつぎのように説明している。「ワンヤイカラ、タンビザヤ迄ハ、千分ノ二五勾配ガ連続シテヰタノデ、其ノ間ハ総テ補助機関車付デ、全線通シ運行ダッタ。列車編成ハ、カンチョンブリー〔カーンチャナブリー〕迄ハ六十輛、以遠ハ三十輛ダッタ。輸送物件ハ馬、野戦砲、臼砲等ノ兵器、弾薬、ガソリン、糧秣等デ、継続的ニ送ツテヰタノハ、各種ノ補給廠デ、其ノ間ニ割リ込ンデ緊急輸送ヲシタ兵団ハ、確カ、第二師団ヲ含ム、三個師団ダッタ。車輛ハ、内地ノワム（有蓋車）、トム（無蓋車）、トキ等合計約百輛デ、泰、馬来ノLS〔車台の低い貨車か〕、HSト混ゼテ使ッタ。内地車ハ十五屯積ガ主デ、現地車ハ十屯積ダッタ。列車数ハ、十九〔一九四四〕年一月頃一時ハ一日六列車モアッタガ永続キハセズ、一日三列車ガ精一杯ダッタ。運転平均速度ハ、ダイヤニハ、二五粁デ引イテハ見タモノノ、実際ハ、順調ノ場合デモ、全線ヲ七昼夜カカッタノデ、先ヅ、汽車ガ通レマス、トイッタ程度ダッタ。運行ハ、十九〔一九四四〕年六月頃迄ハ順調ニ行ッタガ、ソレカラガ、イケナイ。先ヅ雨期ノスコールニ叩カレ、土砂崩壊、橋梁流失トナリ、次デ雨期ガ上ルト、此度ハ、カンチョンブリー〔カーンチャナブリー〕ノ大空襲ニ始マル空襲騒ギデ、其レカラハ夜間運行ノミトナッタ」〔広池、二〇二頁〕。

ワンヤイ以遠は勾配が連続していたため、補助機関車を使用する二重連で、通常平均運転速度は一〇キロ内外だった。予定の日量一〇〇〇トンが輸送できたのはほんのわずかの期間で、その後は六〇〇トンがやっとであった。しかも、それは一九四四年六月ごろまでのことで、それ以降は雨季による線路・橋梁の崩壊、流失、さらに連合軍の空襲にあい、終戦まで気息奄々としながら動いていた。ビルマで戦闘中の七個師団を、とても支えきれるものではなかった。

泰緬鉄道には客車はなく、人も馬もあらゆる物資はすべて貨車輸送で、兵隊の大部分は貨車の屋根の上に携帯テントを張ったりして乗っていた［十泰会、二二頁］。駅間が長く、列車の速度が遅いので、列車数を増すことができず、一列車をできるだけ有効に走らせるために考えだされた窮余の策が、〝三段輸送〟であった。これは、「有蓋貨車にドラム缶を二段に積み、その上に兵員を乗せ、さらに有蓋車の屋根にも兵員を乗せて輸送する方法である」が、「線路が軟弱なため、しばしば脱線事故がおきた」［十泰会、二二頁］。この脱線事故に備えて、先頭の機関車から後部の機関車までロープを引っぱる措置をとっていたという。つまり、事故が発生すると、列車に乗りあわせた兵隊たちがこのロープを引っぱって機関士に脱線を速報する、という原始的な仕組みである。実際、開通後の記録で、プランカシーとコンコイターの五五キロの区間で、一往復に脱線六十数回、アパロンとアナクインの三七キロの区間では脱線三一回という、すさまじい記録が残っている［塚本、一二五頁］。整備が進んだ一九四四年一月ですら、全線で発生した脱線は四五回にも達していた。全列車が簡易復線器を常備していたという。

薪を焚いて走る機関車にとっては、雨季は苦労が増えた。佐々木一三はC56機関車に愛惜をこめた文章を書き、そのなかでつぎのように表現している。「本格的な雨季が訪れると、機関車に積み込む薪は濡れたものが多くなり、ニーケを出発してビルマ国境のチャンガラヤ峠を越える時は、一段と苦労させられた。列車を一度山麓まで引っ張って行き一旦停車、そこで薪を火室一杯に投げ込み、懸命に火勢を上げる。焚口戸を開けるたびパッと辺りの夜空を焦がし、激しく降りしきる雨足とジャングルを一瞬赤く照らしては消え、また照らしては消える。焚口戸を閉めると闇夜の世界に戻る。ブロア（通風器）の音と雨の激しく降る音だけが闇に響く。蒸気がピンピンとなるのを待つ間、運転室内にボンヤリともるカンテラを見つめていると、この先どうなるのかと一抹の不安が胸をかすめる。機関助士のジャワ人も、機関補助のインド人も席に腰掛けもせず、わずかな灯りに照らされる圧力計を凝視す

完成したばかりの泰緬鉄道で奥地のキャンプ地に運ばれていくアジア人労務者たち。右は削りとられた断崖。

る。何を思い何を考えているのだろうか」［十泰会、二七二頁］。

漆黒の闇のなかを、黙々と働き列車を走らせるアジア人助手の姿から、先の見通せない彼らの将来や自分の将来のことがチラッと脳裡によぎったのであろうか。戦後に書かれた回想記であるが、泰緬鉄道のなかではめずらしく働く者どうしの連帯感を感じさせ、破局へ向かっている漠然とした不安感を表現した文章である。

インドの女士官や女兵を乗せ、〝女人〟列車も走った

客車はないため、機関車から吹きだす火の粉が飛び散り、乗客の衣服を焦がす泰緬鉄道であったが、乗車していたのは日本兵だけではなかった。インパール作戦に向かうのだろうか、インド国民軍の女士官や女兵が重列車で輸送されてきた［十泰会、四八頁］。

原田統人は女性の乗客を見つけて、つぎのように観察している。一九四四年の「五月に入ると、インパール作戦のためか、兵員と軍需品の輸送が活発となり、昼間は空襲の危険が大きいので、もっぱら夜間運行に主力が置かれるようになった。そうした中に異色列車があった。〝女人〟列車である。四、五両の貨車に日本女性、他は中国人や朝鮮人の女性。表向きはビルマ戦線への慰問団とされていたが、実態は特殊なサービス部隊だったらしい。久しぶりにわれわれも日本女性と話す機会に恵まれたが、出身地は全国にまたがっていた。果たしてこれらの女性の何パーセントが祖国に帰りつくことができただろうか」［十泰会、一七七頁］。

四～五輌の貨車に乗っていたというから、数十人もの女性がいたはずである。あるいはクラ地峡のチュンポーンを通過していった女性たちであろうか、時期的にはちょうど合う。

また運転する者にとって、泰緬鉄道は恐怖の乗り物であった。今井日露吉大尉は、「何シロ木造ノ鉄道橋デ、勾

熱帯雨林でおおわれた深山幽谷のなかを危なげな高架木橋を渡る泰緬鉄道。貨物列車のなかには輸送物資，列車の屋根には乗客が手荷物をかかえて座っている。命がけの旅路であった。

配ガアル上ニ、カーブノ付イテヰルモノガ、ザラニアリマシタ。機関車乗務員モ、全ク命ガケダツタ訳デスガ、此ノ事情ヲ知ツテヰル、我々ガ便乗スル時ハ此ンナ場所ニ、差シカカルト、何時デモ列車カラ飛ビ降リラレル用意ヲシ乍ラ乗ツテヰタモノデシタ。……輸送期ニ入ツタ後、鉄道橋カラ谷底ニ転落シタ事故ハ、二、三回アツタ様デス。私ノ目撃シタモノデハ、機関車ノ他、貨車五〜六輛ガ三十米近イ谷底ニ、折重ツテ落チテイマシタ」［広池、二〇三〜〇四頁］と回想している。

日本側の当事者の発言を裏づけるように、戦時中にこの泰緬鉄道を利用したタイ人や日本兵が、報告書や回顧録のなかで脱線、転落などの事故の多さを記して残している。

泰緬鉄道の線路に敷く砂利を生産するため、カーンチャナブリーの奥の山を爆破しては砕石にして、日本軍に供給していたナムタイ株式会社（南泰有限公司）という会社があった。同社はカーンチャナブリーのワンヤイに砕石作業所を設置し、バンコクにある本社との間で定期的に連絡をとっていた。そして、一九四三年一一月一一日付の本社宛の報告で、「ワンヤイの砕石作業所へ社の従業員と労務者が汽車で赴こうとしたが、汽車が運行しないので、その理由を通訳を通じてカーンチャナブリーの駅長に問い合わせたところ、あと六〜七日すれば運行するという返事であった。その理由をたずねても彼は説明しなかった［Bok. Sungsut, 2. 4. 1. 2/17］と述べている。結局、待っているあいだにナムタイ株式会社が雇った労務者は全部逃散してしまい、会社はおかげで被害にあっている。当時のカーンチャナブリー駅長はタイ語の通じない日本兵であった。

空襲に備えて警戒

一九四四年二月二日、運よく列車に乗車してワンヤイの砕石作業所まで調査旅行する機会があった、タイ陸軍将校プン・ウィセート少佐のカーンチャナブリー視察報告は、泰緬鉄道の運行がどのような状況であったかを伝えている。泰緬鉄道は、日本将兵といえども許可を得なければ乗車は不可能であり、ましてタイ人や他の外国人には立入厳禁になっていたから、その運行状況をタイ側でうかがい知ることは不可能であった。

カーンチャナブリー県は、ビルマ戦線に向けての物資と兵員の輸送を汽車とトラックで昼夜を分かたず行なっているセンターとして、日増しに戦略上の重要性を帯びてきた。それだけに商業活動も活発になってきた。しかし、残念なことに主要な商業活動は、日本軍が誘致した日本人と中国人の手中に握られてしまっている。目下のタイ側役人と日本側関係者との間の事態に対する対応はうまくいっている。日本側の主要な事業は、バーンポーン―カーンチャナブリー間の宿舎の新規建設と拡張工事である。タームワン郡とカーンチャナブリー郡に大規模な宿舎を建築中であり、今後の軍事用に用立てるのであろう。

日本軍憲兵との連絡は、たいていの場合カーンチャナブリー県警本部長があたっている。本部長は仕事に厳しく、日本側との交渉においても訴訟事件の最初から結果にいたるまで、わがほうの権益のために絶えず立場を貫いてきた。

泰緬鉄道の完成は輸送に機能するようになったが、ヒンダートから三仏塔峠にいたる線路はまだ不便であり危険がともなうので、輸送列車はせいぜい時速二〇キロ以下で走らざるをえない。私はカーンチャナブリーからワンヤイまでの区間を乗車したが、全線の保線工事は、中国人とタイ人をグループに分けて日本兵が監督して行なっている。とくに主要駅、分岐点、大きな橋は、敵の泰緬鉄道を攻撃目標にした空襲に備えて防空体制をしいている。チャニー洞窟付近のクウェーノーイ川に張りだした線路には、さまざまの対空高射砲が事態に備えて配置されている。そのほかにも、主要地点には昼夜兼行で警戒にあたる当番兵がいる。軍事

現在のワンポー駅。ブーゲンビリアの花が咲き乱れる山あいの駅にしては，不似合いな引込み線が数本あり，駅前広場もある。戦時中に機関車，三角方向転換線，給水塔があり，戦後も2,000名の鉄道隊が駐屯していたことがある泰緬鉄道の中継基地。

拠点の偵察に、変装して侵入してくるスパイ対策には、日本人の鉄道員が乗客の氏名、職業から所持品にいたるまで取り調べていた。だから、泰緬鉄道はきわめて用心深いといえる［以下略］［Bok. Sungsut, 2. 5. 2/16］。

夜陰に乗じて動く輸送列車

泰緬鉄道の沿線にある奥地のサイヨーク郡長の報告は、日本兵の輸送について述べている。一九四四年九月一日付のカーンチャナブリー郡長からカーンチャナブリー県知事に宛てた報告に含まれている、サイヨーク郡の副郡長の報告を引用すると［Bok. Sungsut, 2. 5. 2/4］、

八月二二日から三〇日のあいだの昼夜を問わない泰緬鉄道による日本兵の輸送

は、カーンチャナブリーから北西に約六四キロ離れたサイヨーク郡ルムスム村のワンポー駅で二〜三日停車して、山奥に伸びている森陰に列車を隠し、夜陰に乗じてふたたびビルマに向けて出発していく。ほとんど毎夜そうして、昼間は走っていない。ワンポーにはまだ、日本兵二〇〇〇人が鉄砲や重機関銃とともに残留している。

副郡長の推測では、この時期にワンポー駅で列車が停車するのは、豪雨のせいで先の北方の線路が壊れて具合が悪いか、敵の飛行機の空襲にしばしばさらされて都合が悪いかであろうという。豪雨のせいであれば昼も夜も走れないから、やはり後者であろう。

谷底に転落する列車

一九四四年一〇月二四日は、泰緬鉄道開通一周年記念日であった。昨年一〇月二五日から新たに編成されていた泰緬鉄道隊の司令官安達克巳少将は、カーンチャナブリーの県知事、警察局長、郡長、市長ら行政官庁の長を、カーンチャナブリーの飛行場に設けられていた将校クラブに招待して祝賀会を開いていた。ところが一週間後の一一月一日、機関車二輛で日本兵約二〇〇〇人と野戦大砲一〇〇門（原文のまま）を積載した貨車一七輛を牽引した列車が、ノーンプラードゥク駅を出発してビルマに向かったが、カーンチャナブリーから約二〇〇キロ離れたターマヨーで、山の崖に架けられた長い橋を渡っていたところ、橋が崩れて機関車と貨車はもろとも谷底に転落していった。日本軍は多数の死者を出し大砲を失ってしまったが、この事実をひた隠しにしようと努めている、とチューン・モントリー警察中佐は一一月一五日付でカーンチャナブリー警察署に報告している［Bok.

断崖にかけられたアルヒルの長い桟道橋。不揃いの枕木は沿線の森林から伐りだされた木材を使用。材質もまちまちで切りそろえる暇も惜しんで並べたという感じ。現在もタイ国鉄のナムトク線に残っていて，スリル満点の観光名所になっている。

Sungsut, 2. 5. 2/4]。

日本側にも列車転落事故の報告がある。日時は不明であるが、「タムロンパート（二四四キロ地点）から三キロ先の地点では、貨車一八輛が機関車もろとも谷に転落する事故が起きている。この事故の機関士と機関助士はいずれもマレー人で、有蓋貨車に乗っていた二人の見習士官とともに命を落とした。労働者の犠牲も大きかった。事故原因は、木橋に入る線路の付根が沈下していたため、貨車が脱線、線路をひん曲げたため、後続の貨車と推進機関車が谷に転落した」[十泰会、九五頁]。

「鉄道開通直後ハ、列車ノ脱線転覆頻発シ、幾多ノ事故ヲ生ジマシタ。其ノ内デ最モ大キナ事故ハ、第二師団衛生隊ノ輸送列車ガ、プランカシートトヒンダートトノ間デ転覆シ、軍医大尉以下八名ノ死者ト十数名ノ重軽傷者ヲ出シタ事デシタ。十九［一九四四］年十月下旬、私ガ、アパロン迄視察ニ参リマシタ時、線路ノ所々

二、百余輛ノ貨車ト一輛ノ機関車トガ転覆シタママ、放置セラレテアルノヲ、目撃シマシタ……」〔広池、二〇四頁〕。

それぞれの列車転落事故は時と場所が異なるので、沿線のあちこちの谷底に列車が転落していたことになる。泰緬鉄道が夜間運行になって、沿線の身の毛のよだつような光景を見なくてすんだのは、かえって不幸中の幸いであったかもしれない。

泰緬鉄道について鉄道隊で歌われた歌には、「東亜の平和築かんと、敢闘の意気燃ゆる時、動脈一路泰緬の……」ではじまる勇壮な「泰緬鉄道建設の歌」や、「霧たちこめてほのぼのと、明けゆく森に鎮まりし、戦友のみ墓を訪ぬれば……」ではじまる「弔魂歌」という、哀切せまる歌もつくられていたが、「泰緬鉄道の歌」というシニカルでコミカルな戯れ歌もつくられていた。こちらのほうが、むしろこうした現実を巧みに詠みこんであった。

泰緬鉄道の歌

一、虎の住むよなジャングルで
　十月十日の泥作業
　やっと生まれた泰緬線
　出来そこないとは情なや
二、橋の長さは十里半
　これで通るか鶴の足
　心配するなよお客さん
　今に芽が出て太くなる

三、橋桁三寸生地獄
見かけの路盤は薄氷
走る列車も骨董品
天国行きとは書いてない
[四〜七は省略] [菅野、巻末]

爆撃目標にされていた泰緬鉄道

さきのナムタイ株式会社(南泰有限公司)本社は、カーンチャナブリーのワンヤイにある支社から、一九四四年一二月一一日付のつぎのような報告を受けとっていた [Bok. Sungsut, 2. 4. 1. 2/16]。

一九四四年一二月八日一六時三〇分、敵の飛行機約八機が飛来して、二時間あまりにわたってターサオ駅[現在のナムトク終着駅]にある会社の作業所に爆弾を投下したり、機銃掃射していった。事務所に爆弾三個、売店の裏に一個が命中した。機銃掃射を受けた事務所はつぶれ、売店は壊されて、どちらも使用できなくなった。会社や従業員の資産は大損害を受け、帳簿類が散逸して使用に堪えなくなったが、さいわいなことに従業員に被害はなかった。今月一〇日の一五時三〇分にはふたたび爆弾投下の爆撃を受けた。これからずっとつづくことを恐れる。また、泰緬鉄道に甚大な被害が出ている。いつ復旧するのか見当がつかない。食糧の輸送が途絶してしまい、ここの支店に残っているコメは一二月一一日現在で二〇袋しかない。二八一人いる労務者たちに配布するには不十分である。ほかの食糧も被害にあい、残りわずかしかない状況にある。目下、支店は非常事態にあるので、車でも舟でもよいから便利で安全な方法で緊急に食糧を送りとどける方法を、どうか急いで日本軍に要請していただくようにお願いする。この件に関しては元締役の大山氏に通知して、氏も心配している。

会社としても事態を黙って傍観しているわけでなく、徒らに動揺しないよう従業員や請負人には空襲の危険と安全対策を説いて、平常どおり従事するようにしているが、労務者たちの多くは危険を恐れている。宿泊場所や作業地区が泰緬鉄道の線路に近いからである。今後に危害が及ぶのを恐れている。

一二月八日といえば、日本軍が英米に宣戦布告してタイに進軍してきた日である。その三回目の記念日にあたる一九四四年一二月八日前後に、連合軍は空襲でもって反撃を開始し、攻撃の最大目標を泰緬鉄道において絨緞爆撃していたのであった。連合軍が第一にねらって攻撃してきたのは、橋梁であった。「爆破された橋は保線区隊や橋梁隊が主力となって、時を移さず、復旧を始めたが、普通の線路上で不良になったレールを交換するような訳にはいかない。そこが敵のつけ目でもある。ともあれ復旧は多くの時間と労力を要した。復旧工事が完成し、運転が再開できるようになってもそれは長くは続かなかった。爆撃と復旧のイタチごっこである」[十泰会、一一二〜一一三頁]。

連合軍側は、一九四四年一二月から翌年二月にかけてのカーンチャナブリー大空襲で、「戦場にかける橋」や鉄道工場を破壊しているが、四四年一月から終戦までに、イギリス空軍機三四機、アメリカ空軍機二九機の爆撃機を泰緬鉄道沿線で失っている [Kinvig, p. 183]。

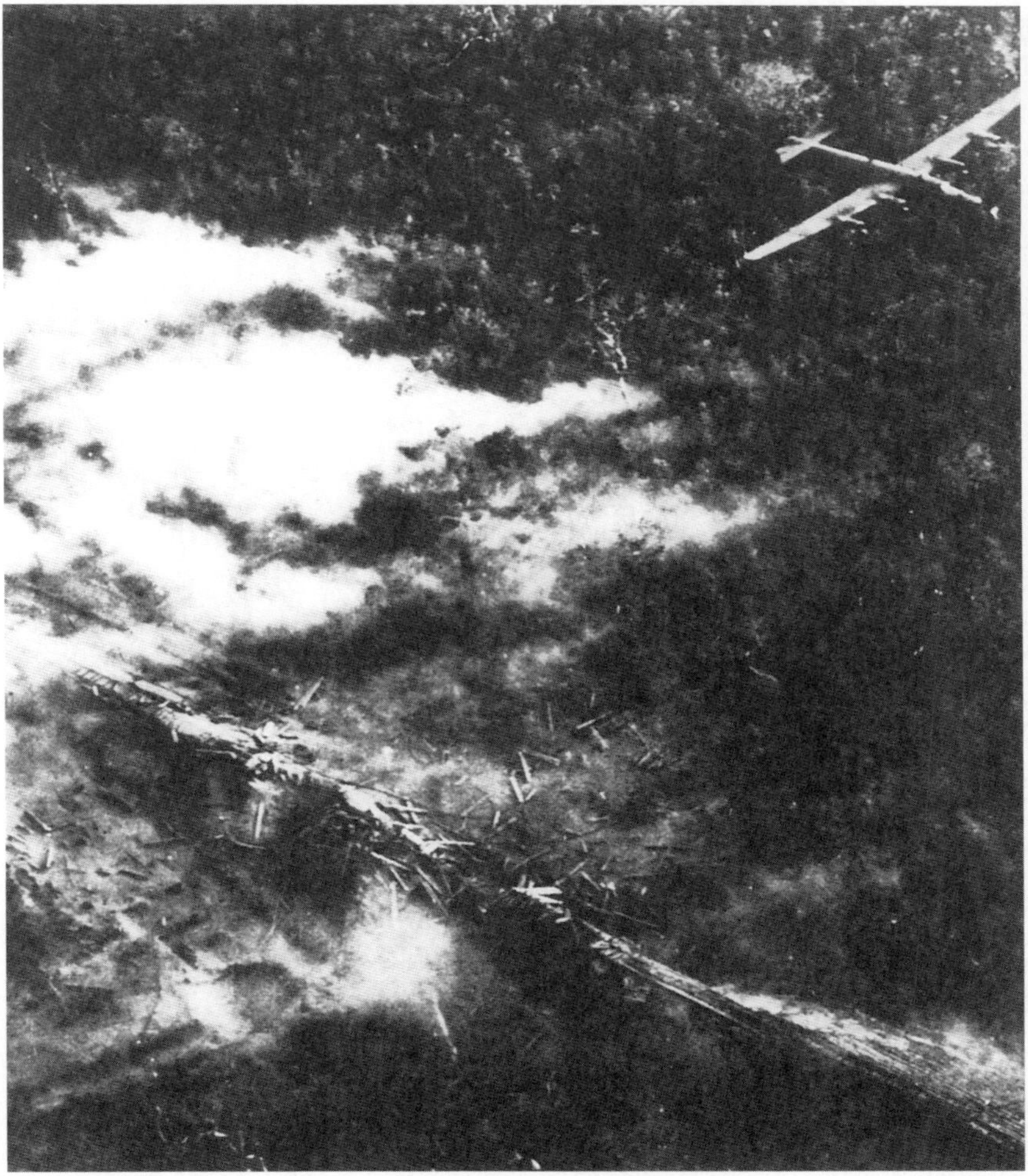

連合軍の空爆でバラバラになった泰緬鉄道の木橋。

ビルマから退却する日本兵

インパール作戦に敗れビルマから敗走する日本軍の部隊は、多くが泰緬鉄道を利用してタイに退却した。ビルマのマンダレー地区から転戦してきた第一一特設鉄道運輸隊は、一九四五年五月ごろにニュー・タンビュザヤから泰緬鉄道を利用してタイ国内に入った。「ニュー・タンビジヤ《ママ》では、わが国から持って来たワム［有蓋車］に乗り込み、C56の機関車に引かれて、ややホッとした。だが制空権は連合軍にすべてを握られていた現状が、不安の色となって掩いかぶさっていた。ここまで来ても、夜間運行を主とし、昼間はジャングルや森の中に待避し、タイ国ノンプ《ママ》ラドックに着いたのは、ラングーンを出発してから、ちょうど二二日目であった」［小島・西村、一四二頁］。ビルマのラングーンからタイのバンコクまで、まがりなりにも列車に乗って移動できたのである。

野戦高射砲第三六大隊も、ビルマのメイティラからタイに退却する一九四五年四月一二日に、泰緬鉄道で泰緬国境を越えていた。ビルマ側のアナクインでは、「移動中汽車から降りて休んだ。昼間は行動できず、主に夜間行動である。ある日ものすごい空襲があり、ジャングルの中を逃げ回り、夢中で兵舎に飛び込んだら、そこはインド兵の兵舎で、彼等は空襲がおさまったと言って、水パイプでタバコを吸っていた」［南友会、二七九頁］。工事用のキャンプは消えて、兵舎ができている。インド兵とはインド国民軍の兵士であろう。

また、タイ側のキンサイヨークでは、二年前のコレラ、赤痢、マラリアなどの患者で修羅場になっていたのが嘘のように、整備された停車場はのどかな高原の駅のように、静寂さのなかに戦争を忘れさせる雰囲気をただよわせていた。「竹やぶの中に汽車が止まり、少し奥へ入った処へ仮宿舎を造った。そこには清流があった。私は瀬端曹長と炊事場に行った。その炊事場のきれいなのに驚いた。まるで箱庭のようで、入口には小さな小川が流れ、アヒルが気持ち良さそうに泳いでいる。何から何まで設備の整った炊事場である。兵舎の中ではタバコを巻いている者、寝ころんで本を読んでいる者、いろいろである」［南友会、二七九～八〇頁］。

終戦の日に要人を乗せて走る泰緬鉄道

一九四三年八月に独立を認められたビルマで、最初の首相となったバー・モウ博士は、日本敗戦の一九四五年八月一五日、日本へ逃亡するため、ビルマから泰緬鉄道に乗ってバンコクに向かっていた。そのときの乗車体験を、つぎのように記している［バー・モウ、三〇五頁］。

一九四五年八月一五日、私はこの鉄道でタイへ向かった。初めて自分の目で全線を見ることができたのである。長く幅広く密林は切り開かれて人間の住める状態になっていた。鉄道については、ただすばらしいの一語に尽きた。最悪の条件のもとで労務者たちの手で完成した鉄路は、時間に追われた日本軍が猛烈なカミカゼ・スピードで飛ばす機関車のきしみにもびくともせず、スムーズに延びていた。木と竹で作られた橋はロープやワイヤーで縛られてあり、ところによって縄を使っている場所もあった。渓谷に沿って、時にはその上に危なげに突出して作られた長い橋を渡る時は息をのんだ。急カーブあり登坂ありループありの難路であったが、われわれの列車はこともなげにスピードを落とさずに走り通した。あの旅は私の最も忘れえぬ経験として残るだろう。

日本に協力してきて、イギリス軍から逃走するときのはやる気持ちも手伝ってか、あるいは要人を乗せて急ぐ旅であったからか、めずらしく、疾走する泰緬鉄道が描かれている。さながら、にわか造りのジェットコースターに乗せられた気分のような文章である。

現在も残されて利用されているアルヒルの木造橋は、断崖絶壁が矢のように突き出ているので捕虜たちが〝アロー・ヒル〟と呼んでいたのを、日本兵が訛って〝アルヒル〟と呼んだものと思われる。タイ国鉄のナムトク線を走るディーゼル列車は、橋の手前で一旦停車し、警笛を一声鳴らしてからソロリソロリと桟道橋の上を通過する。橋脚はコンクリートで地面に固定してあるとはいえ、四〜五メートルの高さの木組みの橋が約三〇〇メートルつづき、片方は窓から手を伸ばせば断崖の岩に届き、片方はクウェーノーイ川の流れが眼下に広がる、スリル満点の名所になっている。

泰緬鉄道の車輛と運営

泰緬鉄道がどれほどの規模で、どのような車輛や機能をもっていたのか、謎の部分が多い。だが、戦中にこの路線に乗車したタイ人官吏が報告書を書き残し、また、終戦直後にタイ国鉄の専門家が現地調査をして調査報告書を残している。終戦後、タイ国鉄はビルマまでの泰緬鉄道を運営する予定でいた。まず、終戦直後の一九四五年九月二二日に、タイ国鉄の技術者と汽車運行の専門家が、連合軍の関係者とともに泰緬鉄道を利用して行なった視察調査をみてみよう。

サムリット・パンタホンの視察報告によると、つぎのようである［Bok. Sungsut, 2. 4. 1. 2/21］。

一九四五年九月二二日にナコーンパトム駅を出発し、日本側がチャンガラヤと命名した三仏塔峠のタイ側国境まで行くことになった。ノーンプラードゥクからチャンガラヤまでは三〇四キロあり、そこからさらにビルマとの国境を越えて、橋や駅を調査するため三つの駅を見てまわった。今回の旅行の最終地点はビルマ領アパロン（APARON）となり、一〇月二日にバンコクに帰還した。同行者はタイ側関係者以外に、臨時の泰緬鉄道監督者としてイギリス側が任命したオランダ人ファン・ワルネル・ホーフェン中佐（Lt. J. Van Warner-Hoven）がいた［同中佐はジャワ鉄道の専門家であり、連合軍捕虜となって泰緬鉄道の建設工事に従事していた］。

列車運行に関する調査結果をまとめると以下のようである。

一、各駅の駅長はすべて日本兵であった。駅の助手はマラヤ人、ジャワ人、ビルマ人で、タイ人はまったくいない。駅員と乗務員はたいてい日本兵だった。

二、全駅に電話が備えつけられていて、すべて電話で連絡をとっていた。

三、駅事務所と駅員の宿舎は竹で作った小屋で、壁は片方だけなので、これでは賊の侵入を防げない。ある駅舎が線路から離れて建ててあるのは、空襲を避けるつもりであったのだろう。ほとんどの駅が、村も市場もない森のなかに建てられている。

四、ボギー車［低床式台車］も客車も使用できるのはまったくない。壊れたのが約五～六輛あるだけである。

五、貨車は大きな駅や待避線にあったが、調査時間が短いので、その数はわからないが、つねに列車で移動していた。タイの車輛もあったが数は少なく、調査した限りの使用可能な車輛はつぎのとおりである［第43表］。

しかし、この数字は今後変動することがある。これらの車輛がいまだにビルマ領やタイ領を出入りして往来しているからである。
六、使用できる機関車は五八輌ある。機関車用の薪も、近くに森があるので容易に入手できて十分ある。
七、タイ領を運行している列車は二本あり、毎日つぎのように運行している［第44表］。
八、日本の列車運行規則は、列車が駅に入構する前に、一人がいちばん外側にある待避線のポイントの側に立って入構する列車に信号を送り、駅長が同じく駅のホームの前に立ち、同じく信号を送る。列車が出発

第43表　泰緬鉄道に残存する出身地別車輛（1）

（単位：輛）

国籍	車種	車輛数
マラヤ	bo. to. yo.（大型有蓋車）	4
	to. yo.（有蓋車）	134
	ro. so.（家畜輸送車）	13
	bo. kho. tho.（無壁車）	1
	kho. to.（無蓋車）	95
	T. T.（Timber Truck）（木材運搬車）	85
	そのほか	4
	水槽車	2
	小　計	338
ビルマ	rot pit　有蓋車	5
	rot poet　無蓋車	3
	F. W.（Flat Wagon?）	16
	小　計	24
日　本	to. yo.（有蓋車）	8
	pho. ho.（ブレーキ付貨客車）	26
	kho. so.（高壁無蓋車）	104
	F. W.（Flat Wagon?）	29
	bo. to. yo.（大型有蓋車）	2
	小　計	169
	合　計	531

出所：Bok. Sungsut, 2. 4. 1. 2/21 のサムリット・パンタホン氏の報告をもとに作成。

第44表　泰緬鉄道戦後の運行表

	105 号列車	106 号列車
バーンポーン・マイ	14：00 発⇩	10：00 着
ワンポー	20：00 着　夜，停泊	04：00 発⇧翌朝
ワンポー	09：00 発⇩翌朝	20：20 着　夜，停泊
ニーケ	18：30 着	06：00 発⇧

出所：Bok. Sungsut, 2. 4. 1. 2/21 のサムリット・パンタホン氏の報告をもとに作成。

するときには、もう一人がいちばん外側の待避線のポイントの側に立って信号を送る。列車が駅から離れるときには、わがほうと同様に機関士に通票を手渡す。

九、要所の信号、駅の区域標、入替地点標など、どの駅にもまったくない。

この鉄道の運営が譲渡されて運行する側として、私の見解を、まず要点として五点あげる。

一、駅舎と駅員の宿舎は保安のために増築しなければならない。

二、駅舎と駅員宿舎の九〇％が森のなかにあり、現在、日本側は僻地の駅に食糧と薬品を配ってまわっているが、十分な僻地手当てを加給すべきであろう。

三、派遣する駅長には品行の立派な信頼できる者を選ぶべきである。

四、この鉄道は三〇四キロの距離があるので、So. Oo. Do.［略号、不明］を一人とその補助者一人が必要であり、英語のできる人物でなければならない。

五、ノーンプラードゥク、バーンポーン・マイ、カーンチャナブリー、ワンポー、キンサイヨーク、プランカーシー、ニーケの主要駅間には、直通の連絡用の電信線を設置すべきである。

この鉄道全線を通じて、日本側が建設した木橋（鉄橋はまったくない）は、十分に頑丈なものではない。ある橋は破損している。

現状では、わがほうは受けとるべき立場にないというのが、私の見解である。

エンジニアに関する問題は、今回の調査では存在するがわずかである。なぜなら、機関車五八輌に大きな車輌修理工場がカオディンに存在するからである。タームワン駅とカーンチャナブリー駅の間の四五キロ地点に、工場に直接入構できる分岐線がある。

修理用設備としては、

発電所　三か所
機関車修理工場　五か所
機械修理工場　五か所
鋳造工場　一か所
鉄鋼工場　一か所
列車修理工場　三か所
電動製材所　二か所
地下水汲上所　四か所

ほかにも沿線の主要駅に小規模の工場が二〜三か所あり、機関車用の薪や水も十分ある。機関車用の油も長期間使用できるほどある。

駅名と区間距離

サムリット・パンタホンの視察報告に掲載されている泰緬鉄道の停車場の名称と区間距離表に、日本側の『泰緬連接鉄道要圖　昭和十九年現在』（以下、『要圖』と略記）からビルマ側をつけ加えると、第45表のようになる。備考欄のタイ語の略号はサムリット・パンタホンによるもの、日本語は日本側の『要圖』から加えたものである。タイ側の調査と日本側の『要圖』の記入とでは、少し異なるところがある。

一緒に視察したもう一人のタイ側専門家チュールーン・チャイチョンは、泰緬鉄道のノーンプラードゥクーニーケ間の車輛数を第46表のように報告し、泰緬鉄道の保線責任者の名前をつぎのようにあげている［Bok.

Sungsut, 2. 4. 1. 2/21]。

［保線区間とその責任者］

第一区　ノーンプラードゥク‐キンサイヨーク間　　岩瀬大佐

第二区　キンサイヨーク‐ニーケ間　　コノサワ［小野沢?］大佐

第三区　ニーケ‐モールメン間　　鉄道第九連隊

［列車運行区間とその責任者］

第一区　ノーンプラードゥク‐ニーケ間　　岩瀬大佐

第二区　ニーケ‐モールメン間　　鉄道第九連隊

バーンポーン‐チュンポーン区間監督鉄道技師チュールーン・チャイチョンは、鉄道土木エンジニアの立場から泰緬鉄道の視察報告をつぎのようにまとめている［Bok. Sungsut, 2. 4. 1. 2/21］。

一、ノーンプラードゥクとターマカームの五六キロ地点の間は、枕木の七〇％が朽ちて汽車の動揺が激しい。急いで取り替えねばならない。線路に敷いた砂利も同様に取り替えねばならない。

二、ターマカームの五六キロ地点からアイヒット［アルヒル］の一〇五キロ地点までは、礫石を敷いて、橋以外は汽車もようやくスムーズに走る。枕木の六〇％は取り替えねばならない。そこから国境までは密林のなかを通過し、山肌を川の流れに沿ってずっと登っていく。

三、アイヒット［アルヒル］から一七二キロ地点のキンサイヨークまでは、一の場合と同じく動揺が激しい。

第 45 表　泰緬鉄道の駅名と区間距離表

（単位：km）

順番	距　離	駅間距離	駅　　名	備　　考
1.	0.0		ノーンプラードゥク	①, s, 司
2.	2.0	2.0	コークモー	l, t
3.	5.2	3.2	バーンポーン・マイ	①, n, f, l, 機
4.	13.4	8.2	ルークケー	l, △
5.	25.9	12.5	タールアノーイ	l, n
6.	38.9	13.0	タームワン	l, ch
7.	43.0	4.1	カオディン	修理工場に入る引込み線, 兵
8.	50.3	7.3	カーンチャナブリー	①, t, n, f, ch, c, 司
9.	57.3	7.0	カオプーン	l
10.	68.6	11.3	ワンラン	l
11.	77.7	9.1	ターポーン	l, t, n
12.	87.9	10.2	バーンカオ	l
13.	97.9	10.0	ターキレーン	l
14.	108.1	10.2	アイヒット［アルヒル］	l
15.	114.0	5.9	ワンポー	①, n, f, c, t, △
16.	124.9	10.9	ワンヤイ	①, t, 水, 司, 兵
17.	130.6	5.7	ターサオ［ナムトク］	l, t, n
18.	139.1	8.5	トーンチャーン	l
19.	147.5	8.4	タムピー	①
20.	155.0	7.5	ヒンテーク	l
21.	160.4	6.4	ケーンニウ	l
22.	167.7	6.5	サイヨーク	t
23.	171.7	4.0	キンサイヨーク	①, n, f, c, △, 兵
24.	180.5	8.8	リンテイン	l
25.	190.5	10.0	ク　イ	l
26.	198.0	7.5	ヒンダート	l, n, ch
27.	208.1	10.1	プランカシー	①, n, f, c, 兵
28.	218.2	10.1	ターカヌン	l, t
29.	229.1	10.9	ナムチャイヤイ	l
30.	236.8	7.7	ターマヨー	①, t, n, f, 兵
31.	244.2	7.4	タムロンパート	l
32.	250.1	5.9	クリエンクライ	l
33.	257.7	7.6	クリコンター	l, t
34.	262.6	4.9	タンクワンター	①, n, f, 司, 兵
35.	273.1	10.5	ティーモンター	l
36.	281.9	8.0	ニーケ	①, t, n, f, c, △, 司, 兵
37.	294.0	12.1	シャンガリア［ソンクライ］	l, t, 水
38.	304.0	10.0	シャンガラヤ	l, t, 兵

[三仏塔峠]

38.	304.0		シャンガラヤ	『要図』ではビルマ領に入る
39.	310.6	5.4	アンカトン	
40.	319.9	9.4	キャンドウ	水，兵
41.	332.1	12.2	アパロン	機，水，司，兵
42.	337.3	5.2	アパライン	
43.	342.8	5.5	メザリ	
44.	348.7	5.9	上メザリ	
45.	353.8	3.8	ロンシイ	兵
46.	357.6	3.8	タンズン	
47.	361.9	4.3	タンバヤ	
48.	366.1	4.2	アナクイン	機，水，司，兵
49.	374.4	8.3	ベークタン	
50.	384.6	10.2	レポウ	水，兵
51.	396.4	11.8	ラバオ	兵
52.	401.3	4.9	テットコー	
53.	406.4	5.1	ウエガレエ	水，兵
54.	409.8	4.4	新タンビュザヤ	水
55.	414.9	5.1	タンビュザヤ	水，司，兵
	(モールメインより 56.4 キロ)			

注：l：待避線あり，c：機関庫あり，①：待避線3本以上あり，△：三角方向転換線あり
t：行止り線あり，n：給水塔あり，ch：貨物ホームあり，f：薪供給地，機：機関庫，
司：停車場司令，水：給水，兵：兵站所在地

出所：Bok. Sungsut, 2.4.1.2/21 のサムリット・パンタホン氏の報告と『泰緬連結鐵道要圖
昭和十九年現在』を合成。リーダー罫より上段は前者，下段は後者。

第 46 表　泰緬鉄道に残存する出身地別車輌（2）

（単位：輌）

国　籍	使用可能な車輌	車輌数	破損している車輌数	計
マラヤ	bo. to. yo.（大型有蓋車）	4	5	9
	to. yo.（有蓋車）	134	109	243
	ro. so.（家畜輸送車）	13	—	13
	bo. kho. tho.（無壁車）	1	—	1
	kho. to.（無蓋車）	95	8	103
	T. T.（Timber Truck）（木材運搬車）	85	—	85
	そのほか	4	3	7
	水槽車	2	1	3
	小　　計	338	128	466
ビルマ	rot pit 密閉車	5	3	8
	rot poet 開放車	3	その他　1	4
	rot mo. kho（木製車）	16	2	18
	小　　計	24	6	30
日　本	to. yo.（有蓋車）	8	20	28
	pho. ho.（ブレーキ付貨客車）	26	—	26
	kho. so.（高壁無蓋車）	104	37	141
	F. W.（Flat Wagon?）	29	18	47
	ｂｏ. to. yo.（大型有蓋車）	2	—	2
	小　　計	169	75	244
	合　　計	531	209	740

出所：Bok. Sungsut，2. 4. 1. 2/21 のチュールーン・チャイチョン氏の報告をもとに作成。

ところによっては、保線が悪くてさらに揺れがひどい。コーナーが悪く、路肩が滑りやすく、路盤が軟弱である。日本軍の保線担当者は、ここでもかなり怠けて心掛けが悪い。もっとまじめに従事するよう忠告した。枕木は五〇％取り替える必要がある。砂利はずっと敷きつめてある。

調査を終えて帰ってから、今月［一九四五年九月］の二六日に日本製の機関車C56－20［一〇五号列車］が一五二／六五〇キロ地点［どこをさすか不明］で池に落ちてしまい（横倒しになって）、線路は三〇メートルが切断され、八メートルの深さのところに落ちている。機関士三人（日本人一人、ジャワ人二人）が死亡、一人が重傷という報告を受けた。切断された地点の線路は、基本に則った工事が行なわれていなかったのである。山腹から流れ落ちてくる水が水溜りをつくり、本来なら排水溝を作るべきなのに、逆に埋めて閉じてしまったのである。修復工事に二〇日かかり、その間、乗客や荷物は一時間がかりで乗りかえねばならない。この路線の責任者である日本兵に、文書で説明した報告をするよう命じておいた。日本兵の担当者がただちに処置しておれば、未然に防げた事故である。三人もの死者を出したかどで、責任者は当然処分を受けるべきである。

四、キンサイヨークから二〇八キロ地点のプランカシーまでの線路は悪い。たとえば、カーブに車輪止めのレールを入れていないし、砂利をしっかりと詰めていない。この路線の責任者である日本兵に、緊急に保線工事をしておくように命じた。枕木は四〇％を取り替えねばならない。砂利はずっと敷かれている。

五、プランカシーから二八九キロ地点のニーケまでの線路は山腹を登っていき、足もとのほうを見るとぞっとする。保線状況は四の場合よりは良い。しかし、カーブの線路は保線状況がよくない。とくに、汽車の速度に合わせた傾斜のつけ方が不足している。あるカーブは全然傾斜をつけていない。谷底に客車が折り重なって落ちているのに出会った。この事故は爆撃にあったのではない（なぜなら、汽車には爆撃を受けた跡がない）。むしろカーブの傾斜が十分でなかったから起きたのである。汽車の車輪の滑り止めレールがなく、レールの砂利の詰め方がよくない。枕木は硬い木を用い、朽ちてきているのもある。

六、ニーケから三〇五キロ地点のチャンガラヤ［三仏塔峠、泰緬国境］までの線路は、滑らかに登っていっている。枕木はおおむね良い。

七、つづいてアパロン（三三キロ地点）まで調査した。線路は六の場合と同様に良いが、三一九キロ地点から三二一キロ地点までの橋は破損が激しい。アパロン橋は鉄橋にしてあり、規模は三×一七×二三メートルで四つに分かれる。良好な状態にある。

第47表　泰緬鉄道に残存する出身地別車輛(3)

（単位：輛）

国　籍	機関車	貨　車
日　本	45	400
マラヤ	30	1,000
ビルマ	25	400
タ　イ	4	—
ジャワ	9	—
合　計	113	1,800

出所：SEATIC, p. 4 より。

連合軍の報告は第47表のような数字を、連合軍鉄道将校ワルメンホーフェン（K. A. Warmenhoven）の情報としてあげているが、タイ人専門家の数字にくらべてかなり大雑把なものである。岩井によれば、日本から持ちこんだ機関車はC56型機関車二〇輛と貨車一〇〇輛であるが［岩井、一六三頁］、この表では機関車四五輛となっている。また、戦時中に四〇〇輛の貨車を日本から輸送してくることは、ほとんど不可能であろう。

鉄道工場と駅の施設

広池によれば、機関車はC56が一六〇輛、一九四一年一一月と一二月に南方に送られ、そのうち泰緬鉄道にはC56が二〇輛、マラヤのO型とP型合わせて一〇輛、貨車はマラヤのものを主に三〇〇輛が使用されていた［広池、九八～九九頁］。戦後にタイ側の専門家は、泰緬鉄道にある機関車を五八輛確認している。いずれにせよ、半分以

クウェーヤイ駅前に静態保存されたＣ 56 型機関車。戦後はタイ国鉄でも活躍していたことを示すタイ文字の標識が残っている。

上が現地の機関車と貨車だったことになる。この機関車と七四〇輌あるいはそれ以上の貨車を擁して、泰緬鉄道を運行していたとすれば、東南アジア大陸部ではかなり大規模な鉄道路線であったといえる。

実際、バーンポーン・マイは多くの引込み線が複雑に入り組んでいた。「毎朝五〇〇両もの貨車が出入りするのには驚いた」という回想もある［十泰会、二〇五頁］。カーンチャナブリーの東方三キロのカオディン鉄道工場は、軍属の加治木敏夫によると、「引込線二キロほどで工場に通じていた。工場内は機関車職場、貨車職場、製缶職場、電気職場等が分散し、各職場間は線路で連絡していた。部隊本部は小高い丘の中腹に位置し、部隊長は間山中佐であった。俘虜収容所が隣接していて、毎日二～三〇〇名の俘虜が各職場に通って使役されていた。またマレー鉄道よりインド、マレー、ジャワ人の職員も工場要員として付近の宿舎に家族と一緒に居住し、工場へ通勤していた」［十泰会、四八～四九頁］。カオディン鉄道工場は堂々とした規模のもの

いまは観光の名所として世界から観光客が訪れる「戦場にかける橋」と，その前に設けられたナムトク線のクウェーヤイ駅。

になっていた。
また、「[カオディン鉄道」工場内の線路は円形に敷設されており、機関車が一周すると、前後が振り替わってタイヤの片摩耗が防止できるのである。転車台がないのでそのように考案された。ここでも機関車や貨車を飛行機よりかくすために、秘匿線を新設した。マンゴーの林の中を切らないで車両限界一ぱいに高さと幅を取り、五〇センチほどの盛り土をして軌道を敷設した。ポイントはマレー鉄道の撤収品で鉄枕木を使った。初めて見るものであった」[十泰会、五〇〜五一頁]というように、さまざまな工夫がなされた、本格的な鉄道工場であったらしい。地方の路線では、「ジャングルの中に建てられた二〇カ所《ママ》の機関車修理工場は、旋盤など工作機械がひととおり揃っていて、建物こそお粗末だが、辺地には過ぎた設備だった」[十泰会、一一一頁]とも、佐藤繁吉は回顧している。

ノーンプラードゥク駅から二八一キロ、ビルマ国境に近いジャングルに囲まれたニーケは、かつては馬来《マライ》俘虜収容所の〝F〟部隊が路盤工事を担当し、コレラやマラリアで多くの犠牲者を出した土地である。できあがった「ニーケ駅には、保線、機関、電気などの軍属部隊や停車場司令部はじめ、整備隊、兵站、労務者病院などがあり、多くの労務者をかかえた大集団を形成していた。タイ人の集落は約三キロ離れたケオノイ[クウェーノーイ]川沿いに点在していた。駅員はざっと二〇人。うち日本人は一〇人で、他はタイ、マレー、インド、ジャワ、スマトラ人と種々雑多。互いに言葉が通じないのは泣かされたが、次第に手真似やジェスチャーで互いの意志がどうにか通じあえるまでになった」［十泰会、二〇一頁］と、ニーケ駅に勤務した福森長治は当時を回想している。また、ここには、「労務者がジャワ人一三〇人、マレー人五〇人、タイと中国人五〇人がざっとした種別で、何人かの苦力頭がいた」［十泰会、一七八頁］。ジャワから集められた労務者が四〇〇名近くいたともいう。

ちなみに、一九四一年三月現在のタイ国鉄は、線路総延長数三三九五キロを有していた。鉄道工場はバンコクのマカサンにある総合工場を唯一のものとし、従業員は一一〇〇名いた。機関車総数は一九六輛、そのうち蒸気機関車一八一輛、ディーゼル機関車二輛、ディーゼル電気機関車一三輛であった。一九四一年一月末現在で、貨車数三五〇九輛、三五年現在で、客車数は三二五輛、うち二四〇輛はボギー車、六〇輛は四輪車、二五輛は動車であった［鐵道省、六〜二〇頁］。泰緬鉄道が忽然としてタイ国鉄の五分の一ほどの規模で稼働しはじめると、泰緬鉄道のために機関車や貨車のかなりが供出させられた。そのため、タイをはじめ隣接の国々の鉄道はその輸送能力が落ちて、経済活動そのほかに影響を与えていた。

14 戦後の泰緬鉄道と戦争裁判

残された日本兵

さきにみたように、タイ側の鉄道関係者の視察報告から、戦後も泰緬鉄道が運行していたことや、日本兵も残っていたことがわかる。戦後の泰緬鉄道に従事した、日本兵に関する記録も残っている。敵味方の立場は入れかわり、捕虜となってしまった日本兵の脱走が文書にあらわれ、捜索をタイ側の国軍最高司令官に依頼する連合軍側の文書がある。

連合軍司令部の二〇七軍事使節団が一九四五年一一月一日に発した命令は、同年九月二一日にワンポーから日本の軍属A・中尾が逃走、一〇月一九日には、バーンポーン・マイの機関庫から軍属のJ・小野（または大野）とE・猪熊が脱走したので、逮捕してバンコクへ送り審問するよう、また同時に拘留中である場合も軍事使節団に通報するように述べている。

この連合軍の二〇七軍事使節団が、一九四五年一〇月九日にタイ側と協議のうえ、タイ国内各県に抑留することにした日本兵の人数は第48表のとおりである。数はいずれも、タイ中央部で抑留されている日本兵の数であり、ナコーンナーヨックは、日本軍が決戦場として陣地を構築していた地区である。また、一〇月一七日、同じく二〇七

連合軍東南アジア司令部（SEAC）からタイ陸軍宛の逃亡日本人の逮捕要請書

207MM/1601/41/A
207 Military Mission
SEAC 1 Nov. 45

To C in C
SAF
Subject: JAP CIVILIANS

1. The Following report has been received by this mission.
   (a) On 21 Sept. 45, a Japanese civilian, A. NAKAO escaped from WAMPO.
   (b) On 19 Oct. 45, the u/m Japanese military civilians deserted from BAN PONG MAI Engine shed:-
   J. ONO
   E. IGUMA
2. Please take steps to arrest these civilians and return them to BANGKOK for interrogation and the same time inform this Mission these Jap civilians are held by you.

N. Carter Lt. Col.
for Brig.
Comd. 207 Military Mission

Tel. 2262 Ext. 7

出所：Bok.Sungsut,3.13/1.

軍事使節団がタイの国軍最高司令官に報告した抑留場所と日本兵の数は、第49表のように変わっている。

鉄道輸送隊にいてビルマから転戦してきた小島新吾と西村清は、終戦時にナコーンパトムの営舎におり、そのときの様子をつぎのように綴っている［小島・西村、一四七〜四八頁］。

ナコーンパトム地区英軍投降兵係官は、英国貴族出身とかのオリバー少佐であったが、かれは英国紳士の典型的タイプで謹厳そのものであった。

「一人の誤もなく、全員を無事に日本に送還することが、余に与えられた使命であり任務である。一人の過誤は連帯の責任であって、全体を処罰する積りである。日本兵の現状をよく考え、各自、自重、自愛してもらいたい」。

と申し渡した。かれはたった一人で、一万名もの武装解除に成功したほどの、実にきちょうめんであるが、日本兵の理性を信頼し、威嚇することもなく、傲慢にも出ない。かつ公私の別は厳格にわ

第48表　タイ国内の抑留日本兵(1)

（単位：人）

ナコーンナーヨック	70,000
バーンポーン	31,000
ナコーンサワン	18,000
バンコク	2,500
合　計	121,500

出所：Bok. Sungsut, 3. 13/1 をもとに作成。

第49表　タイ国内の抑留日本兵(2)

（単位：人）

ナコーンナーヨック	70,000
ナコーンパトム－バーンポーン間	39,000
ノーンホーイ－タークリー間［タイ中央部］	10,518
合　　計	119,518

出所：Bok. Sungsut, 3. 13/1 をもとに作成。

きまえていた。

第49表とこの回想記からも、終戦のとき、ナコーンパトムには約一万、バーンポーンには約三万の日本兵が駐屯していたことがわかる。

一九四五年一一月五日の日本兵捕虜取扱いに関する通達では、タイ国内の捕虜抑留場所と、日本兵の数および監督する連合軍の部隊名が、第50表のようにあげられている。

敗戦直前の一九四五年七月一五日、第一八方面軍の戦闘序列が発令され、タイ駐屯軍司令官から第三九軍司令官についていた中村明人中将が、第一八方面軍の司令官についた。第一八方面軍は、ビルマ方面からの敵・連合軍の反撃を想定して、北部タイ、西部タイ、南部タイに部隊を集結させ、最悪の場合、ナコーンナーヨックに陣地を構築して抵抗を試みようという作戦を立てていた。北部タイのチエンマイとランパーンは第一八方面軍の隷下にある第一五軍が持久確保して、敵の南進を妨害し、第一五師団は泰緬鉄道に沿う地区で敵の進攻を阻止し、第五三師団はタークとピサヌロークに集結して敵の進攻を妨害する、さらに仏印からの第二二師団の歩兵一連隊、砲兵一大隊でコーラート、ウドーン、ウボン地区を防衛するタイ東北部防衛部隊が予定されていた。

そして、敗戦の一九四五年八月一五日、バンコクには仏印からの第二二師団の司令部、ランパーンにはビルマからの第一五軍の司令部がそれぞれおかれ、第四師団、第五六師団をその隷下においた。第一五師団はビルマから、泰緬鉄道でカーンチャナブリーとバーンポーンに集結を終えていた。第三七師団はナコーンナーヨックに集結して、陣地を構築中であった［防衛庁防衛研修所戦史部『シッタン・明号作戦』、七〇三〜〇六頁］。第ビルマから撤退してきた部隊、仏印から防衛に駆けつけてきた支援部隊でタイ国内は急激に日本軍で満ち満ちていたころ、終戦を迎えたのである。

日本の敗戦後、連合軍によって一九四五年一二月までに武装解除されたタイ駐屯の日本軍将兵は、一一万二二五八〇名であった。また軍人・軍属とは別に、民間の日本人はバンコク西郊のバーンブワトーンに抑留された［第一八方面司令部、頁数記載なし］。タイからの帰還がはじまる直前の、一九四六年五月一日の日本の軍人・軍属と在留邦人の数は、第51表のとおりである。

第50表　タイ国内の抑留日本兵(3)

（単位：人）

チエンマイ	23,068	Comd. 207	Military Mission
ランバーン	9,777	Comd. 207	Military Mission
ナコーンサワン	5,885	Comd. 207	Military Mission
ノーンホーイ、バーンタークリー	10,518		
バーンポーン、ナコーンパトム	39,000		
ロッブリー	8,079		
クラブリー	5,000		
ナコーンナーヨック	70,000		
ウボンラーチャターニー	9,113		
バンコク	7,000		
合　　計	187,440		

出所：Bok. Sungsut, 3. 13/1 をもとに作成。

泰緬鉄道沿線に点在する日本兵

一九四六年六月六日と九日にカーンチャナブリーを訪問した国際赤十字社の代表は、まだ泰緬鉄道に従事していた日本兵を第52表のように報告している［Bok. Sungsut, 3. 13/9］。

カオディンやカーンチャナブリーにも、まだ一〇〇〇人以上の日本人が残っていた。また各駅、駅間の保線部隊には数百人、数十人の日本兵が沿線にはりついていたのは、強盗団や泥棒が泰緬鉄道の設備や汽車の部品を頻繁に盗んでいたからだった。

ついさきほどまでは連合軍捕虜として泰緬鉄道建設に従事していた、オランダ人の鉄道専門家ファン・ワルネル・ホーフェン中佐が泰緬鉄道の総監督者となり、その下に泰緬鉄道の総指揮者であった石田英熊少将が日本兵を指揮していた。路線はニーケを境にしてビルマ側と遮断された。

小島や西村らは泰緬鉄道の保線部隊について、「希望がついに容れられ、二一［一九四六］年三月、甲二部隊に転属が許可された。終戦以来ここに半歳をへて、ついに本来の任務である鉄道運営の本筋にはいったのである。今までの隊長榊原大尉、副官松村少尉を残し、百数十名が泰緬鉄道のノンプラードク［ノーンプラードゥク］～ニーケ間に分散配置せられたが、列車の運行も緩慢で、ほとんど仕事という仕事もなく、甲隊のやる列車扱の補助や宿舎内の雑用で、麻雀、碁、将棋もこの時初めて覚えた人すらあった。甲二隊員は終戦前そのままの体勢で、鉄道警備隊は今なお厳として武装し、日夜警備を続けていたので、降伏した日本軍とは思われないのに比べ、背のう一つなく、ビルマから、命からがら転進して、そのあげく弓部隊に統合され、半歳も重労働を続けさせられてきたわれわれには、これが羨望の限りであった」と述べている［小島・西村、一四九頁］。

このように、連合軍が残留する鉄道警備隊に武装を許したのは、現地住民らによる鉄道施設の盗難や列

第51表　在タイ抑留日本軍人および民間人数（1946年5月1日現在）

（単位：人）

抑留日本軍人および民間人	
軍人・軍属	107,438
在留邦人	3,623
日本帰還予定者	111,061
その他の人々	
朝鮮人	241
台湾人	599
イギリス軍に抑留されなかった者	1,703
終戦後逃亡し逮捕されなかった者	291
終戦後の行方不明者	330
終戦後の死亡者	3,493
計	6,657
総　人　員	117,718

出所：『第十八方面軍司令部』「暹羅状況」をもとに作成。

第52表　戦後の泰緬鉄道に従事する日本兵

（単位：人）

距離(km)	駅　　名	現在員数
0.0	ノーンプラードゥク	34
2.0	コームマー	17
5.0	バーンポーン・マイ	526
10.0	(保線部隊)	40
13.0	ラックケー	51
17.0	(保線部隊)	64
26.0	タールアノーイ	105
30.0	(保線部隊)	32
39.0	タームワン	121
43.0	カオディン	1,048
48.0	(保線部隊)	225
50.0	カーンチャナブリー	1,320
56.0	(保線部隊)	8
57.0	カオプーン	42
61.0	(保線部隊)	86
69.0	ワーレーン	268
73.0	(保線部隊)	19
78.0	ターポーン	128
88.0	バーンカオ	86
98.0	ターキレーン	91
100.0	アルクーン	136
114.4	ワンポー	385
120.0	(保線部隊)	26
125.0	ワンヤイ	41
130.0	ターサオ	97
131.0	(保線部隊)	69
139.0	トーンチャーン	37
147.0	タムピー	236
152.0	(保線部隊)	53
154.0	ヒントック	25
156.0	(保線部隊)	96
161.0	カンユー	86
168.0	サイヨーク	26
169.0	(保線部隊)	34
172.0	キンサイヨーク	377
180.0	リンテーン	54
190.0	クイ	66
196.0	ヒンダート	216
204.0	(保線部隊)	96
208.0	プランカシー	523
213.0	(保線部隊)	44
218.0	ターカヌン	74
225.0	(保線部隊)	587
229.0	ナムチョーンヤイ	73
234.0	(保線部隊)	45
237.0	ターマチャイ	185
244.0	タムロンパープ	58
247.0	(保線部隊)	36
250.0	クリエンクライ	77
255.0	(保線部隊)	35
258.0	クリコンター	81
260.0	(保線部隊)	39
267.0	コンコイター	93
271.0	(保線部隊)	34
274.0	タイモンター	32
276.0	(保線部隊)	43
282.0	ニーケ	361
	合　　計	8,887

注：駅名は第45表の駅名といくつか異なっているところがある。

出所：Bok. Sungsut, 3. 13/9をもとに作成。

現在のメークローン（クウェーヤイ）鉄橋。

車妨害を恐れていたからであった。たとえば、「毎夜のように電話線は切断される。貨車のメタルは取外され、枕木は引き抜かれる。はなはだしいのは鉄橋の橋けたさえ持って行かれ、機関車は、それがため転覆、河中に転落することも再三であった」［小島・西村、一五〇頁］という。

すさまじいばかりの略奪にあった泰緬鉄道も、一九四六年九月にタイ側に移管されると、鉄道運営の部隊は一〇月に引き揚げていった。その後すぐに、戦後最初に着任したイギリス公使トンプソンが泰緬鉄道のタイ側路線の売却をタイに申し入れたところ、イギリスとの関係修復に努力していたタイ政府はただちにこれに応じ、一九四六年一〇月、イギリス政府に一二五万ポンドを支払った［Foran, p. 293］。タイ政府はノーンプラードゥクからターサオ（現ナムトク駅）までの一三〇・六キロを残し、現在この区間をタイ国鉄がナムトク線として営業している。いっぽう、ビルマ側の路線は全線撤廃されている。

タイ側に立つ３つの仏塔。国旗の立つところから奥はミャンマー（ビルマ）領。泰緬鉄道はこの三仏塔の横を通りぬけ，ミャンマーへ通じていた。

定住するビルマ人労務者

ビルマ側では情況はどうであったのか。終戦の年の一九四五年八月一五日、泰緬鉄道でタイに逃れたビルマのバー・モウ博士は、途中の駅で一泊して沿線のビルマ人労務者に会っていた［バー・モウ、三〇五～〇六頁］。

夜は国境に近い、名は忘れたがある小さい居留地にとまった。私は自分の目で居留地の様子を見ようと思った。路地を歩きながら私はすれ違う人たちに叫んだ。――「戦争は終わったのです。もと通り家へ帰れますよ」。私は笑いながら大声をあげた。しかし、他に笑う者は誰れ一人としていなかった。意外に思った私はなぜ家に帰るのが嬉しくないのか尋ねてみた。人々は当惑して答えかねている様子だった。私が重ねて問いただすと、一人がこう答えた。「私たちはここに落着いてうまくやっているのです。何かここが私たちの村のようになってしまったのです。家の者も友人も来ていますし、帰る方がかえって苦労です」。私は改めてこの小さな村を見まわした。そしてしっかりした小屋が整然と並び、明るいモンスーンの花が咲きほこり、野菜が作られている庭さえあるのに驚いた。あたりの密林はすっかり切り開かれて、小さなパゴダが建てられていた。学校もありまにあわせの施薬所さえできていた。当然私はマラリアや伝染病のことを聞いてみた。人々はそれはもうほとんどないと答えた。男も女も、とくに子供たちは健康そうで食べ物も十分にとってきちんとした服装をしていた。この居留地の人々にとって、〝死の鉄路〟は別の意味のものだったし、それは彼らに新しい生活をもたらしていたのである。

泰緬鉄道は密林を切り開き、新開地を生みだし、かつての労務者たちの生活の場となって、新しい意味をもちだしていた。そして開墾はいまもつづけられて、タイ側には立派な舗装道路さえある。

戦争裁判で裁かれる泰緬鉄道隊と俘虜収容所

泰緬鉄道をめぐるアジア太平洋戦争後のＢＣ級戦犯の裁判は、一九四六年にシンガポールではじまっていた。裁判の被告として、同年九月にチャンギーに集められた日本人三〇〇〇名のうち、泰緬鉄道関係者が約二〇〇〇名を占めていた［石田、四〇頁］。そのなかには、石田英熊南方軍野戦鉄道司令官、その後任の司令官桑折少将、第四特設鉄道司令官（のちに泰緬鉄道隊司令官）安達克巳少将、鉄道第五連隊隊長佐々木万之助大佐、鉄道第九連隊隊長今井周少将、鉄道第一一連隊隊長安東中佐およびその部下、野戦鉄道隊の参謀後藤中佐らがいた。

石田司令官に連合軍から示された告訴状には、

一、非人道的取扱いにより、多数の捕虜を死に至ら占めた
二、非衛生的場所に捕虜を置き、多数の捕虜を病死せしめた
三、捕虜の使用法が酷であった
四、作戦的作業に捕虜を使用した
の四項目があった［石田、三九頁］。

石田の場合、一九四六年一〇月二一日からシンガポールの公会堂で公判がはじめられた。裁判長に判事四人、検事三人、日本人弁護士・下川久市のメンバーに、インド人アドバイザーがついた。公判の証人に、鉄道第九連隊の今井周少将（昇進）、衛生関係として渡辺軍医中佐、兵站の吉田中佐の三人が立った。通訳は、父がイギリス人、母が日本人で、ジャワ生まれの田北誠が行なった。同年一二月三日に判決があり、石田は、右の一と二の点は無罪、三と四の点では有罪となり、一〇年の禁固刑を受けた［石田、四二頁］。

石田は、自分に向けられた罪状について、「陸軍大臣や総軍司令官の責任を野戦の一司令官に課し、建設終了間近に着任したものに作業中期の使用法酷なりと当時の責任を持って来た」［石田、四二頁］と、自分の任期前のことを罪状にしていると批判し、軍事裁判は連合軍側の報復手段であると解釈している。

連合軍側の報告書には、泰俘虜収容所のビルマ側にあった第五分所所長水谷藤太郎少佐の場合の起訴状が掲載されている。それによれば、
一、一九四三年一月一八日～一一月一四日の間、ビルマにおいて泰緬鉄道建設にイギリス・アメリカ・オーストラリア・オランダ人の捕虜に非人道的な扱いをして、数百人もの死者を出し、多くの病人を出した。
二、一九四三年七月、ビルマ側アパロンの泰緬鉄道建設キャンプ、いわゆる八三キロキャンプにおいて、占領地のビルマ人を強制的に集めて虐待した。

三、一九四四年一二月三一日、タイのタームワン俘虜収容所において抑留されていたイギリス人捕虜、ヒュージリア連隊の歩兵一人を殺害した。

という三項目を罪状としてあげている［SEATIC, p. 66］。

石田の場合と同様に、連合軍がまず断罪の最大の理由としてあげていたのは、連合軍捕虜の非人道的取扱いであった。また、連合軍捕虜のみならず、ビルマ人労務者への虐待もあげている。泰緬鉄道建設で日本軍が犯した最大の罪は、使役した連合軍捕虜とアジア人労務者への非人道的扱い、虐待と虐待致死につきる、というのが連合軍

第53表　泰緬鉄道の戦争裁判による刑死者 (1)

部　　隊	処刑執行年月日	階級	氏　　名
泰俘虜収容所	46. 2. 13	大尉	駒井光男
	〃	曹長	栄島信雄
	7. 30	大尉	高崎信治
	〃	軍属	金栄柱（金城建之）
	8. 16	大尉	野口秀治
	9. 21	曹長	寺越恒男
	11. 22	少佐	水谷藤太郎
	〃	中尉	臼杵喜司穂
	〃	中尉	小久保孫太郎
	〃	准尉	平松愛太郎
	〃	軍属	姜泰協（岩谷泰協）
	47. 1. 21	大尉	鈴木荘平
	〃	曹長	山本辰雄
	〃	軍属	千光麟（千葉光麟）
	2. 25	大尉	星　愛喜
	〃	軍属	朴栄祖（新井弘栄）
	〃	軍属	趙文相（平原守矩）
	〃	曹長	小見　正
	〃	軍属	金長録（金子長録）
	〃	軍属	金沢振（武本幸治）
	〃	医中尉	信沢　壽
	3. 26	大佐	中村鎮雄
	〃	大佐	石井民恵
	4. 30	大尉	若松鎮雄
	5. 28	曹長	上谷喜太一
	7. 17	軍属	林　永俊
	9. 16	中佐	永友吉忠
	48. 4. 22	少将	佐々　誠
馬来俘虜収容所	47. 2. 25	少佐	蜂須賀邦彦
	〃	中尉	小川保二
	46. 11. 22	曹長	伊藤勝三郎
	〃	曹長	大西繁蔵
		軍属	張水業（小林寅雄）
患者輸送班	47. 1. 21	少佐	工藤亥作
		曹長	小野寺庄治
鉄道第九連隊	47. 1. 21	大尉	弘田栄治

注：高橋定雄が入獄中に在獄者のメモを書き写し持ち帰った記録によれば，鈴木荘平は鈴木惣平，山本辰雄は山本徹男，千葉光麟は千葉テイリン，工藤亥作は工藤彦作，曹長小野寺庄治は伍長小野寺庄次，星愛喜は星秋喜，新井弘栄は新井光栄，軍属平原守矩は通訳平原盛常，金子長録は金子大六，武本幸治は武本光治，蜂須賀邦彦は蜂須賀邦房，中尉小川保二は中尉山川安治，となっている。〔十泰会，144 ～ 145 ページ〕

出所：石田，46 ～ 47 ページ

第54表　泰緬鉄道の戦争裁判による刑死者 (2)

（単位：人）

	起訴	有罪	死刑	終身・有期刑
泰俘虜収容所	66	64	25	39
患者輸送第一九班	14	11	2	9
独立混成第二九旅団	6	5	3	2
馬来俘虜収容所	5	5	0	5
泰国憲兵隊	4	4	0	4
独立工兵連隊	3	3	0	3
鉄道第九連隊	5	5	2	3
第四特設鉄道隊	8	6	0	6
歩兵第八連隊	2	2	0	2
鉄道第五連隊	2	1	0	1
近衛工兵連隊	1	1	0	1
工兵第二連隊	1	1	0	1
建設隊司令部	1	1	0	1
其　　他	2	2	0	2
計	120	111	32	79

出所：広池，392 頁より。

側の論告である。

こうして、シンガポールの戦争裁判で処刑された日本人の軍人・軍属（朝鮮人も含む）の氏名と所属、処刑年月日は、石田の獄中の調査によれば第53表のようになる。三六名中三三名が俘虜収容所関係者であったことは、鉄道建設隊よりも俘虜収容所にいっそう大きな問題があった、とする指摘になる。広池は戦犯に問われた泰緬鉄道関係者を第54表のように、その所属ごとに、起訴・有罪・死刑・終身と有期刑とに分類して示している。この表では、死刑の宣告を受けた者は三二名になっている。いずれにせよ、極東国際軍事裁判（東京裁判）で約一二〇名を数えたA級戦犯容疑者の受けた判決が、絞首刑七名、終身禁固刑一六名、禁固二〇年一名、禁固七年一名という結果であるから、泰緬鉄道関係者で死刑を宣告された者の数の多さがわかろう。泰緬鉄道関係者に対する尋問調書などの関係資料が全面的に公開されていない現在、何がどう問われたのか、今後に明らかにされる分野である。

一万余名もの戦友を失った連合軍捕虜が抱く怨念は、捕虜が戦友の死体を埋葬する際、「かれの給与証明書と彼《ママ》を死に至らしめた日本軍指揮官、軍医、通訳および係の日本兵すべての姓名、階級そして当時の行軍の状況を記した紙片」［永瀬C、五〇頁］を、死体とともにコールタール入りのドラム缶のなかに、さらに、そのなかにタバコの空き缶に密封して埋めておき、戦後にその紙片をさがしだす執念に、あますことなく表現されている。捕虜や労務者を虐待し、拷問にかけた日本軍将兵を断罪しても、彼ら捕虜の怨念が晴らされるはずはなかった。

しかし、石田が、「最後の論告においては印度人アドバイザーのベイズ君が論理整然と詰め寄ったので、傍聴席には却って吾等に対する同情の声も起ったということである」［石田、四二頁］と感銘しているように、連合軍は、怨念でリンチにかけるとか拷問を加えるのではなく、判事や検事以外に日本人弁護士と通訳、さらにアジア人のアドバイザーまでつけて、公開の場で公正な裁判を行なおうと努めていたことは明らかである。逆に、日本軍が勝利をおさめた場合はどうなるか。日本軍占領下のシンガポールで、日本軍が抗日分子の粛正のため十分な証拠もなく住民を虐殺した、「検証」事件を想起すれば十分であろう。当時の日本が戦争裁判を行なえば、これほどの公平な戦争裁判をもつことはとうてい不可能であった。

「戦陣訓」と「近代の超克」

泰緬鉄道建設にかかわった人々を国籍別にあげると、日本人・朝鮮人・タイ人・ビルマ人・マラヤ人・インドネシア人・中国人・インド人・ベトナム人・イギリス人・オーストラリア人・ニュージーランド人・オランダ人・アメリカ人と、ゆうに一四もの国籍があげられる。近年の言葉で表現すれば、「国際色豊かな」建設工事であったということになるが、これら多くの国籍・民族にわたる人々を、四年近く統括管理して使役した日本軍の基本的な民族・国家観として、まず『戦陣訓』をあげなければなるまい。広池は、『戦陣訓』のなかの「生きて虜囚の辱《はずかしめ》を受けず」や、『戦陣訓』の歌「日本男児と生まれきて／戦の庭に立つからは／名こそ惜しめつはものよ／死すべき時に清く散り・御国に薫れ桜花」が、捕虜への軽蔑につながり日本軍一般の通念というか、気風だったという［広

「3つの仏塔」を意味するタイ側プラチェーディー・サーム・オン，ミャンマー（ビルマ）側パヤ・トンズのタイ－ミャンマー国境。タイ文字，ミャンマー（ビルマ）文字の表記がみられる検問所入口。ミャンマー側には往時の泰緬鉄道の線路が一部分残されている。

池、一一六頁〕。

『戦陣訓』は、太平洋戦争開戦直前の一九四一年一月八日、陸軍大臣東条英機によって全軍に示達され、軍紀の引締めを目的とし、「生きて虜囚の辱を受けず」、「死生困苦の間に処し、命令一下欣然として行の実を挙ぐるもの、実に我が軍人精神の精華なり」、「生死を超越し、一意任務の完遂に邁進すべし」など、死にのぞむ覚悟での任務遂行と命令への絶対服従を強調するものである。とくに、「生きて虜囚の辱を受けず」という文言は、捕虜になるほど恥ずかしいことはなく、捕虜になるくらいなら死ぬほうが名誉であると、死を正当化する「死の哲学」を教えていたのである。だから、立場をかえて、捕虜とは恥辱そのものであり、捕虜になるような人間は侮蔑されるべき人間であり、辱めて当然の相手であるという理屈につながっていった。まして、「鬼畜米英」という戦争スローガンも唱道されていた。降伏しても死を選ばぬ連合軍捕虜は軽蔑すべき人間であり、畜生にも等しく、かつ憎むべき相手であった。これらの思想が、連合軍捕虜への暴行、虐待、拷問につながっていたことは明らかであろう。

〝タイ国内で病人を含む連合軍捕虜を行軍させた〟という罪状でBC級戦犯となり、シンガポールのチャンギー刑務所に収容された体験をもつ大門《だいもん》幸二郎は、つぎのように綴っている。捕虜八〇〇名をナコーンナーヨックからピサヌロークへ移動させるにあたり、「参考のため陸軍成規類聚を見せてほしいと頼んだところ、俘虜取り扱い要領と書かれたガリ板摺りの小冊子を持って来てくれた。俘虜取り扱い要領の第一頁を開いた私の目に、最初に飛び込んできたのは『俘虜は敵なり』という字句であった」〔大門、一三七頁〕と。日本軍にとって、日本の軍門に降りた連合軍将兵の捕虜はいまだに「敵」であった。

いっぽう、日本も一九二九年に調印したが未批准のままであった国際条約「捕虜の待遇に関するジュネーブ条約」は、「俘虜ハ常ニ博愛ノ心ヲ以テ、取扱ハルベク、且暴行、侮辱及公衆ノ好奇心ニ対シテ、特ニ保護セラルベシ」と定め、そのなかには「不健康地ニ於テ、又ハ気候温和ナル土地ヨリ来レル者ニ対シ、有害ナル気候ノ地ニ於テ捕ヘラレタル俘虜ハ、成ルベク速ニ、一層良好ナル気候ノ地ニ移サルベシ」という規定がある。ジュネーブ条約に盛られた博愛主義、人道主義、生きるための人権擁護という思想は、日本の『戦陣訓』とは相反するものであった。そのためヨーロッパ人は、日本軍の捕虜取扱いを非人道とみなし、連合軍捕虜は自分たちの立場が奴隷の身分に貶められ、泰緬鉄道の建設作業キャンプにおかれた状況をヨーロッパ文明の終焉である、と嘆いていた。

たしかに、ヨーロッパ文明の思想から生まれた博愛主義、人道主義と生命の尊厳は、『戦陣訓』のなかで否定されていた。泰緬鉄道建設の際には、『俘虜取り扱い要領』が捕虜を憎い敵扱いにするのを許し、あわせて『戦陣訓』の教訓が、泰緬鉄道建設という目的完遂のために、捕虜や労務者の生命を疎かにしてしまい、多くの人命を奪う精神的基盤になっていたと言えまいか。

アジア太平洋戦争がはじまってから、雑誌『文学界』は一九四二年九月号と一〇月号において、「近代の超克」

タイとミャンマー（ビルマ）の国境をなす三仏塔峠の，ミャンマー側にわずかに残されている泰緬鉄道の線路。

という座談会の記録をメインの企画として掲載している。座談会そのものは同年七月に行なわれ、主催者である河上徹太郎が雑誌の編集を担当し、司会をつとめていた。河上は、「大東亜戦開始のや丶以前から、新しき日本精神の秩序に関するスローガンが、国民の大部分の斉唱で歌はれてゐた。此の斉唱の影に、すべての精神の努力や能力が押し隠されようとしてゐる。危機は表面的には去り、すべては観念上の名目論で片づけようとしてゐる。我々が起ったのは、此の安易な無気力を打破するためである。我々は『如何に』現代の日本人であるかが語りたかったのである」〔河上、一六七頁〕と、その結語で記している。

「東亜新秩序」、「大東亜共栄圏」という新しい構想が国策として具体化しはじめたにもかかわらず、皮相なスローガンの数々しか登場しないのを憂え、新しい事態を支える精神の構築をはかり、日本人の存在意識を明確にしようと意図していた。明治の文明開花以来、日本はヨーロッパ文明のさまざまな分野を吸収してきたが、いまや多くの矛盾をはらみ、この際、ヨーロッパ文明への批判と論難から試みよう、という認識ではじめられた座談会であった。戦後、竹内好はこの座談会を、英米に宣戦を布告した「大東亜戦争」を「近代の超克」という思想形成で把握してみようという試みであった、と批判した。だから竹内は、「悪名高き座談会」と批判し、「『近代の超克』という知識人ことばは、たぶん民衆ことばの『撃ちてしやまん』や『ゼイタクは敵』に対応するだろう」〔竹内、五三頁〕とまで非難している。

河上は、ヨーロッパ文明を否定し捨て去ろうというのではなく、整理しなおし、考えなおしてみようという立場であったが、小林秀雄はもっと厳しく、「われわれ近代人が頭に一杯詰め込んでいる実に彪大な歴史の図式、地図、さういふものは或いは実在に達しようとする努力の面から観ると、破り捨てねばならぬ悪魔だね」〔河上、二三〇頁〕とまで言いきって、いままで日本人が学んできたヨーロッパの近代文明を悪魔にたとえて、破棄することを主張していた。

この座談会に提出した論文「現代精神に関する覚書」のなかで亀井勝一郎は、「現在我々の戦ひつゝある戦争は、対外的には英米勢力の覆滅であるが、内的にいへば近代文明のもたらしたかゝる精神の疾病の根本治療である。これは聖戦の両面であって、いづれに怠慢であっても戦争は不具となるであらう」〔河上、一五頁〕と論じ、近代文明を毒素とみなして、対外的な害毒の駆除がアジア太平洋戦争であり、内的な害毒の駆除が近代文明をもたらした精神の払拭である、と位置づけた。そして、その精神にかわるのが、日本の古典の精神であり、この日本精神が最良の妙薬であると強調していた。

戦後に行なわれた批判はここに皇国史観を読みとり、天皇制国家の擁護、戦争体制の容認・発揚をみいだしていた。つまるところ、この座談会にみられるのは、河上や小林らの戦争遂行への迎合的発言であり、亀井による国策を支える思想の模索であった。国家を統率する軍国主義者が英米を敵とみなすにとどまらず、当時のある日本の知識人は、吸収してきたヨーロッパ近代文明の精神を拭い去るという試みをはじめようとしていた。

ヨーロッパ近代文明の精神を拭い去り、新しい精神を模索しても、アジア太平洋戦争を「聖戦」と呼ぶ聖性化や、「天に代わりて不義を討つ」で表現される天命による懲罰という尊大化、「国軍」と呼んでいた日本軍を「皇軍」と呼びかえる神聖化が、日本が世界のいかなる国家よりもすぐれているとする国粋主義を発揚し、他を睥睨する日本民族の卓越性と選良性を主張する結果となった。こうした当時の日本人の精神構造から引きだされるのは、優劣で判断する優越意識と驕慢不遜、弱者への蔑視と支配であっただろう。

二〇世紀は近代精神の精髄としてテクノロジーの時代といわれている。日本が明治以降に学んできたヨーロッパの近代技術は、泰緬鉄道の建設においても大いにその効果を発揮して、鉄道隊はわずか一年ほどで、密林を伐開し山の彼方につづく四一五キロの線路を完成させた。だがそのためには、〝まずイギリスは企てたがその困難さゆえに建設計画をあきらめた〟というスローガンをつくり、イギリスを凌ぐ技術と精神を誇らかにしなければならなかった。そして、イギリスをはじめとするオーストラリア、オランダ、アメリカなど白人捕虜を侮蔑、虐待することによって、連合国に対する敵意を高揚させていった。対外的な害毒の駆除のためには敵意が必要であった。泰緬鉄道はその害毒の駆除に向かう道であった。泰緬鉄道の建設工事でみせた、近代精神の人権を踏みにじり、ヨーロッパ文明のもつ人道主義、博愛主義を拒絶する行為は、近代文明のもたらした精神の払拭につながっていた。また、神聖さと卓越性を主張する日本の国粋主義が、アジア蔑視をかもしだし、アジア人労務者の酷使、人命無視にまで行きついてしまった。

一年あまりで完成させた泰緬鉄道の建設は、その構想において、また建設技術において、ヨーロッパ列強を範に追いかけ追いつこうとしてきた明治以来の近代化の帰結を示すものであったが、列強を駆逐する段階においては、近代文明の精神を排絶して、国粋主義を旨とする軍国時代の日本の精神を具現するものになっていた。

図版出典一覧

23，36 頁：『1 億人の昭和史　日本の戦史 7　太平洋戦争 1（真珠湾・香港・マレー・ビルマ作戦』毎日新聞社，1978 年，227，187 頁。

83，138（下），274，283 頁：Davies, Peter N., *The Man Behind the Bridge: Colonel Toosey and the River Kwai,* London: Athlone Press, 1991.

100 頁：Phibunsongkhram, O., *Chomphon Po. Phibunsongkhram,* Vol. 3, n. d.

103，106，132，138（上），147，148，150，154，155，161，172，185，199，217，221，267，275，286，288，293，297 頁：Clarke, Hugh V., *A Life for Every Sleeper: A pictorial record of the Burma-Thailand railway,* Sydney: Allen & Unwin, 1986, pp. 73，12，27，11，10，8，28，67，66，13，79，73，53，52，52，56，74，54，34，31，75

120（上），120（下）頁：『写真集　友好の世紀――日・タイ交流の 100 年』朝日新聞社，1987 年，92，93 頁。

186-89，255，291，311，312，321，322，328，330 頁：すべて筆者撮影

223 頁：2 枚とも筆者所蔵

Adams, Geoffrey Pharaoh, *No Time for Geisha*, London: Leo Cooper Ltd., 1973

Boulle, Pierre, *The Bridge Over the River Kwai*, London: Secker and Warburg, 1954

Boyle, James, *Railroad to Burma*, Sydney: Allen & Unwin, 1990

Bradly, James, *Towards the Setting Sun: An Escape from the Thailand-Burm Railway, 1943*, Bath: Chivers Press, A New Portway Large Print Book, 1987

Coast, John, *The Railway of Death*, England, 1946

Clarke, Hugh, V., *A Life for Every Sleeper: A Pictorial Record of the Burma-ThailandRailway*, Sydney: Allen & Unwin, 1986

Davies, Peter N., *The Man Behind the Bridge: Colonel Toosey and the River Kwai*, London: Athlone Press, 1991

Foran, Songsri, *Thai-British American Relations during World War II and the Immediate Postwar Period 1940-1946*, Thai Khadi Research Institute, Bangkok: Thammasat University, 1981

Gordon, Earnest, *Through The Valley of The Kwai*, New York: Harper & Row, 1962

Kinvig, Clifford, *River Kwai Railway: The Story of the Burma-Siam Railroad*, London: Brassey's (UK), 1992

La Forte, Robert S. and Ronald E. Marcello, eds., *Building the Death Railway: The ordeal of American POWs in Burma, 1942-1945*, Delaware: A Scholarly Resources Inc., 1993

MaCormack, Gavan, "Apportioning the Blame: Australian Trials for Railway Crimes," *International Colloquium: The History of the Construction of the Burma-Thailand Railway*, Research School of Pacific Studies, Australian National University, 1991

MaCormack, Gavan and Hank Nelson, eds., *The Burma-Thailand Railway: Memory and history*, Australia: Allen & Unwin, 1993

Nakahara, Michiko, "Asian Laborers along the Burma-Thailand Railroad", *waseda journal of asian studies*, special issue in conmemoration of the international division thirtieth anniversary, Vol. 15, 1993, International Division, Waseda University, Tokyo

Phonsawek, Praphan, "Thang rotfai sai khokhot kra: Khwamphayayam khong kong thap yipun nai songkhram khrangthi song [クラ地峡横断鉄道――第２次世界大戦下の日本軍の奮闘]," *Sinlapa-Wathanatham*, Vol. 12, No. 8, Bangkok, June 1991

Rawlings, Leo, *And the Dawn Came up like Thunder*, England, Rawlings, Chapman, 1972

思想社，1988
中原道子「東南アジアの『ロームシャ』──泰緬鉄道で働いた人々」『岩波講座　近代日本と植民地⑤　膨張する帝国の人流』岩波書店，1993 所収
中村明人『ほとけの司令官』日本週報社，1958
南友会編『遥かなるパゴダ　元野戦高射砲第三十六連隊第一中隊大東亜戦争回想録』南友会，1976
日本国際政治学会太平洋戦争原因研究部『太平洋戦争への道　開戦外交史〈新装版〉6　南方進出』朝日新聞社，1987
根本　敬「ビルマ（ミャンマー）」吉川利治編著『近現代史のなかの日本と東南アジア』東京書籍，1992 所収
野田繁夫『鉄路の彼方に──私の泰緬鉄道従軍記』1981
バー・モウ著，横堀洋一訳『ビルマの夜明け』太陽出版，1973
長谷川三郎『鉄路の熱風　鉄道第五連隊第三大隊戦闘録』鉄道第五連隊第三大隊戦友会，1978
服部卓四郎『大東亜戦争全史』原書房，1965
ロバート・ハーディ著，河内賢隆・山口晃訳『ビルマ-タイ鉄道建設捕虜収容所──医療将校ロバート・ハーディ博士の日誌　1942-1945』而立書房，1993
原田勝正 a『日本の鉄道』吉川弘文館，1991
原田勝正 b「鉄道部隊の変遷とその役割」『別冊　歴史読本特別増刊第 41 号　日本陸軍機械化部隊総覧』新人物往来社，1991 所収
アーノルド・C・ブラックマン，日暮吉延訳『東京裁判　もう一つのニュルンベルク』時事通信社，1991
ピエール・ブール著，関口英男訳『戦場にかける橋』早川書房，1975
兵藤俊郎『ケオノイの流れに　泰緬鉄道の光と影』日本アートセンター，1987
広池俊雄『泰緬鉄道　戦場に残る橋』読売新聞社，1971
二松慶彦 a『泰緬鉄道建設記』泰緬鉄道建設記編纂委員会，1955
二松慶彦 b『三塔峠を越えて──泰緬鉄道を語る』啓文社，1985
『別冊　歴史読本特別増刊第41号　日本陸軍機械化部隊総覧』新人物往来社，1991
防衛庁防衛研修所戦史部『戦史叢書　インパール作戦』朝雲新聞社，1968
防衛庁防衛研修所戦史部『戦史叢書　シッタン・明号作戦──ビルマ戦線の崩壊と泰・仏印の防衛』朝雲新聞社，1969
防衛庁防衛研修所戦史部『戦史叢書　大本営陸軍部〈4〉昭和十七年八月まで』朝雲新聞社，1968
防衛庁防衛研修所戦史部『戦史叢書　マレー進攻作戦』朝雲新聞社，1969
村嶋英治「日タイ同盟下の軍事交渉──1941 ～ 1944」『東南アジア　歴史と文化』（東南アジア史学会）21 号，山川出版社，1992 所収
山本一ほか著『俘虜の碑・他』泰国日本人会，1971
袁彩菱（ユエン・チョイ・レン）「マラヤにおける日本のゴム・鉄鉱投資」杉山，ブラウン編著『戦間期東南アジアの経済摩擦』所収
リンヨン・ティッルウィン著，田辺寿夫訳『死の鉄路　泰緬鉄道ビルマ人労務者の記録』毎日新聞社，1981
読売新聞大阪社会部編『BC 級戦犯（上）（下）　新聞記者が語りつぐ戦争 6』新風書房，1993
レオ・ローリングス著，永瀬隆訳『イラスト　クワイ河捕虜収容所　地獄を見たイギリス兵の記録』社会思想社，1984

「泰国問題　日泰進駐協定並同盟条約関係」
「タイ国問題　進駐軍軍費問題」
「タイの鉄道」

4．連合軍側泰緬鉄道関係文書

SEATIC [South-East Asia Translation and Investigation Center], E. A. Heasleit, Lieut-Colonel, Officer Commanding, *BURMA-SIAM RAILWAY*, Publication No. 246, 8 Oct. 1946.

刊行資料・文献・論文

ゲオフリ・ファラオ・アダムス著，二松慶彦訳『私は芸者に会えなかった――極東に於ける俘虜体験旅行記』（未公刊）1981
飯塚浩二『日本の軍隊』岩波書店，1991
岩井　健『C56南方戦線を行く――ある鉄道隊長の記録』時事通信社，1981
上羽修：写真，中原道子：文『〈グラフィック・レポート〉昭和史の消せない真実――ハルビン・南京・泰緬鉄道』岩波書店，1992
内海愛子「〈インタビュー〉空白の戦後（その2）泰緬鉄道の朝鮮人たち」『世界』第558号，岩波書店，1991年9月
太田常蔵『ビルマにおける日本軍政史の研究』吉川弘文館，1977
河上徹太郎ほか著『近代の超克』冨山房，1979
クリフォード・キンビク著，服部實訳『戦場にかける橋　泰緬鉄道の栄光と悲劇』サンケイ新聞社出版局，1975（*Death Railway*, Ballantine's Illustrated History of World War Ⅱ）
甲四会編『第四特設鉄道隊橋梁隊誌（甲四部隊の歩み）』啓文社，1988
小島新吾・西村清編『パゴダの鐘――特設鉄道隊の裸像』ビルマ会，1956
E・ゴードン著，斉藤和明訳『死の谷をすぎて――クワイ河収容所』新地書房，1981
清水寥人a『小説　泰緬鉄道』毎日新聞社，1968
清水寥人b『遠い汽笛　泰緬鉄道建設の記録』あさお社，1978
杉山伸也，イアン・ブラウン編著『戦間期東南アジアの経済摩擦――日本の南進とアジア・欧米』同文舘，1990所収
十泰会従軍記編集委員会編『想遥　第十特設鉄道運輸隊従軍記』十泰会従軍記編集委員会，1982
大門幸夫『シンガポール第七号軍事法廷』そしえて，1990
竹内　好『近代の超克』筑摩書房，1983
塚本和也「メクロンの永久橋　実録戦場にかける橋」『鉄道ファン10』Vol. 21，No. 246，1981所収
鐵道省『南方交通調査資料第二部――第二分冊泰國交通篇』鐵道省，1942
土門周平「開戦時における日本陸海軍の兵力．陸軍」『1億人の昭和史　日本の戦史7　太平洋戦争1（真珠湾・香港・マレー・ビルマ作戦）』毎日新聞社，1978所収
中尾裕次「『泰緬連接鉄道』建設決定の経緯」『軍事史学』（軍事史学会）通巻98号，1989年9月所収
永瀬　隆a『「戦場にかける橋」のウソと真実』岩波書店，1986
永瀬　隆b『虎と十字架』青山英語学院，1987
永瀬　隆c著訳『ドキュメント　クワイ河捕虜墓地捜索行　もうひとつの「戦場にかける橋」』社会

Bok. Sungsut, 2.4.1.3/1, Kan-sang tharua（Tharua chumpon, tharua khao fachi, khlong laun, penton）.［港建設「チュンポーン港，カオファーチー港，ラウン運河」など］
Bok. Sungsut, 2.4.1.3/2, Kan-samruat senthang chumpon-khlong laun.［チュンポーン-ラウン運河間路線調査］
Bok. Sungsut, 2.4.1.3/3, Kan-tham kho-toklong lae kho-toklong plikyoi rotfai thahan chum-phon-kraburi.［クラ地峡横断鉄道建設協定，協定細則］
Bok. Sungsut, 2.4.1.3/4, Banthuk kan-prachum.［会議録］
Bok. Sungsut, 2.4.1.3/5, Thidin thiphak lae attra kha siahai（Kha siahai thi yipun tong chai kiaokap thidin akhan lae phutphon khong ratsadon nai changwat chumphon lae ranong）lae ruang banthuk raingan kan-titto rawang chaonathi fai thai kap fai yipun kiaokap kan-tosu rawang thahan yipun kap thahan thai lae tamruat thai.［土地・宿舎と損害額「日本側が弁償すべきチュンポーン県・ラノーン県住民の土地，建物，作物の損害額」日本側とタイ側軍・警察との官憲の紛争に関する連絡報告メモ］
Bok. Sungsut, 2.5.2/4, Kan-khruanwai khong thahan yipun nai changwat ratburi.［ラーチャブリー県における日本軍の動静］
Bok. Sungsut, 2.5.2/5, Kan-khruanwai khong thahan yipun nai changwat nakhonpathom.［ナコーンパトム県における日本軍の動静］
Bok. Sungsut, 2.7.6, Karani phiphat thahan yipun ratsadon thai（Karani banpong）.［日本軍とタイ民衆との紛争事件「バーンポーン事件」］
Bok. Sungsut, 2.7.6/7, Banthuk hetkan patha rawang thahan yipun kap kammakon thai lae tamruat thai.［日本兵とタイ労務者・警察との衝突原因の記録］
Bok. Sungsut, 2.7.6/8, Hetkan patha rawang thai yipun thi banpong.［バーンポーンでのタイと日本の衝突原因］
Bok. Sungsut, 2.7.6/21, Kan-khruanwai khong thahan yipun thi banpong.［バーンポーンでの日本軍の動静］
Bok. Sungsut, 2.7.6/25, Sanoe raingan kan-sopsuan het thi banpong.［バーンポーン事件の原因究明調査報告を提出］

2．防衛庁防衛研究所図書館所蔵文献資料

『第十八方面軍司令部』1946（昭和 21）年 6 月 21 日
『泰緬鉄道の記録』1972（昭和 47）年 10 月 1 日作成
南方軍野戦鉄道隊付鉄道官作成『泰緬連接鐵道要圖』1944（昭和 19）年 8 月末現在
俘虜関係中央調査委員会『泰，緬甸連接鐵道建設に伴ふ俘虜使用状況調書』陸軍省，1945 年 12 月
井上忠男，法務大臣官房司法法制調査部参与『泰緬鉄道建設に使用した現地人労務者の状況』1963（昭和 38）年 10 月作成
中村明人，元タイ方面軍司令官，陸軍中将手記『駐泰四年回顧録』1957
石田英熊，元第二鉄道監，陸軍中将手記『泰緬鉄道建設――1942 年末～ 1943 年 10 月』，執筆時期不明

3．外務省外交史料館所蔵外交文書

大東亜戦争関係一件

泰緬鉄道関係引用参考資料文献目録

公文書・手記類（未公刊）

1．タイ国立公文書館収蔵「タイ国軍最高司令部文書」(Ekkasan kongbanchakan thahan sungsut, Ho chotmaihet haeng chat)

Bok. Sungsut, 2/104, Yipun kho su wua khwai.［陸軍最高司令部 2/104, 日本軍，牛・水牛の購入を申入れ］

Bok. Sungsut, 2/169, Kongthap yipun tongkan kammakon 8,000 khon phua chai nai ratchakan sang thang chiangmai-maehongson.［日本軍がチエンマイー-メーホーンソーン間の道路建設に労務者 8,000 人を要請］

Bok. Sungsut, 2.4.1.2, Thang rotfai sai nongpladuk-thanbiusayan.［ノーンプラードゥク-タンビュザヤ線鉄道］

Bok. Sungsut, 2.4.1.2/1, Ton ruang haeng kan-sang rotfai chuam prathet thai-phama (mi ruang yipun sanoe lakkan, kho samruat sen thang kan triam uppakon kan sang lae khwamkhithen khong krasuang kantangprathet lae krasuang khamanakhom).［泰緬連接鉄道建設の開始「日本側の基本的提案，予定路線の調査，建設資材の準備，外務省・交通省の見解」］

Bok. Sungsut, 2.4.1.2/2, Kho-toklong lae kho-toklong plik yoi rawang thai-yipun kiaokap kan-sang thang rotfai chuam rawang thai kap phama.［泰緬連接鉄道建設に関する泰日間の協定と協定細則］

Bok. Sungsut, 2.4.1.2/3, Kan-chai thidin khong fai thai (Yipun sang thiphak phua damnoen kan-sang rotfai sai thai-phama, phraratchakrisadika wenkhun thidin tham thang rotfai sai thai-phama, kho-bangkhap ok tam kotmai).［タイ側の土地使用「日本は泰緬鉄道建設のための宿舎建築，泰緬鉄道建設用土地収用勅命・法的規則」］

Bok. Sungsut, 2.4.1.2/4, Thang kammakan lae anukammakan thang fai thai phua damnoen kan cat sang rotfai thahan ruam kap fai yipun.［日本と共同の軍用鉄道建設のためのタイ側委員会と小委員会設置］

Bok. Sungsut, 2.4.1.2/5, Naeo sen thang (kan-kosang thang rotfai kanchanaburi khong yipun).［予定路線「日本のカーンチャナブリー鉄道線建設」］

Bok. Sungsut, 2.4.1.2/6, Kammakon (phaenkan prapprung kammakon lae chat ha kammakon song kammakon chak malayu pai kanchanaburi penton).［労務者「労務者の雇用計画とマラヤからカーンチャナブリーへの労務者の送り込み」］

Bok. Sungsut, 2.4.1.2/12, Kammakon nguat tangtang (samakhom phanit chin haeng prathet thai pen phuthaen chat song kammakon chin hai yipun lae khoanuyat hai kammakon chin khao khet huangham).［さまざまな種類の労務者「泰国中華総商会が日本側に華僑労務者を斡旋し，華僑労務者の立入禁止地区への入境許可要請」］

Bok. Sungsut, 2.4.1.3, Thang rotfai sai chumphon-kraburi.［クラ地峡横断鉄道］

8 月 15 日	**日本降伏。**
16 日	プリディー摂政，タイの英米宣戦布告の無効を公表。
17 日	クワン内閣総辞職。
30 日	軍用鉄道建設実行委員会に関する最高司令部命令廃止。
31 日	タウィー・ブンヤケート内閣成立。
9 月 1 日	在タイ日本大使館，バンコク総領事館，ソンクラー，チエンマイ，バッタンバン，プーケットの各領事館の職務停止。
2 日	「日泰同盟連絡事務局」廃止。
4 日	イギリスが戦後賠償として 21 か条をタイに要求。
17 日	セーニー・プラーモート内閣成立。 国号「タイ」を「シャム」にもどす。
22 日	「サハラット・タイ・ドゥーム」に関する布告廃止。
10 月 9 日	日本兵，捕虜として各地で抑留。 ナコーンナーヨック　70,000 人 バーンポーン　31,000 人 ナコーンサワン　18,000 人 バンコク　2,500 人
11 月 5 日	タイ国内の抑留日本兵は 187,440 名になる。
1946 年 4 月 20 日 (昭和 21 年)	日本兵と在留民間日本人の日本引揚げはじまる。
10 月 21 日	シンガポールの市公会堂で戦争裁判はじまる。

出所 : 筆者作成。

4 日	東条首相，ピブーン首相と会見「友好関係強化と領土割譲に関する共同声明」を発表。
	7月末，大本営は泰緬鉄道建設工期の2か月延長を命令。
8 月 1 日	バー・モウ博士を国家元首としてビルマを独立させる。
14 日	ケベック会議により，東南アジアから日本を駆逐するための作戦司令部「東南アジア司令部」の設置を決め，司令部をセイロン（スリランカ）におく。
16 日	南方軍野戦鉄道司令部司令官石田英熊中将が第二鉄道監を兼任し，南方軍鉄道隊司令官として着任。
20 日	マレー北部4州とビルマのシャン州のケントゥン地区とムアン・パーン地区をタイに割譲する日タイ条約調印。
8 ～ 9 月	ピブーン首相，ペッチャブーン視察。首都移転計画。
10月 2 日	マレー北部統括の軍政監長官と4州に各軍政監をおく。
14 日	シャン州のムアン・パーンが日本軍より割譲され，タイ領の「サハラット・タイ・ドウーム」に編入。
25 日	泰緬鉄道完成。コンコイター駅でタイ・ビルマ連接。
26 日	鉄道第九連隊と第四特設鉄道隊は「泰緬鉄道隊」として再編される。
11月 5 ～ 6 日	ピブーン首相，「大東亜会議」に欠席。ワンワイタヤコーン親王が代理として参加。
9 日	マレー4州の軍政監を国軍最高司令官に直属させる。
12月 8 日	鉄道局は国軍最高司令官直属の軍鉄道部とし，全線を軍の管理下におく。
25 日	クラ地峡横断鉄道完成式挙行。
1944年 1 月 7 日	大本営はインパール作戦を認可。
（昭和19年） 3 月	「自由タイ」地下活動者のタイ潜入はじまる。
4 月 9 日	坪上貞二大使離任。
7 月 4 日	大本営はインパール作戦の失敗を認め作戦中止を命令。
20 日	政府のペッチャブーン首都建設に関する緊急勅令法案，国会で36対48で否決。
22 日	政府のサラブリーに仏都建設に関する緊急勅令法案，国会で41対43で否決。
24 日	ピブーン首相辞任。
30 日	ビルマのビクトリア・ポイント駐屯部隊がラノーン市を占領。日本軍は陳謝。
8 月 1 日	クワン・アパイウォン内閣成立。
24 日	ピブーン，国軍最高司令官を解任される。ポット・パホンヨーティン大将が国軍最高司令官（Maethap yai）に任命される。
9 月 4 日	山本熊一大使着任。
12月 4 日	スイス駐在公使は外務省に，イギリス・オーストラリア政府が泰緬鉄道建設の捕虜虐待，非人道的取扱いに対し，抗議が届いていることを伝達。
8 ～ 12 日	カーンチャナブリー地方は連合軍の大空襲を受ける。
1945年 3 月 9 日 （昭和20年）	日本軍，仏領インドシナを武力処理（明号作戦）。軍政を施行。
6 月 15 日	日本軍がクラ地峡横断鉄道のクラブリー側の一部線路を撤廃。
7 月 15 日	第一八方面軍が組織され，中村明人が司令官につく。

9月16日	日本はタイと「泰緬甸連接鐵道建設ニ關スル協定」締結。
24日	シャン州(サハラット・タイ・ヤイ)に軍政監を設置。ピン・チュンハワン少将，軍政監に任命される。
10月13日	シンガポールの連合国捕虜がこの日以降バーンポーンにぞくぞくと到着。
15日	「県合同小委員」を廃止し，「軍管区小委員（Anukammakan pracham khet)」に改組。全国七軍管区の司令官とその地区の内務省視察官が小委員。
21日	「泰緬甸連接鐵道建設ニ關スル協定第四條ニ依ル第一次細部協定」調印。
25日	泰緬鉄道建設実施に関する「大陸指」を発令。 泰緬鉄道隊を編成，司令官は下田宣力少将。
11月1日	拓務省を廃止し，大東亜省を新設。
21日	「軍用鉄道建設実行委員会（Anukammakan damnoen kan-chatsang rotfai thahan)」発足。委員はラーチャブリー県知事，カーンチャナブリー県知事，バーンポーン郡，カーンチャナブリー郡，ターマカー郡，タームワン郡，トーンパープーム郡の各郡長と鉄道局技術課長。
12月1日	泰緬鉄道敷設地区の土地収用に関する勅令発布。有効期限5年間。公式に泰緬鉄道建設に着工。全長415キロ（タイ側304キロ，ビルマ側111キロ)。
8日	戒厳令第17条にもとづき鉄道建設に関する規則を定む。
10日	タイ国立銀行設立。
18日	タイ僧侶への不敬行為に労務者が日本兵を襲い，日本軍鉄道部隊がバーンポーン警察署を襲撃した「バーンポーン事件」発生。
21日	「日タイ合同憲兵隊」はバンコク・トンブリー地区3か所に分隊を増設。(サーラーデーン・中央病院前・トンブリー)
28日	警察局長令でラーチャブリー県バーンポーン郡とカーンチャナブリー県全域に外国人の立入禁止。
1943年1月21日	タイ駐屯軍最高司令官として中村明人中将着任。
(昭和18年) 22日	「サハラット・タイ・ヤイ」（シャン州）を「サハラット・タイ・ドゥーム」と改称。
2月1日	タイ駐屯軍はサートーン通りの泰国中華総商会に司令部を設置。「義部隊」と呼んだ。
上旬	大本営は泰緬鉄道建設工期の4か月短縮を命令し，8月末を完工予定とする。
3月18日	「日泰同盟連絡事務局（Krom prasan-ngan phanthamit)」発足。「日泰政府連絡所」,「泰日広報連絡小委員会」を廃止。
23日	国軍最高司令部はタイ全国を戦闘地域に規定。
4月1日	国軍最高司令部は物価統制令を発布。
12日	マラヤ人労務者の第1陣がバーンポーン到着。
5月31日	「クラ地峡横斷鐵道建設ニ關スル協定」調印。
6月15日	「クラ地峡横斷鐵道建設ニ關スル協定第四條ニ依ル第一次細部協定」調印。 「クラ地峡横断鉄道建設実行委員会及び小委員会（Kammakan lae anukammakan damnoen kanchatsang rotfai thahan kho khot kra)」発足。
19日	「サハラット・タイ・ドゥーム」に行政府と司法府を設置。
7月3日	東条英機首相バンコクを訪問。

13日　秘密協定「日泰協同作戦ニ關スル細部協定」締結。

18日　「泰日広報連絡小委員会（Khana-anukammakan prasan-ngan khotsana Thai-Yipun）」発足。毎週一回会合。

25日　閣議全員一致のもとで，英米に宣戦布告。

31日　「県合同小委員（Anukammakan phasom pracham changwat）」発足。

ソンクラー（ソンクラー部隊陸軍司令官，県知事）
カーンチャナブリー（ラーチャブリー部隊陸軍司令官，カーンチャナブリー県知事）
ピサヌローク（ピサヌローク部隊陸軍司令官，県知事）

2月15日　日本軍がシンガポールを占領。日本は「昭南」と改称。

18日　「県合同小委員（Anukammakan phasom changwat）」発足。

チエンマイ	（チエンマイ部隊陸軍司令官，県知事）
ランパーン	（ランパーン部隊陸軍司令官，県知事）
ナコーンサワン	（ナコーンサワン部隊陸軍司令官，県知事）
ターク	（ピサヌローク部隊陸軍司令官，ターク県知事）
スコータイ	（ピサヌローク部隊陸軍司令官，スコータイ県知事）

3月8日　日本軍がビルマのラングーンを占領。

中旬　南方軍は泰緬鉄道建設の方針を明示する。

23日　南方軍が泰緬鉄道の建設計画をタイ側に提示。

4月21日　100バーツ=155.70円を1バーツ=1円とする。

5月2日　日タイ両国大蔵省が特別円決済に関する協定覚書交換。

26日　タイ北部方面軍，シャン州のケントゥンを占領。

31日　ケントゥン地方を「サハラット・タイ・ヤイ」と呼び，タイ北部方面軍が軍政をとる。

6月4日　日本軍がビルマに軍政をしく。

7日　泰緬連接鉄道の建設準備を南方軍が命令。

20日　「泰緬連接鐵道建設要項」を大本営陸軍部が指示。

23日　白人捕虜がはじめてバーンポーンに到着。

28日　神谷支隊がビルマのタンビュザヤ駅にゼロ距離標を打ち込む。

29日　タイは，「軍用鉄道建設審議委員会（Kammakan phitcharana lae chatkan sang thang rotfai thahan）」を設立。

7月5日　坂元支隊がノーンプラードゥク駅にゼロ距離標を打ち込み，泰緬鉄道建設開始。

8月1日　日本軍，ビルマにバー・モウ博士を長官とするビルマ中央行政府を設立させる。

4日　「県合同小委員（Anukammakan phasom changwat）」発足。

クラビー（県知事と海軍将校）
ラノーン（県知事と海軍将校）
パンガー（県知事と海軍将校）
プーケット（県知事と海軍将校）

21日　大東亜建設審議会が「アジア縦貫鉄道」を構想。

アジア太平洋戦争の時代の泰緬鉄道関係年表

1938年 4 月20日	鉄道第五連隊が千葉で編成される。
1939年 9 月 3 日	ヨーロッパで第2次世界大戦勃発。タイは中立を宣言。
1940年 6 月12日	タイは東京で日本と「日タイ友好和親条約」を締結し，英・仏とはバンコクで「相互不可侵条約」を締結。
9 月23日	日本軍が北部仏領インドシナに進駐。
11月25日	タイ・仏領インドシナ国境紛争が発生。
1941年 2 月14日 (昭和16年)	閣議で交通政策要綱を決定，東南アジアを含む「大東亜共栄圏」構築のための交通体系をめざす。
3 月11日	タイ・仏領インドシナ国境紛争を日本が調停。
4 月 1 日	南タイのソンクラーに日本領事館開設。
5 月 9 日	「タイ仏平和条約」でタイはラオスの2州とカンボジアの西部2州の失地回復なる。
7 月16日	北タイのチエンマイに日本領事館開設。
28日	日本軍が南部仏領インドシナに進駐。
8 月12日	ルーズベルト米大統領とチャーチル英首相が大西洋上で会談し，米英共同宣言（大西洋憲章）を発表。
16日	日本，タイ両国の公使館を大使館に昇格させる。坪上貞二大使着任。
9 月23日	鉄道第九連隊が津田沼で編成される。結成式はベトナムのハイフォンで11月に行なわれる。
10月10日	第二鉄道監，鉄道参謀らが大阪港を発ち，ベトナムに向かう。
28日	国鉄出身軍属部隊が大阪港を発ち，ベトナムに向かう。
11月 6 日	南方軍総司令官に伯爵寺内寿一陸軍大将が親補される。
18日	ピブーンソンクラーム首相，陸海空三軍の総帥に任命される。
12月 8 日	**「日本國軍隊ノ『タイ』國領域通過ニ關スル日本國『タイ』國間協定」により，日本軍がタイ領に進駐。**
10日	タイ全国に戒厳令を発布。
14日	合同委員会（Khana-kammakan phasom）発足。「日泰協同作戦ニ關スル協定」を日本側が提案。タイ北部方面軍「コーンタップ・パーヤップ」を設立，日本軍のビルマ作戦に協力。
15～	日タイ同盟条約締結にさきだち，官僚からの誓約と署名を約3,300名から集める。
21日	「日本國タイ國間同盟條約」締結。
23日	「日泰政府連絡所（Kong amnuaikan phasom）」を国軍最高司令部に設置，日本軍との交渉の窓口とする。
1942年 1 月 3 日	秘密協定「日泰協同作戦ニ關スル協定」締結。
(昭和17年) 10日	南方軍野戦鉄道隊を編成。司令部をバンコクの国立競技場におく。

①

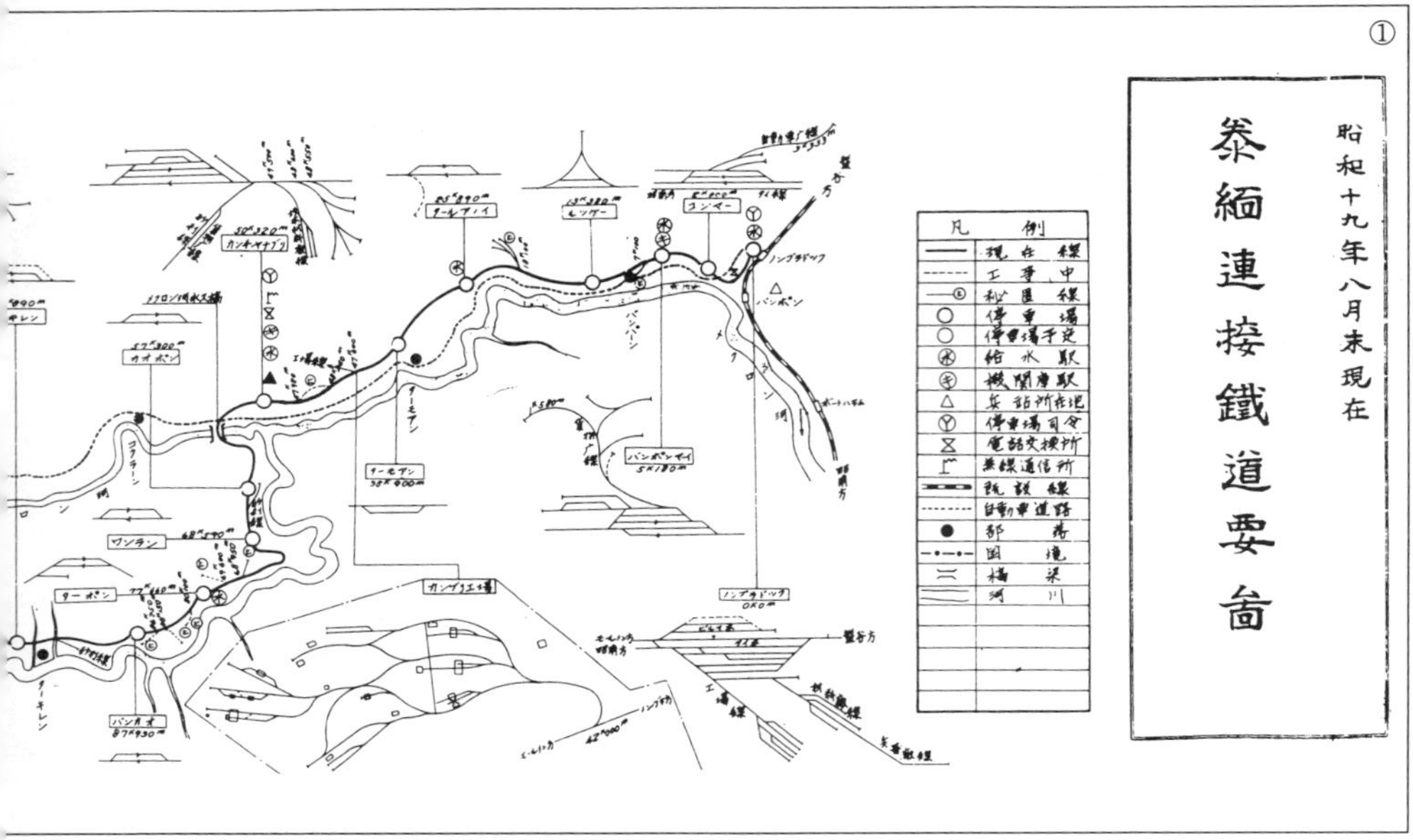
泰緬連接鐵道要圖
昭和十九年八月末現在
凡例
現在線
工事中
秘匿線
停車場
停車場予定
給水駅
機関庫駅
兵站所在地
停車場司令
電話交換所
無線通信所
既設線
自動車道路
部落
国境
橋梁
河川

③

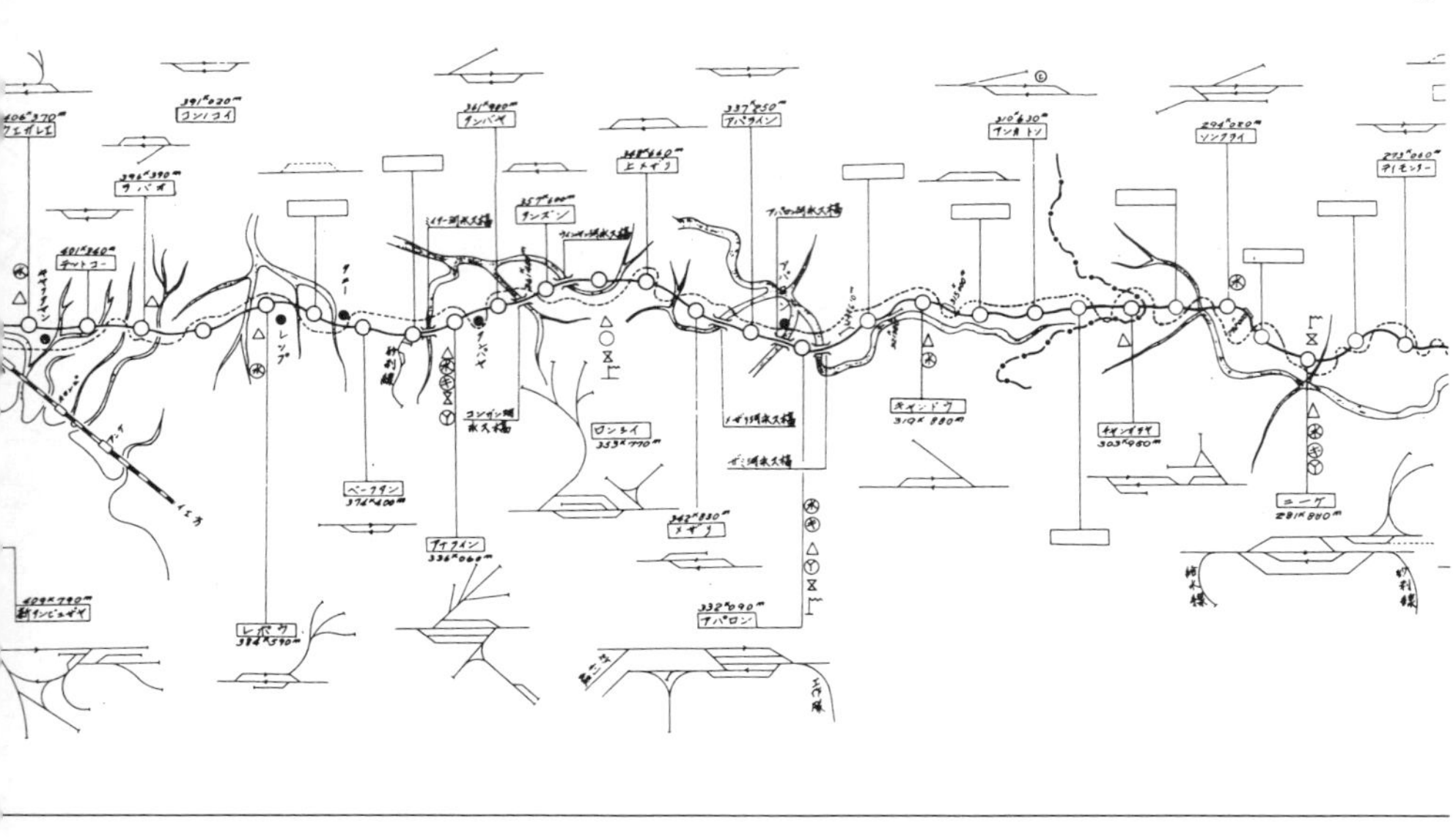

②

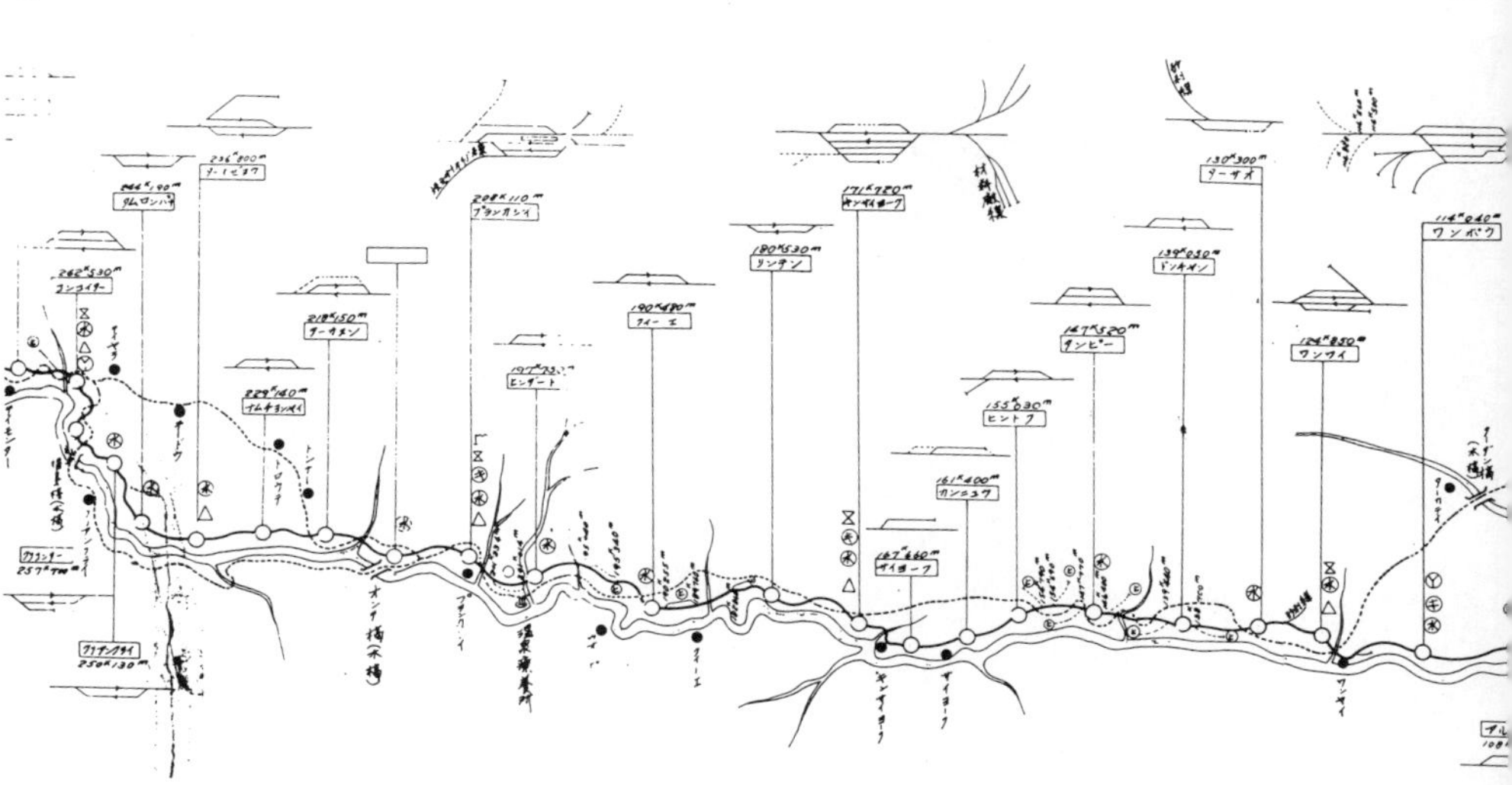

④

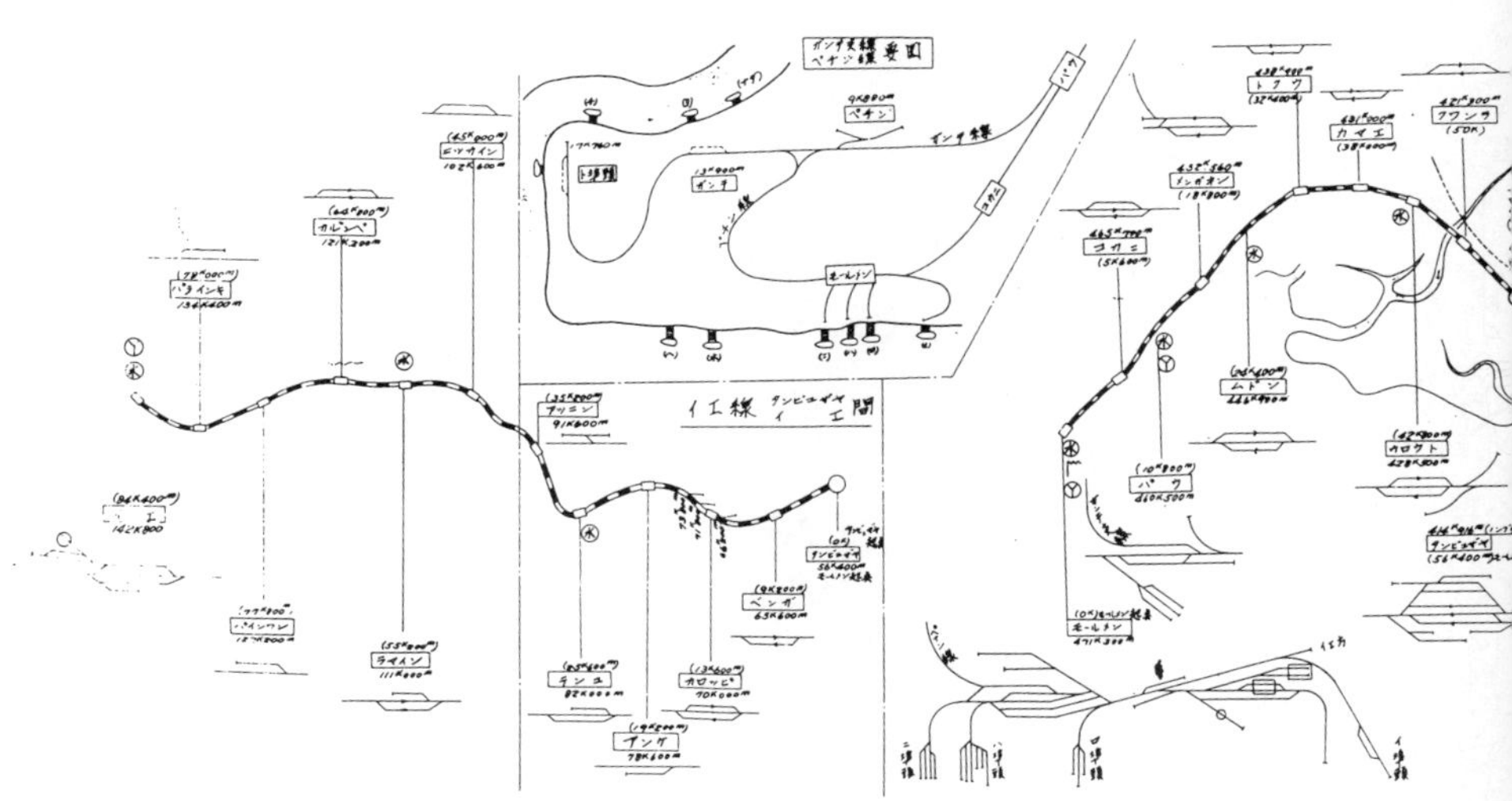

　——「泰緬連接鉄道要図」（昭和十九年八月末現在）

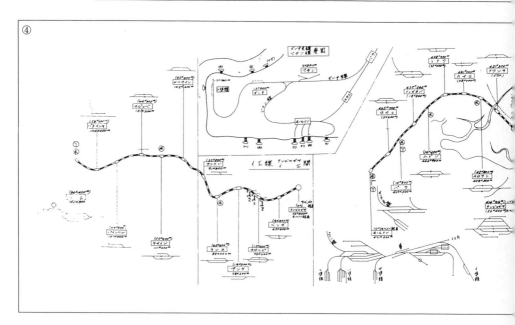

人名索引

［ナ　行］

［ハ　行］

［マ　行］

［ラ　行］

［ワ　行］

地名索引

［マ　行］

［ヤ　行］

［ラ　行］

[ナ　行]

[ハ　行]

事項索引

解説

大阪市立大学
早瀬　晋三

本書は、再版ではなく、新版になるはずだった。二〇〇九年五月七日の日付の入った「まえがき」に、そのことが記され、「なるべく現地の立場から泰緬鉄道像を眺めてみよう」と、副題を「現地からの報告」としていた。タイの歴史を専門とした研究者として、日本がかかわったことをタイ側の視点で書き直そうとしていたのである。しかし、それは未完に終わった。二〇〇九年暮れ、著者の吉川利治先生はアユタヤのホテルで急逝された。

残された原稿（横書き）は、「まえがき」の後、「かつての泰緬国境」という見出しの短い文章があり、「泰緬鉄道の建設」「タイ政府と日本軍」というふたつの見出しの旧版を書き直した文章が続いていた。その後は、一九九四年の初版後に発行された出版物を中心とした抜き書きがあり、それに基づいたメモがあった。

生前の著者が、近年気にしていたことのひとつが、日本の研究者やマスコミによる「日本占領下の東南アジア」という表現だった。アジア太平洋戦争中もタイは独立を維持し、日本とは同盟関係にあった。タイ国立公文書館に日本語の史料が残されていることが、日本とタイとの間で外交関係があった証拠で、当然のことながら日本が占領したほかの東南アジア諸国には、このような文書は存在しない。戦況が悪化するなかで、一九四三年に日本によって独立が許されたビルマ（現ミャンマー）にもフィリピンにも、このような対等な関係を示す外交文書は存在しない。したがって、同盟国タイを拠点として建設されたタイ（泰）とビルマ（緬甸）を結ぶ泰緬鉄道であるからこそ、これらの史料を使って実態が明らかにされたのである。

しかし、その後、同じ史料を使った村嶋英治氏から問題点が指摘された（「日タイ同盟とタイ華僑」『アジア太平洋研究』（成蹊大学）一三号、一九九六年、註六九）。また、タイの鉄道史のなかで泰緬鉄道を位置づけた柿崎一郎氏の本が二冊出版された（『鉄道と道路の政治経済学　タイの交通政策と商品流通 1935-1975 年』京都大学学術出版会、二〇〇九年；『王国の鉄路　タイ鉄道の歴史』京都大学学術出版会、二〇一〇年）。あわせて読むと、本書の理解も深まることだろう。

筆者自身も気になることがいくつかあったが、訂正することは差し控えた。たとえば、「南方軍」は総軍のひとつとして一九四一年一一月に編制され、「南方総軍」とも呼ばれることはあったが、その略称ではない。泰緬鉄道建設第三代司令官は、遺稿集にあるとおり石田榮熊であるが、本書では「石田英熊」になっている。タイ駐屯軍司令官中村明人などが「英熊」と書いているからかもしれない。左近允《さこんじょう》尚正海軍少将は、本書では「左近允正」になっている。原史料どおりかもしれない。原典の数値の合計が一致しないことはままみられるが、確かめることができないので、そのままにせざるをえなかった。そのほかにも、明らかな間違いであると思われるものがあるが、確認が困難なため、また、ほかの研究者が出版したものを中途半端なかたちで訂正することができないため、そのままにしたことをお断りし、お詫びを申しあげる。

タイ国立公文書館の文書を、著者は丁寧に筆写しているが、日本語とタイ語で表記が違っていたり、手書きの日本語文書は旧字体であったり新字体であったり、タイの地名が正確に書かれていなかったりで、出版に際して限られた時間内で表記を統一することはできなかった。本書の不充分さをもっともよくわかっているのは、著者本人であろう。だからこそ、今後の研究の礎として本書を出版し、いま一度力を振り絞って改訂版を書こうとしていた。しかし、それにも限界があることを感じておられたのであろう。二〇〇七年にタイ語で出版された『同盟国タイと駐屯日本軍──「大東亜戦争」期の知られざる国際関係』（日本語版、雄山閣、二〇一〇年）の著者「まえがき」は、つぎのことばで終わっている。「タイ国立公文書館の公文書は、タイの現代史を知る資料としての重要さはもちろんであるが、当時の日本や日本軍を知る歴史資料としてもまだまだ探ることができる貴重な資料である。私にはもうその機会はなさそうであるが、若い研究者に今後を期待したい」。

最後に、新版に向けて書かれた「まえがき」と書き出しの部分、追加文献目録を載せることにする。「まえがき」に出てくる「日本の学者仲間」とは、倉沢愛子氏（慶應義塾大学）、山室信一氏（京都大学）と筆者のことで、二〇〇四年七月二四日〜二五日にタイ側の泰緬鉄道、三〇日〜三一日にクラ地峡横断鉄道、翌二〇〇五年二月二三日にミャンマー側の泰緬鉄道、それぞれの跡地を訪ねた。詳しくは、拙著『戦争の記憶を歩く　東南アジアのいま』（岩波書店、二〇〇七年）を参照していただきたい。泰緬鉄道に関する記述は、文字通り生き字引であられた著者から学んだことである。なお、著者の遺稿は草稿であるため、誤字などを改めたことをお断りしておく。

泰緬鉄道
―現地からの報告―

2009-05-07　　吉川利治

まえがき

あれは一九九五年の夏休みのことであった。かつての泰緬鉄道、現在タイ国鉄のナムトク線に乗り、終着駅のナムトクで降りて、クウェー（クワイ）川に沿ったリバークウェー・ビレッジというホテルに宿泊した時のことであった。夕食を終えてホテルの庭をブラブラ散歩していると、ラウンジの付近からなにやら歌声が聞こえてきた。外から中がよく見えないので、そっとドアを開けて覗いて見ると、年配の白人たち二〇人ほどが低い声で歌を歌っていた、〝ストロング・ウェイ……〟というイギリスの軍歌である。その夫人たちもいた。わたしはハッとした。かれらはおそらく元日本軍の捕虜になった元イギリス軍兵士なのだ。あれからちょうど五〇年の節目に、おそらくはもう来ることはないであろう自分たちが関わった泰緬鉄道の見物に来ていたのだ。わたしたちが泰緬鉄道を見物するのとは全然重みが違う、過酷な労働を強いられ、降り続くモンスーンの雨とコレラ・マラリアなどの病魔からなんとか生きながらえて、やっと帰国できた人たちの一行であろう。どんな感懐を抱いて、今の泰緬鉄道を見たのだろうか。ともあれ、わたしのような日本人が、ノコノコと入って行ける雰囲気ではなかった。

わたしが執筆した『泰緬鉄道　機密文書が明かすアジア太平洋戦争』は、その前年の一九九四年に出版された。

クウェー川の鉄橋、映画の〝戦場にかける橋〟は何度か来たことがあったが、タイ側の全線を見て回るのは、この時が初めてであった。ナムトク駅から先の線路は途絶え、山が険しくなり、道路はところどころアスファルトが剝がれて観光バスは大きく揺れたりした。しかし、ビルマ（ミャンマー）との国境近くになると、ダム建設でできた人造湖が眼下に見え、木造の長い吊り橋があったりして、風景は俄然良くなった。ビルマとの国境に並んで立つビルマ風の白亜の仏搭三体は、意外に小さく三メートルほどしかなかった。その横を通っていたはずの鉄路は、国境を越えたビルマ側に数メートルばかり残されていた。

それから約一〇年経って、日本の学者仲間と再び訪れた時、ナムトクからさらに奥に入ったところに泰緬鉄道の博物館が新しく建っていた。オーストラリアの在郷軍人会が土地を借りて建てたものだった。博物館からかなり歩いて奥に行くと、直線に進めるよう出っ張った山を切り通した泰緬鉄道の線路跡に出た。当時の雰囲気を出そうとするのか、丘の上にはトロッコまで配置してあったが、クウェー川の鉄橋に比べると、さすがにここまで来る観光客は少なかった。ミャンマーとの国境には三つの仏塔のそば近くに、日本人が建てた慰霊のための御堂ができ、その前に線路が数メートル敷いてあった。あれから半世紀が経過して、クウェー川鉄橋の近くに日本側の関係者が鎮魂の寺院を建て、連合国軍側の関係者は博物館を建てて、後世に伝えようとしている。ひたすら謝る側と、決して忘れまい風化させまいとする側とが、クウェー川の川沿いで張り合っているかのようである。

戦争終了から半世紀を経て、俘虜として泰緬鉄道建設に関わったイギリスやオーストラリアの元将兵は、老齢期に入り、当時の恐怖の体験を記録に書き残そうと、相次いで書を出版している。その和訳も出版されている。日本側の、戦犯となって悔しい思いを書き残そうとする元関係者もいる。また、あちこちの資料を集めて五巻本にした学者、新しい資料を発掘して論を展開する研究者もいる。泰緬鉄道に関する書は日本でも多く出版されている。そのほとんどが俘虜となった人々の回想録か、あるいは俘虜虐待の故に戦犯となった人々の記録や回想録である。

そうした折、雄山閣より、一五年前の拙著を再版してはどうか、という問い合わせをいただいた。少しの訂正なら、旧版を使用することも可能であるということであったが、それならいっそのこと、新資料、新研究を参照して、旧版を検証する形で、書き直すことにした。旧版では全体像を描くことを心掛けたが、本書では、旧版ではわからなかった部分、旧版とは異なる点、見落としていた点を取り上げて、なるべく現地の立場から泰緬鉄道像を眺めてみようとした。俘虜や戦犯に関するテーマの書は、すでに多くが翻訳され、日本で出版紹介されているので、本書ではむしろ泰緬鉄道本体と現地の動きを追ってみることにしたのである。

かつての泰緬国境

タイの歴史家ダムロン親王は『泰緬戦史』という著書の中で、タイとビルマはアユタヤ時代（一三五一～一七六七）に二四回、トンブリー王朝と現チャクリー王朝（一七六七～現在）に二〇回、都合四四回戦った、と述べている。両国の国境には一四〇〇メートル程度の主峰が連なるテナセリム山脈が南北に走り、密林が続く地形であるが、意外にも両国間に往来はあったし、前人未踏の密林地帯でもなかったようだ。一九世紀の帝国主義の時代になると、イギリス人がビルマに進出してきた。映画『王様と私』のタイのモンクット王（ラーマ四世）は、一八五八年にこの人里離れた森林地帯にサミンカブリー、ルムスム、タータクワ、ターカヌン、タークラダーン、サイヨーク、トーンパープームという七つの地方国名を付けている（『ラーマ四世布告集』二八〇頁）。それまでは関所があるだけだったのを、いかにも多くの町があるように見せかけたのは、イギリスが一八五三年に下ビルマを植民地にしたのを牽制して、自国領であることを示すためだったという。〝カーンブリー〟という町の名を〝黄金〟を意味するサンスクリット名の〝カーンチャナブリー〟に変えたのもモンクット王の提案であった。カーンチャナブリーの首長は、伝統的な〝チャオ・ムアン〟（国主）と呼ばずにわざわざ〝総督〟という称号を用い、域内を武装巡回させ、情報収集にあたらせた。緊急事態に即応するための警備兵の養成訓練も命じている。イギリスは一八八五年にはビルマ全域を植民地とし、次いでタイを狙っていた。鉄道の発祥国イギリスが、ビルマとタイを鉄道で繋ぐと発想するのは当然だった。しかし、タイとビルマの国境には南北に山脈が走っていて、多雨で密林が続いている地形から、建設には五年はかかるだろう、とイギリス人は言っていたという。日本はそれを一年で完成させた、というのが日本の鉄道隊員がよく口にする自負心であった。

泰緬鉄道関係図書

石田榮一、石田榮助編『泰緬鉄道建設第三代司令官　石田榮熊遺稿集』私家版、一九九九年

内海愛子『キムはなぜ裁かれたのか　朝鮮人BC級戦犯の軌跡』朝日選書、朝日新聞出版、二〇〇八年

内海愛子、G．マコーマック、H．ネルソン編著『泰緬鉄道と日本の戦争責任　捕虜とロームシャと朝鮮人と』明石書店、一九九四年

樽本重治著『ある戦犯の手記　泰緬鉄道建設と戦犯裁判』現代史料出版、一九九九年

E．E．ダンロップ著、河内賢隆、山口晃訳『ウェアリー・ダンロップの戦争日記　ジャワおよびビルマ－タイ鉄道1942-1945』而立書房、一九九七年

ジャック・チョーカー著、根本尚美訳『歴史和解と泰緬鉄道　英国人捕虜が描いた収容所の真実』朝日選書、朝日新聞出版、二〇〇八年

ロバート・ハーディ著、河内賢隆、山口晃訳『ビルマ－タイ鉄道建設捕虜収容所　医療将校ロバート・ハーディ博士の日誌　1942-45』而立書房、一九九三年

ミクール・ブルック著、小野木祥之訳『クワイ河の虜 Captive of the River Kwai』新風書房、一九九六年

読売新聞大阪本社社会部篇『BC級戦犯　新聞記者が語り継ぐ戦争』新風書房、一九九三年、上下二冊

エリック・ローマクス著、喜多迅鷹、喜多映介訳『泰緬鉄道　癒される時を求めて』角川書店、一九九六年

Paul H. Kratoska, ed., *The Thailand-Burma Railway, 1942-1946: Documents and Selected Writings,* Routledge, 2006.

Brian MacArthur, *Surviving the Sword: Prisoners of the Japanese in the Far East, 1942-45,* Ramdom House, 2005.

Gavan MacCormack and Hank Nelson, eds., *The Burma-Thailand Railway: Memory and History,* Silkworm Books, Thailand, 1993.

Ian Denys Peek, *One Fourteenth of an Elephant: A Memoir of Life and Death on the Burma-Thailand Railway,* Pan Macmillan Australia, 2003.

Robin Rowland, *A River Kwai Story: The Sonkrai Tribunal,* Allen & Unwin, Australia, 2007.

Kazuo Tamayama, *Building the Burma-Thailand Railway: An Epic of World War, 1942-43: Tales by Japanese Army Engineers,* The World War II Remembrance Group, 2004.

■著者紹介

吉川 利治（よしかわ としはる）

1939 年　大阪市生まれ

1962-64 年　タイ国立チュラーロンコーン大学文学部留学

1963 年　大阪外国語大学タイ語学科卒業

1964 年　大阪外国語大学タイ語学科助手

1985 年　大阪外国語大学地域文化学科タイ語専攻教授

1987-89 年　京都大学東南アジア研究センター客員教授

1994-95 年　東南アジア史学会会長

2002 年　タイ国立シンラパコーン大学文学部客員教授

2005 年　大阪外国語大学名誉教授

2009 年　タイ国アユタヤで急逝

主な編著書

『同盟国タイと駐屯日本軍—「大東亜戦争」期の知られざる国際関係—』（単著）（雄山閣・2010 年）、『アユタヤ』（共編訳）（タイ国トヨタ財団・2007 年）、『当てにならぬがばかにできない時代：タイの社会と文化』（編訳）（NTT 出版・2000 年）、『タイの事典』（共編）（同朋舎・1993 年）、『近現代史のなかの日本と東南アジア』（編著）（東京書籍・1992 年）、『タイのむかし話：ストン王子とマノーラー姫ほか』（編訳）（偕成社・1990 年）、『日・タイ交流六〇〇年史』（共著）（講談社・1987 年）、『タイの小説と社会：近代意識の流れを追う』（編訳）（井村文化事業社／勁草書房発売・1985 年）、『タイ国概説』（単著）（大阪外国語大学タイ語学研究室・1966 年）

＊本書初版は平成 6 年 10 月 28 日に同文舘出版株式会社より刊行されました。

＊＊再版刊行に際して、編集部の判断により明らかに誤字と思われる部分は訂正しました。

—— 雄山閣

2011 年 1 月 5 日　再版（解説付）発行

2019 年 7 月 25 日　普及版発行　　《検印省略》

【普及版】泰緬鉄道《たいめんてつどう》—機密文書《きみつぶんしょ》が明《あ》かすアジア太平洋戦争《たいへいようせんそう》—

著　者　吉川利治

発行者　宮田哲男

発行所　株式会社 雄山閣

東京都千代田区富士見 2-6-9

TEL　03-3262-3231 / FAX　03-3262-6938

URL　http: //www.yuzankaku.co.jp

e-mail　info@yuzankaku.co.jp

振 替：00130-5-1685

ISBN978-4-639-02665-5　C3022

N.D.C. 223　360p　22cm